中国私募股权投资发展研究

刘甲求 著

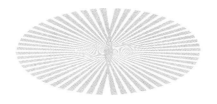

群众出版社·北京

图书在版编目（CIP）数据

中国私募股权投资发展研究／刘甲求著 . —北京：群众出版社，2017. 7
ISBN 978-7-5014-5721-2

Ⅰ.①中…　Ⅱ.①刘…　Ⅲ.①股权—投资基金—研究—中国　Ⅳ.①F832.51

中国版本图书馆 CIP 数据核字（2017）第 182989 号

中国私募股权投资发展研究

刘甲求　著

出版发行：群众出版社
地　　址：北京市西城区木樨地南里
邮政编码：100038
印　　刷：北京市泰锐印刷有限责任公司

版　　次：2018 年 4 月第 1 版
印　　次：2018 年 4 月第 1 次
印　　张：16. 5
开　　本：787 毫米×1092 毫米　1/16
字　　数：330 千字

书　　号：ISBN 978-7-5014-5721-2
定　　价：68. 00 元

网　　址：www.qzcbs.com
电子邮箱：843195700@qq.com

营销中心电话：010-83903254
读者服务部电话（门市）：010-83903257
警官读者俱乐部电话（网购、邮购）：010-83903253
文艺分社电话：010-83901730

contents

序

　　常言道：天下熙熙，皆为利来；天下攘攘，皆为利往。每当一种新的获利方式或获利机会出现的时候，人们总是趋之若鹜。在我国确立市场经济的发展道路之后，先后出现过"全民炒股"和"全民炒楼"的热潮，到2011年的时候，"全民PE"成了最热的新词。事实上，到2016年年底，全国已注册的各类私募股权投资机构超过一万家，2016年私募股权融资的规模超过一万亿，管理资本总量达到6万亿人民币的规模。中国的私募股权投资俨然已发展成庞大的产业和金融市场，位列全球第二。目前，许多政府部门、金融机构、企业以及高财富净值个人都卷入到了这一发财的"中国梦"之中。这个梦就是，七八年就有十几倍的回报，甚至像软银投资阿里巴巴，十几年间竟有上千倍的回报。

　　常言又道：君子爱财，取之有道。这个"道"不仅仅是市场经济规律和市场经济原则，还应该是金融人心中的道德律。市场经济是需要有道德基础的。亚当·斯密在发表《国富论》之前就已经发表了《道德情操论》，并且一生都在强调诚信、同情心等道德情操对社会和谐和经济发展的重要性。十多年来，中国私募股权投资在解决企业融资困难、改进公司治理、完善金融市场功能、促进经济发展和科技创新等方面起到了其他金融投资所不能替代的作用，它也的确让一些人赚得盆满钵满。然而，令人遗憾的是，业界的共同感受是要想通过PE实现盈利并不容易，而且与私募股权投资相关的金融欺诈和腐败案件更是层出不穷。人们总是忘记或不了解的基本事实是，在金融投资的实践中，骗子、傻子和疯子的数量要远多于投资大家的数量，金融工具的价值创造功能常常会被财富分配功能所替代。2012 年天津私募股权投资梦的破碎使很多投资者血本无归，在社会和业界造成了巨大的负面影响。2015 年年底中央电视台的一期《开讲啦》节目中，主讲人是私募股权投资大佬，听众是在京的财经类大学生和研究生。主持人撒贝宁介绍说，投资大佬曾是北大的社会学研究生，后在哈佛大学取得博士学位，现掌管着三百多亿的资金在做 PE。那么，大佬讲了些什么来教育年轻人呢？本人听他讲得津津有味的是，他在"文革"期间下乡当知青时曾怎么用高明的办法晚上去偷农民的鸡，农民丝毫也不能察觉。演播室里响起了阵阵掌声，小撒也是一脸笑容地鼓掌①。好在"盗资"受到热捧的时候，还有政府这只"看得见的手"在监管。终于在 2016 年，全国掀起了私募股权整顿风暴。

常言还道：兵无常势，水无常形。在经历了三十多年的高速增长后，中国经济还能持续这一奇迹的动力在哪里，是人们十分关注的。中国私募股权投资在十多年的快速发展以后，也正面临着来自经济增速下降的困境、国有资本股权投资公司的竞争压力、新金融技术革命的挑战等一系列难题。在经济进入新常态、改革进入深水区的时代，投资步入了高风险期。目前，我国私募股权投资的发展正处在两难局面。一方面，私募股权投资的负面影响开始显现。比如：不少行业产能过剩的问题与私募股权投资有关；投资行业的混乱可能引发社会问题；国有资本主导下的私募股权投资可能导致投资领域的不公平竞争和 PE 腐败问题等。另一方面，我国政府又对私募股权投资在国有企业混合所有制改革、供给侧经济改革和经济发展方式转变中的作用寄予了厚望，我国私募股权投资进一步发展的必要性和持续发展的可行性等便事关重大，而对与之相关的政治、经济、法律和政策问题的研究就显得更加重要且必不可少。

英国前首相撒切尔夫人曾说，英国与美国相比，并不是落后在高新技术方面，而是落后在私募股权投资、风险意识和"冒险"精神上。中国的经济要发展，中国的私募股权投资就不能落后。可喜的是，近几年来私募股权投资对促进我国企业创新和改革的作用已得到较为普遍的认同；创新、改革、发展、私募股权投资同时占据了人们的视野。如果说二十多年前沪深证券交

---

① 有兴趣的读者可参阅作者的博客文章："堕落的中国"，博客中国网，2016 年 3 月 16 日。

易所的建立拉开了我国国有企业产权改革和证券投资的序幕，如今混合所有制改革的推进将把我国国有企业改革和私募股权投资带进一个崭新的时代。考虑到有关中国证券市场问题的研究已堆积如山而其现状却还是令人纠结，以及私募股权投资的复杂性和它在新时代所担当的重要角色，有关它的研究就更需要自由而深入地进行，也更需要群策群力。

本书是作者在这样的时代背景下对我国私募股权投资发展问题思考的结果，是在本人博士学位论文的基础上修改而成的。十年前，当本人着手相关问题的研究时，私募股权投资在中国刚刚兴起，国内有关这一领域的研究几乎还是空白。尽管西方国家的学者对此的研究已经不少，但中国私募股权投资的发展具有中国的许多特色，亟需有针对性的学术和政策研究。近十年来，我国学者对我国私募股权投资发展问题进行了不懈的研究。检索文献，发现与本书书名或主题接近的专著已达五部之多，学位论文数则至少要上一个数量级。但这些学者研究的实则主要是微观机制和操作层面的问题，而本人的研究则更注重宏观性、基础性和综合性。在今天看来，宏观方面和基础性的问题似乎更加重要，私募股权投资的发展更需要综合性的支撑环境。在今天的中国，政治、法律、经济和文化等都有了很大的变化和进步，但经济发展和社会进步的瓶颈问题也日益突出。事实上，混合所有制改革和供给侧改革都不只是纯粹的经济问题。时隔多年，本人觉得还是有将学位论文修改出版的必要，主要目的是希望进一步加深政府、业界和学术界对私募股权投资发展中市场规律、法治原则和政治影响的理解，使更多的人能坚守获利的正道，坚定发展的信心，坚持改革的精神。本书不奢望能有多大的应用价值，只求能为我国市场经济改革的深化和法治建设的推进尽绵薄之力；不求有多大的创新和学术贡献，只求能起到抛砖引玉的作用。

本书基本上保持了论文的原貌，只是更强调了我国私募股权投资发展的可持续性问题。因为时间的原因，研究的不充分成了本书的主要缺憾。本书没有来得及对私募股权欺诈案进行分析，没有探讨道德建设对私募股权投资发展的影响，也没有就国有资本在投资运作中的效率机制问题展开讨论，而这些实则是十分重要的。另一个明显的不足之处是来不及对各种资料进行全面更新，有的数据和提法已经显得陈旧。比如：文中提到的建立多层次资本市场和全国性的私募股权投资行业协会等目标已基本实现，制度建设也有很大的进展，这些都是大家乐见其成的。但文中曾论及的一些重要问题在目前及将来一段时间内依然存在，甚至会更加凸显。尽管十八届三中全会明确了要发挥市场在资源配置中的决定性作用，十八届四中全会又提出了要全面推进依法治国，但目前中国市场经济的地位依然受到西方国家的质疑，权大于法的现象屡见不鲜。目前，在我国的股权投资领域，带有行政色彩的政府基金已占据了半壁江山还多，国有企业混合所有制改革举步维艰、前景不明，股票发行的注册制依然没有落地，等等。所有这些，都是十分重要而多年难有实质性进步的地方。在宏观经济增速放缓和供给侧经济改革的大背景下，私募股权投资成功的难度更大。如果在"经济新常态"的条件下没有配套的"政治新常态"和"法律新常态"出现，一阵风似的推进国企混合所有制改革，新一轮大规模的国有资产流失就随时都可能出现，私募股权投资的功能实现和产业前景自然难言乐观。因此，即使只从私募股权投资可持续发展的角度看，中国的改革也是任重而道远。

是为序。

刘甲求

2017 年 7 月于北京

摘　要

　　近十几年来，私募股权投资一直是我国金融领域中的热门话题，国有资本、民营资本以及外资都不断地涌入其中。特别是近几年来，我国政府对私募股权投资在国有企业改革、金融风险防范和经济发展中的作用寄予了厚望。但在快速的发展过程中，我国私募股权投资行业也曾几度出现混乱并遭受整顿。虽然为适应形势发展的需要，我国相关政府部门总是在不断地进行改革和制度创新，但一直以来，有关私募股权投资的理论基础、私募股权投资在我国特有的制度障碍以及我国发展私募股权投资的主要原则等均是重要而没有深入研究的问题。本文在对私募股权投资现象和发展规律进行较为深入和系统研究的基础上，试图从产业可持续发展的角度为我国私募股权投资的发展提供一个制定政策的理论分析和参考依据，并对我国改革相关的制度提出一些原则性和策略性的政策建议。本文的研究结果表明，建立在市场机制基础上的私募股权投资是促进资本市场和经济健康发展必不可少的金融工具，我国在发展私募股权投资上具有商业机会多和发展空间大的优势，但同时存在制度建设滞后和人才短缺等问题。我国私募股权投资的进一步发展不仅需要经济和金融体制的进一步完善，更需要配套的政治和法律体制的改革。因此，在尊重市场规律和法治原则的基础上，政府以适当的方式和程度积极参与、引导、扶持和监管私募股权投资，并适时地根据我国的具体情况进行制度创新和金融技术创新，将有效地促进我国私募股权投资产业的可持续发展，进而促进我国国有企业混合所有制改革和供给侧经济改革的顺利推进。本文是通过以下各章来展开论证这一主题的：

第一章是对选题背景的介绍，对国内外研究现状的述评，以及对研究内容与思路、研究方法与核心思想的框架性描述。在此强调一下，要正确地制定我国发展私募股权投资的一系列政策，必须对私募股权投资现象及其内在的发展规律有一个基础性的认识；要深入研究私募股权投资发展中存在和可能出现的问题，必须从契约的角度出发，以合作博弈论为主要工具，着眼于各个行为主体之间长远和动态变化的利益关系，认真分析发展私募股权投资的各种可能的后果；要提出有利于中国私募股权投资发展的合理建议，必须结合中国经济改革和法治建设的实际情况。

　　第二章是有关私募股权投资的基础理论研究，是全文的理论基础。首先，对私募股权投资的概念进行了界定，并对目前作为国外私募股权投资重要内容的杠杆收购投资进行了讨论。其次，正面回答了金融投资是否创造价值的老大难问题，重申市场机制在金融投资中的决定性作用。这是发展私募股权投资的逻辑起点。第三，要认识私募股权投资的规律必须有适当的企业理论为基础，提出了"企业的本质是人们通过集合资源为实现合作剩余而设立的经济组织，企业的出现和存在是以商业机会的出现和存在为前提的"新观点，并进一步分析了企业和投资利润的几个来源，基于市场机制的价值创造转化而来的利润才是私募股权投资追求的正当的可持续的目标。第四，对私募股权投资的本质特征进行了归纳，认为私募股权在本质上是资源整合模式与价值运动模式的互动对应关系。以此为依据，解释了私募股权投资的多样性和价值创造过程及私募股权投资的收益机制。第五，从供给与需求的基本分析出发，对私募股权投资兴起的原因进行研究，揭示了市场机制在私募股权投资发展中的决定性作用。

　　在第三章里，介绍了美国、欧洲以及亚洲一些国家的私募股权发展状况和制度特征。通过分析不同国家和地区私募股权投资发展的模式、制度和程度的差异，认为不同国家和地区在私募股权投资发展中都遵从了以市场机制为基础的原则；制度和发展的差异既与发展与制度的起点相关，也与发展和变迁的过程相关，还与人们对商业机会的认识和把握有关。通过比较还发现，私募股权投资需要政府的积极参与和支持，需要良好的社会经济环境和发达的金融市场，也需要高素质的投资家和创业人才。我国完全可以参考国外的成功经验，吸取我们以往的失败教训，根据自己的情况进行制度创新并制定符合实际需要的发展规划。

第四章是对我国为何要发展私募股权投资的分析。我国资本市场的缺陷以及我国发展经济的内在要求表明，我国发展私募股权投资是必要的。市场取向的经济改革的成功和商业机会的大量存在，为这一领域的发展创造了十分有利的条件。分析结果表明，发展私募股权投资总体来说会对我国经济和社会发展产生积极的影响，但我们也要在发展的过程中适当预防它可能带来的不利后果。

第五章探讨了我国私募股权投资发展的政治与法律环境，指出从长远来看，只有在民主政治和司法独立的环境中，私募股权投资才能有可持续的发展。本章进而讨论了私募股权投资与我国的经济体制改革的关系以及我国现有的私募股权投资治理机制中存在的问题。在经济体制方面，我国不适应私募股权发展的方面主要有企业体制和金融体制改革不到位，表现为企业控制权市场和经理市场不完善、产品市场结构不完善和开放程度不够、企业盈利模式单一、金融体系的市场化程度不够、混业经营的政策不明朗，等等。在私募股权投资治理方面，决策机制、声誉机制、监管机制和退出机制均需要改进和完善。我们的模型研究表明，通过考虑投资者、投资家、企业家及政府的双向信息不对称和双向委托代理关系来制定相应的金融契约，可以从微观机制上有效地促进我国私募股权投资的发展。

在第六章中，通过外资私募股权投资基金对"好孩子"成功收购的案例分析，阐明了我国发展杠杆收购的可能性；以"无锡尚德"的案例，说明了私募股权投资的复杂性；以"英国3i"的案例说明了私募股权投资的组织制度可以有多种选择；以弘毅的发展，说明拥有优秀的企业家和投资家是发展私募股权投资的根本保障；以"太子奶"的案例，表明了私募股权投资市场充满风险和不确定性以及政府能产生的积极作用。在我国私募股权投资专业人才不足、投资水平不高时，更不可过急地超常规发展私募股权投资。此外，还通过此案例分析指出，外资私募股权投资基金既能发挥促进经济发展的作用，也具有较大的机会主义行为，可能对我国的产业安全和社会稳定造成不利影响。我国应制定相关政策让外资私募股权基金为其负的外部性承担成本。该案例还说明了在私募股权投资出现市场失灵的情况下，政府能发挥重要的救助作用。

第七章认为，私募股权投资市场同样会出现市场失灵，表现为过度的垄断、过度竞争、投资泡沫、非法私募、行政干预、权钱交易，等等。因此，发展我国私募股权投资一方面需要进一步完善市场机制，另一方面需要政府的监管和扶持，需要从根本上完善法治。本章从政府的特性出发，研究了政府在发展私募股权投资中的角色定位和政府发挥作用的方式：政府既要弥补市场因素在私募股权投资中的局限性，还要实现国家的产业政策和经济结构调整、协调私募股权投资中的各种利益冲突。政府可以通过制度供给、市场监管、维护国家经济安全、参与和引导市场，以及创造各种有利条件促进私募股权投资发展。但政府应注意防止介入过深，并需要克服官僚主义与寻租行为。在这一章里，通过考察国企混改与私募股权投资的关系以及信息技术革命对私募股权投资的影响，探讨了制度变革和技术进步给私募股权投资带来的变化，指出了我国需要防范与国企混合所有制改革相关的风险。最后，提出了一些发展我国私募股权投资的政策建议，核心观点是排除权力干预、完善法治，包括加强基础制度的建设与完善、完善全国性私募股权投资协会的自律功能、促进各类私募股权投资基金的协调发展、加强证券市场监管与产业反垄断政策的实施力度，深化改革，正确处理私募股权投资的国际化与中外竞争的关系，加强新金融技术的研发和私募股权投资人才的培养，等等。

第八章对全文的研究进行了总结和讨论。

Abstract

Private equity investment is a very hot topic in the financial field in China. In recent years, the state capital, private capital, as well as the foreign investment are constantly influx into the private equity investment. In order to meet the needs of the development of the situation, China's relevant government departments have been to carry out institutional innovation. However, the theoretical foundation on the private equity investment and the obstacles of our country's unique system, as well as the main principles of the development of China's private equity investments are important but have not been studied. In this paper, we attempt to provide a theoretical basis and reference for China's reform-related principle of the system to make some policy recommendations from the perspective of sustainable development industry to China's private equity investment and the policies' development on the basis of deeply studies of the phenomenon private equity investment and development of laws and systems. This study results show that the private equity based on the market mechanism are essential to the promotion of capital markets and the healthy development of financial instruments. The development of China's private equity investment have commercial opportunities and superiority of development space, but there are defect of the existence of the system and the shortage of talents at the same time. Therefore, the government in an appropriate manner and extent of active participation, guidance, support and supervision of private equity investments and innovation in China's system timely in accordance with the specific situation will be effective in promoting China's private equity market sustainable development on the basis of respect for the laws of the market. This article is carried out to prove the subject through the following chapters.

According to the first chapter, we mainly elaborated the background of the topics, the review of research at home and abroad, as well as the study of content and ideas, research methods and the core idea of the framework described. We stressed that we need to develop a series of policies of China's private equity investment and development correctly, and we must have a basic understanding on the private equity and its inherent law, we also need to study the problem of private equity's investment and development deeply from the perspective of contract and used the cooperative game theory as the main tool for long-term and dynamic changes in the interest's relationship and the consequences of a variations of the analysis.

The second chapter is the basis of the full text which is mainly about the private equity investment in fundamental research. At first, we defined the concept of private equity investments and discussed the important aspects of private equity investment in the leveraged buyout of China and abroad. Secondly, we thought that the understanding of the law of private equity firms need to have a proper theory, and put forward a new view that" the essence of enterprise is a collection of resources through co-operation to achieve the remaining established economic organizations, enterprises, the emergence and existence of business opportunities based on the emergence and exist as a precondition". Thirdly, we summarized the essential character of our private equity investments and considered that private equity is essentially a pattern of the corresponding interaction relationship between a resource integration model and the value movement model which may explain the diversity of private equity investments, value creation process and the proceeds of private equity investment mechanism. Finally, we analyzed the reasons of rising private equity and revealed that the market mechanism is the inherent laws of developing the private equity from the basic analysis of supply and demand.

In the third chapter, we introduced the development of the private equity and institutional characteristics of the United States, Europe and some Asian countries. By analyzing diversities of private equity investment's model and system and the degree of various countries and regions, we can see that the various countries and regions complied with the principle that market mechanisms played a leading role in the private equity; The difference of system and development not only related with the starting point of development and system, but also with the process of development and related changes, as well as the understanding and grasp of the business opportunities. By comparison, we also found that private equity needs of the government's active participation and support, the need for good social and economic environment and well-developed financial markets, investors of high-quality talent and entrepreneurship. We can refer to successful experience abroad and learn the lessons of failure, according to their different circumstances makeing developing plan and innovating system.

In the fourth Chapter, we analysised the reasons of developing the private equity investment in our country. Deficiencies in China's capital market and our country's economic development shows that the inherent requirement of the development of private equity investment in China is necessary. The success of market-oriented economic reforms and the exist of a large number of business opportunities has created a very favorable terms for China's development. The results show that the development of private equity have a positive impact on the whole economic and social development of our country, but we have to deal with the adverse consequences of it appropriatly in the course of development.

In the fifth chapter, we discussed the relationship between investment on private equity and our country's economic reform as well as the existing problems of private equity governance mechanism. In the economic system, the aspects that our country did not meet the development of private equity companies are mainly reflected on the institutional and financial system, reflected on the enterprise control market and the marketing manager, and the imperfection of product market structures, the single financial system of profitability of the business model and the lack of market-oriented, and the mixed operation of the policy uncertainty and so on. We need to do further reform in these areas. Governance on private equity investment, the decision-making mechanism, reputation mechanism, monitoring mechanism and the exit mechanism are needed to be improved and perfected. Our studies through the model have shown that by taking into account on investors, entrepreneurs and the Government's two-way symmetric information and two-way principal-agent relationship, the development of the financial contract can promote China's private equity investment effectively from the micro-mechanism. In the chapter, we also discussed the problems about China's political reform and judicial reform and their influence on private equity .

In the sixth chapter, we explained the possibility of developing leveraged buyouts in our country through foreign private equity investment funds on the child's successful acquisition of case studies. Suntech's success shows that the development of private equity investment has great significance on promoting China's scientific and technological progress and industrialization of technology. 3i in the United Kingdom is illustrated in the case of private equity investment organization system can be a number of options. Hongyi has a good description of the development of entrepreneurs and investors to develop private equity investment in the fundamental guarantee. Prince's milk case showed that the private equity investment market was full of risks and uncertainties. Shortage of professionals of private equity investment in China and the lower level of investment made us can not be too extraordinary development the private equity. In addition, we also pointed out that foreign private equity funds can play a good role in promoting economic development through this case study, but also may have a greater opportunistic behavior, which may result in the safety of our industry and the consequences of social instability. China should formulate relevant policies to allow foreign private equity funds for the negative externality to bear the cost. The case also illustrates that the Government can play an important role in the rescue of failures on the investment of the private equity market.

In the seventh chapter, we thought that private equity investment market will appear the market failure, manifested as excessive monopoly, over competition, investment bubble, illegal private and so on. Therefore, for the development of China's private equity investments, on the one hand, we need to further improve the market mechanism, on the other hand, we need the government regulation and support. In this chapter, we studied government's roles in the private equity investment and the way of playing a role: the Government has to make up for market factors in private equity investments in limitations, but also achieve the country's industrial policies and economic structure adjustment, the coordination of private equity investment in the various conflicts of interest. It can be supplied through the system and market regulation to safeguard national economic security, participation, and guiding the market, as well as creating favorable conditions for promoting investment in the development of private equity. However, the Government should intervene in too deep, and overcome bureaucracy and rent-seeking behavior. Finally, we made a number of policy recommendations on the private equity investment, including strengthen the basis for the construction and improvement of the system, establish the influential national private equity associations and promote various types of private equity coordinat development of investment funds to address the private equity funds and the organizational form of tax issues, regulatory and industry initiatives to strengthen securities antitrust enforcement policy, deepen the reform, the establishment of open channels and equity financing from the market, correctly handle international relations and foreign competition of the private equity investment, strengthen the training of private equity investment professionals and so on. In the chapter, we also discussed the problems about China's mixed ownership reform and new information technology and their influence on private equity.

Finally, we summarized the full text and carried out discussion.

第一章　引　言

第一节　选题背景

2017 年 8 月 16 日，筹划已久的中国联通混改方案终于尘埃落定。对此，媒体、大众、政府、学界以及广大的股民都给予了高度的关注。此次有私募股权投资机构参与的国企混改是在不久前监管部门对我国已经出现混乱迹象的私募股权投资行业进行整顿后做出的决定，因此更加引人注目。媒体和大众关注的是私募股权投资创造的财富神话；业界关注的是私募股权基金运作的新方法、新机会、新风险和产业前景；政府关心的是在经济新常态下的经济发展、金融稳定和经济安全；学术界则要研究这一金融工具背后的运行机理和人们的经济理性，并对近年来私募股权投资基金发展的新趋势，如国际化和公募化、投资多元化与投资者多元化、私募股权投资与国有企业改革之间的关系以及新金融技术革命的影响等问题做出合理解释或预测，为政府和企业提供可行的政策建议或参考意见。

根据公布的信息，混改后，联通 A 股公司的股权结构为联通集团公司占 36.7%，战略投资者占 35.2%，员工股权激励占 2.7%，公众股东占 25.4%。这一方案的积极意义在于：一、揭开了新一轮国企混合所有制改革的序幕。尽管混改后联通集团和国有资本机构投资者在联通公司的股份占比之和仍然达到 53%，但这是迄今为止唯一的央企整体混改，并且股权变化很大，融资额也规模巨大，达到 780 亿。这既打破了以往混改只限于央企二级公司的惯例，也超越了此前战略投资者混改比例不超过 20% 的底线。二、开辟了央企员工持股的先河。中国联通此次混改方案主要分为股票非公开发行、老股转让和股权激励。在股权激励上，具体激励对象不仅包括公司高管，也包括对经营业绩和持续发展有直接影响的管理人员和技术骨干，总数将超过 7000 人。三、释放了"同股同权"的信号。民企腾讯、阿里、百度及京东等将一起拿到三个董事席位，中国联通的治理机制将进一步市场化。四、实现了资源整合和优势互补。腾讯、阿里、百度在与联通"结婚"的过程中已分别与联通联合成立了合作机构。互联网巨头与运营商巨头的结合既拓展了各自的业务范围，也将提高公司整体的创新能力和管理效率。

在联通混改方案公布一周后，中国黄金集团公司控股公司——中国黄金集团黄金珠宝有限公司（简称"中金珠宝"）与中信证券、京东、兴业银行、中融信托、建信信托、越秀金控、浚源资本七家战略投资方、持股员工代表和产业投资方——彩凤金鑫举行了混合所有制改革增资协议签约仪式。这是央企二级公司的上市前融资，融资规模达到 22.5 亿元。融资后，中国黄金的持股比例降至 41%，公开上市后还将有所降低。中金珠宝混改的意义在于：如果中国黄金集团最终失去对中金珠宝的控股权，那么，它对中金珠宝的国有资产管理就将演变为对其国有资本的管理。如果中国黄金的多数二级公司实现这种变化，中国黄金集团将演变为国有股权投资公司。它将以股权资本为纽带实现国有资本的保值，增值，而逐步脱离"管人、管事、管资产"的旧国有企业管理模式。

联通混改的方案公布后，联通 A 股股价在随后的两天里有 20% 的涨幅。但在此后的几个交易日中，在上证指数略有上涨的市况下，联通股价又全部跌了回去。这说明市场对联通的混改在看法上有分歧，总体上并不看好。但是，公司股价在短期内的大幅波动通常对企业长期的发展并没有多大影响。中金珠宝上市后的表现尚不得而知，但相关的投资机构都看好中金珠宝未来几年业绩的增长。这两家国企的改革是贯彻中共十八届三中全会关于深化市场经济体制改革和推进国有企业混合所有制改革精神的新实践，不同于二十年前一些国企改制上市的关键之处在于：诸如"战略投资者""资本""信托""投行""金控""资产管理"等类型的金融机构都通过以资本换股权的方式成为了原来的国有或国有控股企业的大股东，企业变成混合所有制企业。这些新股东大多在将来一段不短的时期里会对公司的治理和决策产生重大影响，并希望以后把股权出让而获得较高的回报。在广泛的意义上，这些投资都可以看作"私募股权投资"。

在过去的几十年里，私募股权投资在美国、欧洲、日本、印度和新加坡等国家和地区都得到了很大的发展。可以说，私募股权投资对世界经济的发展和科技进步做出了积极的贡献。从私募股权投资市场和产业发展的角度看，一方面发达国家的产业结构已基本形成，市场运作也相对规范，进一步发展所遇到的问题更多地表现为新技术革命和新商业模式所带来的冲击，等等；另一方面，发展中国家的私募股权投资基金产业则正在兴起，但制度缺失严重。在美国，以黑石、KKR、凯雷等为首的国际巨头不仅占据了大部分市场，也是行业高利润的攫取者，许多大型并购都是他们各自或采用辛迪加方式完成的。大量的中小私募股权投资基金主要从事风险投资或中小型并购，而利润却常常并不可观。这些事实和案例既为我国发展私募股权投资展示了可行性论证上的依据，又为我国政府在政策制定和发展策略谋划上提供了有益的经验借鉴。特别是新加坡国有企业管理的淡马锡模式，现又成为我国国有企业改革参与人士热议的对象。

中国的私募股权资本，最初是上世纪 90 年代初以官办创业资本或风险资本（Venture Capital，VC）的形式出现的。第一家本土机构是中国创业风险投资公司，1986 年由国家科委和财政部联合几家股东共同投资设立。因此，我国私募股权投资一开始就带有政府色彩。不久后，国外风险资本开始大举进入中国，并得到了快速的发展。第一家进入中国的外资私募为 IDG 资本。新世纪以来，市场化的本土私募股权投资基金呈爆发式增长的势头。这些资本曾一度成为推动我国高新技术产业发展和新兴产业发展的重要力量；如今，其引导资本市场发展和提升经济竞争力的作用也日益突显。

2004 年 6 月，新桥资本（New Bridge Capital）宣布以 12.35 亿人民币的价格收购深圳发展银行 17.89% 的控股权。这是国际并购基金在中国的第一起重大案例。2006 年 12 月 31 日，渤海产业基金的挂牌，可以说是标志着第一只本土私募股权投资基金的诞生。但实际上在此之前几年的弘毅投资、鼎辉投资及中信资本等已创造了不少成功的案例。2007 年以来，许多大企业都成立了私募股权投资基金，特别是中国传统意义上的投资银行都扩展了并购业务，开始向真正的投资银行转变。信托投资公司也开展了私募股权业务。2016 年，我国私募股权的融资规模已超万亿，管理的资本总量达 6 万亿元人民币，其中带有行政色彩的政府基金已占据了半壁江山还多。中国私募股权投资俨然已发展成庞大的产业和金融市场，位列全球第二。

在制度建设方面，2006 年 8 月 27 日，我国确立了有限合伙制为私募股权投资基金最为普遍的组织形式，并明确解决了双重纳税的问题，为私募股权投资基金的发展清除了法律上的障碍。2006 年 9 月 8 日，商务部联合六部委出台《外资并购新规》，严格实施对外资并购的监管并强化审批原则，某种程度上限制了外资私募股权投资基金在国内进一步的攻城略地，给本土私募股权投资基金留下了宝贵的生存空间。2004 年至 2006 年，我国上市公司股权分置改革完成，打通了私募股权投资的退出主渠道。2007 年，《新合伙企业法》正式实施，国际上普遍采用的有限合伙组织形式得以实现，本土私募股权机构在企业制度上的束缚得以解除。2004 年中小板和 2009 年深圳创业板的推出，使企业上市门槛明显降低。经国务院批准，从 2013 年 12 月 31 日起，全国非上市公司股转系统面向全国接收企业挂牌申请，私募股权投资又多出了一条退出渠道。至此，我国多层次资本市场已初步建成。从 2008 年起，中国股权投资基金协会和各个地方性的股权投资基金协会相继成立，私募股权投资行业的自律机制开始发挥作用。更为重要的是，2013 年召开的中共十八届三中全会和 2014 年召开的中共十八届四中全会分别作出的深化市场经济体制改革和推进法治建设的决议，为私募股权投资的健康发展提供了重要的制度保障。

自 2008 年世界金融危机爆发以后，欧美经济逐步复苏，而国内 4 万亿刺激政策后遗症却开始显现。到 2012 年底，钢铁、煤炭等行业产能过剩的问题日益突出。从 2013 年开始，新一届党中央和国务院提出了"经济新常态"的概念，强调以创新发展替代以往的粗放式发展，并开启了"去产能—补短板"的供给侧结构性经济改革，同时也加大了国企混合所有制改革的力度，推动大众创业、万众创新。在金融改革上，中国证监会对新股发行制度、新三板、并购重组、再融资等进行了一系列改革。在此背景下，私募股权行业既迎来了新的机会，也面临着各种挑战。

从机会方面看，随着中国经济进入产业转型升级期和居民消费升级期，大量企业需要个性化的金融服务。我国传统产业需要大力的推动和整合，高新技术的产业化和已有企业的产业重组正在成为主流。我国国有企业需要改制、改组和改造，却缺乏针对中国国情的长期耐性资本。因此，私募股权投资基金具有巨大的发展空间，私募股权资本必将成为主流融资渠道。十八届三中全会召开之后，国企混改推进的速度在明显加快，私募股权投资的机会在增加。政府为了支持实体企业融资，化解金融杠杆的风险，加大了直接融资比重，具体表现为新三板的大扩容、公司债的发展以及 2016 年以来 IPO 发行速度的加快。在并购方面，虽然自新一届证监会主席上任以来，强监管成为主题词，并购退出难度在加大，但从长远来看，并购退出的前景仍然被看好。

从挑战方面看，随着中国宏观经济增速的换挡，从总体上看，企业利润的增速也将换挡。而民间资本的不断积累使得资本的供给会不断增多，资本的稀缺程度在下降。当上市公司数量大幅增加时，一级和二级市场上股票估值之差将大幅缩小。这些因素无疑将导致私募股权投资的期望回报率下降。而随着国企改革从管人、管事、管资产向管资本的转变，各类国有资本的产业引导基金和各类重组整合基金将不断成立。结果将是私募股权募资端"国家队化"明显，基金体量将由于国家队的加入而水涨船高，竞争将进一步加剧。特别是以人工智能和大数据为代表的新金融技术的出现，对投资机构的综合能力提出了更新、更高的要求，以往常见的以折价进入并守候企业成长的私募股权投资盈利模式将不再有多大的市场。因此，私募股权投资行业的大洗牌将是不可避免的。如果说十多年以来一些私募股权投资基金可以凭借企业融资难的大量商业机会而获取高额回报，以后新金融技术和资源整合能力则将成为各类私募股权投资基金竞争取胜的更为重要的砝码。

从西方发达国家的经验看，私募股权投资对经济发展具有巨大的促进作用。它不仅有利于促进上市公司治理结构的改善，而且能发现未上市公司的潜在价值，为退休金和医疗保障基金提供重要的投资渠道。它最大的作用是，通过资本把人才和各种资源有机整合起来，并以并购等方式对产权机制、治理结构、激励机制、商业模式、管理技术进行根本性变革，使民营企业有效升级，使国有企业管理层把自身利益和企业利益相结合，同时让法人治理结构和董事会发挥应有的作用。中国的证券市场是在先于股权投资市场的情况下出现的，并且最初的主要目的之一是为国有企业改革和解困服务，具有许多与生俱来的缺陷，不补上股权投资这一课，它的许多功能也得不到有效发挥。所以，私募股权投资对完善资本市场功能和提高资本市场效率也具有重大的作用。

然而，建立和发展一个有效的私募股权投资市场、优化私募股权投资基金产业并把整个产业做大、做强、做精，是一件十分困难的事情。在过去二十多年风险投资和资本运作的过程中，我国曾出现过为数不少的管理层并购异化，即通过并购掏空国有控股企业的案例，一些政府出资的风险投资公司，如中国创业投资公司，也很快破产，倒闭。2007年前后，外资私募股权投资基金在中国的并购又引发出许多有关国家经济安全的讨论。我国私募股权投资业在发展初期，就曾在并购股权时出现过以高达20倍市盈率成交的恶性竞争局面。2008年以来美国的次贷危机对我国发展私募股权投资又提出很多警示，等等。所有这一切，都与制度相关。不论是国内还是国外，私募股权投资依然存在很多的不确定性和制度缺失。不论是政策制定者还是行业实践者都在关注着制度变化的方向，关心着新制度可能产生的经济后果，特别是对利益分配格局的影响。因此，即使从金融业可持续发展的角度来看，我国也需要学术界和研究部门针对中国的特征来系统深入地研究私募股权投资的理论和发展战略。

近几年来，我国政府对私募股权投资在国有企业改革、金融风险防范和经济发展中的作用寄予了厚望。但在快速的发展过程中，我国私募股权投资行业也曾多次出现混乱并遭受整顿。然而，在原来的问题没有妥善解决的情况下，新的问题又出现了。随着国企改革从管资产向管资本的转变，大量的国企将变成股权投资公司或股权投资基金。有私募股权投资参与的国有企业混合所有制改革面临着三个重大而亟待研究的问题：一是这样的混改到底最后能不能实现国有资产的保值、增值？或者说市场机制能不能有效地在股权投资领域发挥积极的决定性作用，即改革设计者们的良好愿望到底能不能实现？二是在目前环境下进行混改，这一轮国企改革最后会不会沦为权力者和私募股权投资基金分享国有资产的盛宴？或者说，我们在混改中需要怎样的配套制度改革？三是大量国有资本主导的股权投资机构的出现会不会导致投资领域的"国进民退"和不公平竞争？或者说，我国的私募股权投资在国企混改的背景下还能不能实现可持续发展，并为我国经济的可持续发展做出积极的贡献？改革是一项系统工程，也是有风险的事业。如果改革措施不当或措施得当但执行不力，国有企业的垄断不仅难以打破，甚至会扩张到股权投资领域。

作为金融资本的私募股权投资，是从产业资本中分离出来的具有特定职能的独立资本形态。按照马克思政治经济学的观点，它在本质上体现的是生产关系。在希法亭看来，它还是种实在的社会和政治力量。从局部来看，私募股权资本涉及的利益主体只有投资者、投资家和企业家，而从全局和长远来看，它涉及的利益关系要复杂和广泛得多。一方面，它对经济稳定性的影响，涉及一国的经济发展、就业、产业结构和社会福利；另一方面，跨国并购或跨国投资会影响国与国之间的利益关系。我国加入WTO并且实行金融对外开放以来，国家经济安全问题和国有资产流失问题日益突出，特别是凯雷收购徐工一案曾引发了一场不小的风波。我国经济的改革和发展需要私募股权投资，同时，每一场改革都是利益的重新分配，不当的改革措施和不利的改革结局可能阻碍我国私募股权投资的健康发展。因此，我国在制定私募股权投资的相关法律法规和政策时，金融政治经济学的视角便显得十分重要。

邓小平领导的改革开放让外资参与中国的经济建设，取得了巨大的成功。习近平领导的新一轮改革开放让社会资本参与国企改革，成效将取决于一系列条件和措施。如果说十年前凭国家发改委等部委的一纸文件就能解决外资私募股权投资基金与本土私募股权投资基金的关系问题，那么，以后国有股权投资基金与市场化私募股权投资基金之间的关系问题，就将会因涉及太多的政治、法律、经济、文化与利益集团问题而使人感到十分棘手；如果说以往国企改革和私募股权投资发展的问题主要是经济问题，那么，在国有企业混改背景下的私募股权投资发展问题就将变成更综合、更复杂的问题，将涉及我国政治、法律、经济和文化等一系列领域的改革问题；如果说十年多前人们讨论的焦点是我国要不要发展私募股权投资的问题，那么，今天的核心问题就是如何可持续地发展我国私募股权投资的问题，或者说是如何处理私募股权投资、国企混改与配套制度改革的问题。因此，在经济进入新常态、改革进入深水区、投资进入高风险期的新时代背景下，对私募股权投资发展问题的研究需要更具基础性、宏观性、综合性和前瞻性，也需要研究者更能直面核心问题。本文将试图以市场机制为核心，结合法律原则、政治影响、时代背景和私募股权投资的功能、特征来研究我国发展这一产业的理论和政策问题，以期能为政策制定者和市场参与者提供有价值的参考意见①。

第二节　研究的目的与意义

一般而言，目前人们是在以下四种意义下使用私募股权投资或私募股权投资基金一词的：其一是指私募股权投融资模式；其二是作为企业或投资工具的私募股权投资基金（Private Equity Fund，简称 PE）；第三是指相对于产业资本或私募债权资本，或公募股权资本而言的一种金融资本——私募股权资本（但有时也包括了私募债权资本）；第四是私募股权投资市场或私募基金产业（这是本文研究的主要对象）。而此四者又是密不可分的，因此需要在特定的语境中去理解。有关私募股权的研究也应与此对应。本文研究的主题是取第四种含义，但本文的行文中"私募股权投资""私募股权投资基金"或"PE"等也可以是上述一种或多种含义的组合。而人们常说的私募基金或私募证券投资基金——投资于公开上市后企业的一种公开交易的基金，则不在此讨论之列。

美国私募股权投资发展对经济发展的促进作用和高回报特点，曾引起我国各界的高度重视。在最初的几年中，外资私募股权投资在中国的成功实践更是催生了我国金融界发展本土私募股权投资的强烈愿望。但是，一些政策制定者却不怎么看好这一市场或产业，他们有更多的实际问题需要考虑。事实上，中国人在风险投资和企业并购实践中已经吃过不少苦头。比如：以顾雏军为代表的民营资本并购国有企业中出现的国有资产流失，凯雷收购徐工案引发的国家经济安全问题，2012 年天津私募股权投资欺诈案，2016 年以来深圳的多起以发行原始股为名的非法集资案，以湖南湘西非法募资 70 亿元引发的官僚腐败和社会信任问题，等等。中国股市的大涨大跌以及投资人才的缺乏，也使得有关当局对发展我国私募股权投资或心存疑虑，或不知所措。他们在政策制定上或盲目照搬美国的经验与制度，或没有理论根据地进行所谓"制度创新"。私募股权投资行业与投资者对好的政策或难以理解，或知其然而不知其所以然，对不当的政策却提不出适当的理由来促其改进，或只是急于求成。长此以往的结果就是行业畸形发展，或出现"金融抑制"，对资本市场和整个经济的发展不利。理论准备不充足的政策制定和行业实践总会碰到很多麻烦。事实上，我国私募股权投资发展中出现的问题，如政策的摇摆、政策出台的拖延、对未来发展的信心不足等，都与理论和政策研究的不足不无相关。

私募股权投资市场的创新发展离不开一国的法律制度、经济制度乃至政

---

① 本书保持了论文体例，凡涉及本书整体的地方在正文中仍然使用"本文"来指代。

治制度的土壤。但一直以来，有关私募股权投资的理论基础、私募股权投资在我国特有的制度以及我国发展私募股权投资的主要原则等均是没有得到深入研究的问题。在经济新常态下，特别是在国有资本股权投资机构大量涌现的现实背景下，如果对这些问题没有适当的认识，那么我国经济体制改革的进一步深化和我国私募股权投资的发展都可能遇到意想不到的困难。因此，本文将在对私募股权投资现象和发展规律进行较为深入和系统研究的基础上，结合我国政治、法律、经济的现状和发展趋势，试图从产业可持续发展的角度为我国私募股权投资的发展提供一个制定政策的理论分析和参考依据，对我国改革相关的制度提出一些原则性和策略性的政策建议。本文的研究将致力于论证私募股权投资发展中的市场机制、法治原则和发展政策：1. 给私募股权资本市场和私募股权投资产业的兴起提供一个合理的理论解释，强调市场机制在发展中的决定性作用。因此，我们必须深入系统地分析企业和私募股权投资的本质，研究与私募股权投资相关的各类行为主体，如投资者、投资家、企业家、政府等的行为特征与契约关系。2. 为理性和可持续地发展私募股权投资提供一个理论分析，指出制度长期作用的机制，对中国金融改革和国有企业改革中的体制问题做深入的分析，对涉及的政治环境和法律环境进行分析。通过模型和理论的分析，提出我国私募股权投资微观治理机制的改进意见，指出中国发展私募股权投资的机会所在。我们将在此强调，市场机制只有在适当的政治和法律体制下才能有效地发挥作用。3. 试图结合中国经济发展和改革中的实际问题，特别是国有企业混合所有制改革与私募股权投资发展的相互关系问题，在国际制度比较、以往发展经验（案例）和理论分析的基础上，为政策制定者提出进一步发展我国私募股权投资基金和防范国企改革风险的具体建议，并为行业实践者提出一些可供选择的理念。简而言之，本文的研究目的是试图从全社会和政府的视角，对我国发展私募股权投资的原因和依据、发展的条件和后果、发展中的制度障碍和改革措施等问题，进行一个有新理论和新模型作支撑的系统研究。我们将侧重改革与发展关系的研究，而不会着力去关注有关私募股权投资中的具体管理与投资方法、私募股权投资所涉及的具体相关法律法规等细节问题。

在经历了 30 多年的高速增长后，中国经济还能持续这一奇迹的动力在哪里，是一个人们十分关注的问题。由于以往经济发展的顺利和成功，我国企业和金融领域的许多矛盾都被掩盖或让许多人视而不见。如果不进行改革或改革措施不当，后发优势可能转化为创新劣势。习近平强调："如果说创新是中国发展的新引擎，那么改革就是必不可少的点火器。"无疑，创新和改革将成为时代的主题。未来 10 年是我国国有企业改革进一步深化的重要时期，也是中国私募股权资本进一步发展的关键时期；改革与发展能不能相互适应和彼此促进是决定其成败的关键。

作为金融创新和产业创新相结合的私募股权投资市场的发展，对于发达国家经济结构调整和新经济的出现起到了重要推动作用。近十几年来，虽然私募股权投资对促进企业创新和改革的作用已得到较为普遍的认同，制度建设也有推进，但与发达国家相比，中国私募股权投资市场的发展在制度建设上和人们对相关体制、机制的理解上还远远适应不了市场发展的需要；存在的问题太多，以致决策部门常常举棋不定、左右为难，而企业和投资机构则面临着很大的不确定性。考虑到有关中国证券市场的研究结果已堆积如山而其发展却还不能尽如人意，以及私募股权投资的复杂性和它在新时代担当的角色，我们认为，对私募股权投资进行制度分析和发展对策研究将具有十分重要的理论意义和现实意义。首先，企业理论的创新和对金融投资价值创造功能的重新认识将为人们认识市场机制在私募股权投资发展的决定性作用和私募股权投资在国企混合所有制改革中的重要作用提供基本的理论依据。其次，从探讨私募股权投资的本质入手，把私募股权投资的发展与政治环境、法律环境和经济体制结合起来进行研究，将突出改革与发展的关系，为我国相关的政治和司法体制改革提供理论依据；通过国际比较和案例，研究制度和发展政策对私募股权投资发展的影响，将有利于提高政策制定的水平。第三，把私募股权投资中的委托代理关系和合作博弈问题的研究更加深入化，克服以往研究中只考虑两层委托代理关系和单向信息不对称的不足以及通常只考虑非合作博弈行为的缺陷，将有利于加深人们对私募股权投资治理机制的理解，有利于私募股权投资从业者提高决策效率。第四，对发展私募股权投资的经济后果分析将提供一种前瞻性启示，将为我国坚定发展私募股权投资的信心提供理论支持；针对中国的具体情况，提出未来一段时期我国在发展私募股权投资基金时应有的政策取向，并对目前面临的一些困难问题和国企混合所有制改革中可能面对的风险提出具体的措施，将为我国更好地发挥政府在经济发展和私募股权投资发展中的作用提供参考意见。

总之，不论是以往外资 PE 在中国有过的血本无归、随后几年两头在外的成功与困境以及中国创投公司的教训，还是解决外资 PE 与本土 PE 的平衡问题、国有资本与民营资本股权投资的竞争问题，以及中国的企业和机构一窝蜂地上 PE 的混乱局面，都是制度建设、制度移植及制度改革的问题，也都关系到未来我国经济和社会的发展。因此，研究这类问题的意义十分明显。由于私募股权投资信息的隐蔽性以及涉及的学科很多，研究起来会困难重重。本文的研究期望在理论上有所创新和发现；在实际应用上，能为政策制定者提供理论依据，能为企业和个人进入私募股权投资领域提供参考意见，能为促进我国私募股权投资乃至国民经济的健康发展尽绵薄之力。我们希望这一研究成果能进一步加深政府、业界和学术界对私募股权投资发展乃至国民经济发展中市场规律、法律原则和政治影响的理解，使更多的人能坚守获利的正道、坚定发展的信心、坚持改革的精神。从某种意义上说，本文将是从私募股权投资发展角度对十八届三中全会决议和十八届四中全会决议的经济学和金融学的深度解读。此外，也希望本文能引发更多有关私募股权投资综合性问题的后续研究。

第三节　国内外研究现状述评

一、研究概况

目前，有关私募股权投资的文献已积累不少，特别是有关风险投资的研究有很多。由于风险投资在国外也是私募股权的一个重要方面，许多文献和结论可直接应用于私募股权投资，所以我们应该把有关风险投资和私募股权投资的研究一起总结。对已有的研究，我们可以按上述私募股权投资的四种意义分别从四个方面来进行概述，而这四个方面的研究又是相互联系的。

（一）有关私募股权投融资模式的研究

首先是对这一概念的分析及私募股权投资与其他金融工具的关系的认识。如果把所有的金融业务按私募、公募和股权融资、债权融资两个维度进行划分，私募股权投资基金在金融行业中的地位就很容易从图1-1中看出来。

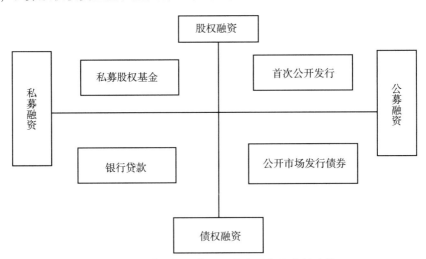

图1-1　私募股权投资基金在金融行业中的地位

也就是说，私募股权投资基金与银行贷款、IPO、发行债券的区别主要在对参与企业的控制、募资方式及退出方式上。但从根本上讲，是其盈利模式和投资效率的不同。私募股权投资的特点是：投资期限长，流动性差；投资对象的风险高；投资的专业性要求很强；在投资和融资的过程中，信息不对称导致的委托代理问题严重。因此，如果单个投资者从事私募股权投资，必须付出大量人力、物力对投资项目进行调查、筛选和监督控制，成本会非常高，效率会非常低。由于投资规模大、期限长、流动性差、风险高，难以通过分散投资来有效降低投资风险，以及信息不对称产生的逆向选择和道德风险，也将导致企业通过以逐个地向个人投资者进行外部融资的方式变得非常昂贵甚至不可能。因此，以集合投资、专家投资、股权投资、分散投资等方式来进行投融资的私募股权投资是为解决企业在银行贷款、公募融资和债券融资上门槛高的问题而出现的。这种投资模式因为风险大而要求回报高，因为股权升值需要依赖于企业成长而使其独具特色。

其次，对私募股权投资基金存在的原因，人们认为它与以往关于金融中介存在原因的经济学分析结论应该相同。这就是降低交易成本（比如：融资成本），分散投资风险、发挥风险管理优势，提供价值增值（Diamond and Dybvig，1983），提高投资效率（Chan，1983），克服资本市场中的短板，解决由于信息不对称引发的逆向选择问题、道德风险问题及其他公司治理问题（Leland and Pyle，1977），等等。DD 模型认为，金融中介为烫平因消费需求的意外流动性冲击造成的不确定性对投资与消费跨期交易的影响提供了可能。米什金认为，金融中介的存在在于节约金融市场的交易成本（米什金，2006）。1990 年，Amit 用逆向选择模型解释了为什么 1980 年代美国风险投资是低迷的；到 1998 年，他又用信息经济学模型研究了"为什么存在风险投资"这一基本问题。更多的作者从美国的实际情况出发，指出美国私募股权投资的发展在于其在 1933 年后资本市场过高的管制成本，对银行规模的限制，与公开资本市场的不完全替代关系（Jarrell，1981），在于解决信息不对称问题及企业特有需求的优势（Carey，et. al，1993）。

（二）对私募股权投资基金运作模式的研究

关于这方面的文献，在国外，典型的有 Gompers 和 Lerner 合著的两本著作：《风险投资和私人权益资本案例》和《风险投资周期》（中译本）。两位作者对风险投资和私募股权投资的具体操作做了详细的研究和分类，成为研究私募股权投资实务的必备文献。Meyer 和 Mathonet 的《Beyond the J Cure》是一部从机构投资者的角度全面、系统描述私募股权投资基金的价值评估、业绩衡量和投资组合管理的重要著作。它通过分析基金投资评估过程中的难点问题和有争议的领域，通过创新且完整的方法为投资者搭建一个用于实际评估的框架，并提供可选择的评估方法。它是这一领域的基础性文献。

作为一个企业，私募股权投资基金涉及的三大问题是项目选择、风险控制和法律纠纷。在国内，李昕旸和杨文海的《私募股权投资基金理论与操作》是关于私募股权投资基金运作的中文著作。它包括对怎样建立一个私募股权投资基金，特别是对有限合伙制私募股权投资基金涉及的协议提供了具体的范例，对私募股权投资的投资流程有具体的探讨并详细介绍了尽职调查和企业估值中涉及的诸多财务与估值方法问题。李和杨两位作者的著作还介绍了私募股权投资基金运作过程中涉及的风险，包括市场风险、法律风险、信用风险和流动性风险。由九位学者和行业专家合著的《LBO与垃圾债券：中国机会》对LBO与垃圾债券的发展状况、应用原理、产生动因及财富效应作了理论和案例分析，并在此基础上对"杠杆收购"交易结构设计、"垃圾债券"融资方案等进行了研究。

陈永坚的《中国风险投资与私募股权》是全面涉及私募股权投资基金运作的法律问题的中英文对照本著作。该书主要是介绍外资PE在中国发展业务和人民币私募股权基金运作企业海外上市及跨国并购所涉及的法律和文件，并展示了许多示范合同。该书特别研究了红筹模式在新形势下的变化，以及人民币股权基金与中国政府基金合作等问题。李寿双的著作《中国式私募股权投资——基于中国法的本土化路径》探讨了如何在中国的法律框架下植入和融合传统的国际私募股权投资的游戏规则，并能有效保护投资者利益。

（三）有关私募股权投资基金组织形式和治理机制的研究

私募股权投资基金主要涉及三类行为主体：投资者、投资家和企业家。因此，有效率的投资基金组织形式和治理机制必须研究此类及其他相关行为主体的行为特征、契约关系及其与外部环境的相互作用。但是，目前已有的这方面的研究文献大多是从实务操作的层面展开的，或者是以风险投资为研究对象的，鲜有从金融学、经济学方法直接对私募股权投资的分析。然而，由于风险投资实际上也是股权投资，并且许多私募股权投资基金都是由风险投资基金发展而来的，国内外有关风险投资的研究结论大都适用于对私募股权投资基金的研究。

在各类产权理论或模型的基础上，风险投资（私募股权投资）中三大行为主体之间的双重委托代理关系，即投资者与投资家之间的契约关系及投资家与企业家之间的契约关系得到了广泛的研究。在投资者与投资家之间的契约关系中，主要的问题是投资者如何在事前选择好投资家以避免逆向选择，以及投资家如何在事前通过信号传递以吸引投资者。Compers和Lerner对419家成立于1978年至1982年间的美国风险投资机构的实证研究表明，投资者与投资家之间的契约关系符合学习模型（风险投资家在基金设立之前就知道自己选择和监督企业家的能力）而不是信号模型（投资家和投资者开始时同样缺乏有关投资家能力的信号）。

对于投资家和被投资企业之间的契约关系的研究，也有大量文献。它们主要涉及阶段融资、控制权配置、股权资本退出等以及在此基础之上的证券理论，理论框架包括完全契约时的委托代理理论和不完全契约时的控制权分配理论。Cornelli 和 Yosha（1999）的风险投资模型显示，可转换证券能够阻止企业家集中于短期业绩和"窗饰（Window Dressing）"，因为这种短期业绩无助于企业的最终成功。Repullo 和 Suanez（1999）分析了投资家在融资中与顾问的互补性以及阶段投资与企业家、投资家双边道德风险之间的相互作用。他们认为，在此种情况下，解决激励问题的最优契约安排是持有可转换优先股。此后，Hellmann（2002）、Schmidt（2003）、Ozerturk（2000）等进一步深化了这一类的研究。在有关风险投资和融资的阶段问题上，Trigeorgis（1993）分析了创业企业的阶段融资中的实物期权问题，并提出金融柔性（Financial Flexibility）的概念。他的观点是，阶段性融资有助于解决创业家与风险投资家之间的信息不对称以及由此引起的投资不足，富有弹性的或有（Contigent）投融资安排为风险投资家和创业家提供了双向的实物期权，即实物期权对双方都是有利的。关于控制权的分配问题，Aghion 和 Bolton（1992）在不完全契约的框架内不仅论证了控制权的重要性，而且发展出了控制权随机转移的思想。在此基础上，Hellmann（1998）探讨了企业家在何种情况下可能愿意放弃对企业的控制权。其结论是，由于企业面临财务约束，企业家不得不在股权和控制权之间进行权衡。在国内学者的研究中，安实（2002、2005）、欧阳玉林（2005）、郝宇、韩文秀（2005）、李金龙（2006）等均对控制权在投资家和企业家之间的分配和转移进行了研究，结论是风险投资的制度安排对投资激励和投资效率均有较大的影响。

对退出方式的研究，Cumming 和 Macintosh（2000）建立了一个关于创业资本退出的一般理论，指出创业资本家应当在创业企业带来的边际价值等于边际成本时退出。在退出方式上，大量的文献用于证实 IPO 方式的优越性以及 IPO 和创业资本活动的相关关系（Jeng and Wells，2000；Gompers and Lerner，1999；Black and Gilson，1998）。还有一些文献分析了创业资本家在把企业推向上市的过程中的作用。Megginson and Weiss（1991）指出，由于创业资本家不断地把企业推向股市，他们能向投资者证明，由他们推向股市的公司的价值没有被高估；他们还认为，在 IPO 前后保留大量股份是增加创业资本家证明创业企业业绩可信的"捆绑机制（Bonding Mechanism）"，这种机制类似于"锁定条款（Lockup）"。Gompers and Lerner（1999）还指出了创业资本家拥有的创业企业的内部信息对 IPO 前后创业企业股份业绩回报的短期和长期影响。

（四）关于发展私募股权投资市场和产业的研究

这方面的研究涉及的第一类问题是金融体系的结构问题。美国学者 Black

和 Gilson（1998）认为，如果银行启动公司融资，或者由大公司将创业过程内部化能够产生和美国风险资本市场同样的运作业绩，以银行为主导的金融体系和以资本市场为主导的金融体系的差异仅是一个有趣的历史问题，而不是功能问题。但实际上，二者之间存在很大的差别。美国在实行商业银行和投资银行业务分类制度半个多世纪后，又重新恢复了混业经营，但目前美国以资本市场为主导的金融制度仍然没有根本性改变。

第二类公共政策问题是资本所得税率问题。美国风险投资的业内人士认为，上世纪 80 年代的所得税率从 49.5%（1978 年）下调到 20%，刺激了风险投资的发展。对此，美国学术界有不同的看法。Friedman（1989）认为，所得税对风险投资没有任何影响。而 Compers（1992）的分析则认为，上世纪80 年代的风险资本的增加主要来自于免税的机构投资者，如退休基金、捐赠基金、信托等。

第三类问题是有关股权投资的管制和产业组织方面的研究。西方学者把金融管制分为新古典经济学管制和关系管制两大类（Dietl，1998；Karmann，2000）。前者的理论基础是完全的竞争市场能够保证稀缺资源的最有效配置，主张实行强制性的会计信息披露及审计规则，禁止人为交易，限制价格操纵，保护投资者。后者的理论基础是治理效率理论——以产权经济学、代理理论和公司治理经济学为基础，通过公司治理来实现投资效率的理论。国内学者张旭娟（2006）则从法律角度对中国证券私募法律制度进行了研究，强调全面系统的监管。在私募股权投资的产业组织方面，Hochberg（2007）的研究表明，采用辛迪加投资方式，通常有更大的溢价收益。Besley（2007）认为，公众股权的私募信息发布常常会引起负面的产业竞争效应，而且当股市是熊市时效果会更大。近几年来，越来越多的学者开始注意到不同的制度背景对风险投资效率的影响，并且将研究的焦点转向亚洲国家，开始关注中西方制度的差异，并运用生态系统的概念来探讨风险投资的发展模式。

第四类问题是关于法律与政府政策对私募股权投资发展的影响。很多人认为，创业资本的筹资数量和一国的政策、法律有关。Oliver Pfirrmann Udo Wupperfeld 和 Joshua Lerner（1997）在比较德国和美国创业资本市场的基础上认为，美国创业资本筹资市场比较活跃的一个重要因素就是直接和间接的政策推动，这也是德国创业投资基金发展的重要障碍之一。Gompers 和 Lerner（1999）在分析美国创业投资历史的时候指出，"导致流入创业投资部门资金增加的一个重要因素是约束养老金投资的'谨慎人（Prudent Man）'规则的1979 年修正案"。拥有相似观点的人还有 Jeng and Wells（1997）、Franklin Allen and Weiling Song（2002）等。上面的研究还是停留在论证政策和法律对创业基金筹资的影响。关于政府是如何促进创业投资和创业企业成长的文献则是极少的。不过正如 Gompers and Lerner（1999）指出，"三个近期的例外是 Irwin and Klenow（1996）、Lerner（1999）和 Wallsten（1996）"。这三篇文献集中探讨了政策制定者能促进创业投资及其所投资公司成长的途径。

近几年来，在有关我国私募股权投资发展研究的问题上，国内涌现出了一批值得称道的著作。朱奇峰博士的《中国私募股权投资基金：理论、实践与前瞻》一书对中国私募股权投资的发展与国外发展的情况作了对比分析，指出我国在发展这一产业的问题上存在认知、法规建设、发展手段、人才等方面的问题，提出了我国私募股权投资的发展模式应向市场化主导的方向发展等重要观点（朱奇峰，2010）。李福祥教授等人的《中国私募股权投资基金现状与发展研究》一书的研究有三大鲜明的特点：一是对我国私募股权投资发展政府引导基金的作用和评价方法的研究；二是对西部地区私募股权投资发展策略的研究；三是对资本市场新常态下我国私募股权投资发展的研究。黄卫东在其《中国私募股权基金：问题与发展》一书中，具体研究了有关我国私募股权基金的许多制度上的问题，特别是一些法律细节问题。他的研究结论针对性和操作性都很强（黄卫东，2015）。所有这些著作对私募股权投资行业的研究者、政策制定者和行业实践者都具有较大的参考价值。

二、总体评论

（一）在所有有关风险投资的研究文献中，作者们都运用了现代金融学和现代经济学的前沿理论来进行分析，制度经济学的理论和方法更是得到了普遍的应用，不仅有较深入的理论分析，也有大量的实证分析和案例研究。这不仅为进一步研究私募股权投资提供了样板，而且，由于 VC 与 PE 的共性，许多研究 VC 得到的结论可以直接应用于私募股权投资的研究中，并对投资实践有重要的指导意义。

（二）在研究的对象上，已有的研究对私募股权投资发展中市场机制的作用及市场机制有效发挥作用的前提条件研究不足，对私募股权投资相关行为主体的特征分析没有引起足够的重视。特别是在对企业本质和私募股权投资价值创造机制的理解上，人们的认识还存在不少偏差。

（三）在研究方法上，大都是以非合作博弈论和静态均衡为主，合作博弈论和动态优化的方法没有系统的引入，而且法律与经济学的结合不够。多层次资本系统的互动关系揭示的少。特别是在一个完整的资本市场中，对如何更好地监管没有深入的探讨。实际上，只有在合作博弈的框架中，人们才可能对私募股权投资的价值创造过程有一个清楚的理解。

（四）在众多的有关私募股权投资治理机制的博弈论与信息经济学的模型研究中，有关委托代理关系的分析只考虑了两层，且是分开考虑的；有关非对称信息的分析是单向的，双向的非对称信息模型没有被注意，外部环境的变化和行为主体的差异也没有在模型中引入。

（五）针对发展中国私募股权投资的制度分析不仅不完整，深度也十分有限，对私募股权投资发展中政府的定位和作用没有理论和实证研究，对改革与发展的关系很少涉及。许多案例的分析没有结合中国特有的政治、法律、经济制度和经济背景来进行。特别是我国在加入 WTO 和实行金融对外开放以后，从金融政治经济学的视角来研究制定私募股权投资的相关法律和政策显得十分重要。我们需要从可持续发展的角度对国有企业混合所有制改革、国有资产流失、金融风险防范、新技术革命及投资效率等有一个全盘的考虑。

（六）有关私募股权投资的经济后果的分析，特别是关于可持续性的理论探讨十分缺乏。LBO 已成为私募股权投资的主要业务，但对 LBO 的长期和短期效果缺少理论的深入研究，特别是对其中的风险与金融危机的关系很少有人注意。

（七）新金融技术革命可能对私募股权投资业的发展产生重大的影响。深入研究这种影响的意义将越来越突出，但目前对这一问题的研究基本上是一片空白。

第四节　研究内容与基本思路

一、研究内容

要有效应对我国私募股权投资发展中的各种难题，提出发展的措施，首先必须对私募股权投资的作用和运行机制有一个深入的理解。本论著研究的第一个重要内容是市场机制与价值创造，包括对企业本质和私募股权投资本质的认识。我们将从人类的认知特性、行为特征及私募股权投资中各类行为主体之间的契约关系入手，利用现代经济学和合作博弈论来论证私募股权投资对我国经济发展的重要性和市场机制的决定性作用。

本论著研究的第二大内容是基于上述理论来分析私募股权投资制度安排的效率及变迁的理由，包括对法治原则与私募股权投资发展关系的讨论。我们将运用威廉姆森交易成本经济学、哈特等人的企业不完全契约理论及诺思等人的制度变迁理论来分析私募股权资本市场存在的合理性、演进的必然性以及在我国改进的可行性。我们将深入分析我国私募股权投资产业在经济新常态、供给侧结构性改革、国有企业混合所有制改革和新金融技术革命背景下的可持续发展问题。

本论著研究的第三大内容是要解释私募股权投资的国别差异。由于历史传统、政治法律制度、经济结构及经济发展的阶段不同，私募股权投资在世界各国显现出各种不同的组织形式和运行机制，它们之间既有共性，也有差异。我们将从经济学的角度对此作出系统解释。

本论著研究的第四大内容是发展私募股权投资的经济后果，包括微观经济后果和宏观经济后果；前者主要指公司治理和效率的改变、产业结构的变化，后者指对经济增长和金融稳定的影响。我们将采用实证分析方法来分析国外私募股权投资发展的影响和几个中国案例所提供的启示。

第五个研究的大问题是我国私募股权投资发展中的制度创新问题，包括对改革与发展关系的探讨。我们将结合上述理论和实证分析，在既符合经济理论又符合中国国情的考虑下，以私募股权投资治理机制有效运行和兼顾各类行为主体利益为导向，提出可持续地发展我国私募股权的政策建议。

二、本文研究的基本思路与文章的结构

在充分运用现有经济学理论并试图创新的基础上，通过分析各类主体的行为特征和契约关系，充分考虑国际经验、中国国情及可能的经济后果的基础上，提出和分析发展私募股权投资中的一系列相应的制度问题，为决策者和投资主体提供可资借鉴的政策建议。

本论著将按"理论—制度—行为—绩效"模式展开分析，并遵从经济学中从微观到宏观的分析传统。第一章是对文献的回顾，提出要研究的核心问题。第二章是对私募股权投资现象的理论分析，即回答为什么会有快速发展的私募股权投资以及我国为什么需要发展私募股权投资的问题。第三章是对不同国家和地区私募股权投资制度的比较分析，目的是为我国发展私募股权投资提供制度参考。第四章是分析影响我国私募股权投资发展的主要因素，即进一步回答我国为什么能够和需要继续发展私募股权投资的问题。第五章研究的是我国发展私募股权投资的体制与机制问题，即怎样可持续地发展私募股权投资的重大问题，亦即企业应该怎样做的问题和我国的政治、法律和金融体制改革的问题。第六章是通过案例分析指出我国私募股权投资发展过程中已取得的一些成功经验和可能遇到的重要问题。第七章要回答的是，在新的历史条件下，我国应该怎样促进私募股权投资可持续发展的问题。最后一章是对全书的总结和自我评论。

第五节　研究方法与核心思想

一、研究方法

（一）传统的经济学分析方法，即基于个人主义的优化分析法和均衡分析法。私募股权投资中相关的主体都是在既定的制度背景、资源和认知条件下追求个体效用或财富最大化；在有竞争力量的条件下，经济行为主体的理性决策应以竞争均衡下经济变量的取值为依据。前者的例子如各有关逆向选择和道德风险模型，后者的例子如对投资回报的分析。

（二）比较与实证研究方法。不仅不同国家的私募投资制度可以用来比较，我们还可以比较不同发展时期的制度。对中国私募股权制度的分析，我们既要对以往的投资成效作计量分析，也要对典型的投资案例进行分析，包括对成功的案例和不成功的案例的分析。

（三）政治学和法理学的方法。对政治和法律的传统、现实、发展方向以及利益集团的分析，是我国经济和金融发展研究中必不可少的内容，相关的理念和方法必须加以运用。

（四）合作博弈论与动态分析方法。并购、风险投资、重振资本的收益都是合作博弈（Cooperative Games）的结果。合作博弈是指存在有约束力的合作协议的博弈。而无论是对不同时期制度效果的分析还是对私募股权投资可持续性的分析，都必须用到动态分析的方法。

二、核心思想

（一）从本质上说，私募股权投资是资源整合模式和企业价值增值模式的互动关系，它也是以人力资本为核心的复杂的多重契约关系。私募股权投资不仅使得传统金融工具难以做到的资源整合能有效实施，私募股权投资活动本身也创造价值。因此，私募股权投资基金可以有多种形式，而私募股权投资的发展就是在法治条件下市场机制起决定性作用的过程。我国应坚定发展私募股权投资的信心。

（二）企业是在特定的环境中，人们通过集合资源为实现合作剩余而设立的经济组织。虽然企业利润来源有多种，但基于市场机制的、通过价值创造转化而来的利润才是私募股权投资追求的正当目标。只有在制度制定和政府监管中坚持这一理念，私募股权投资的发展对我国经济的改革和发展才有积极意义。也只有私募股投资行业的参与者都秉持这一理念，我国的私募股权投资才能实现可持续发展。

（三）中国特有的制度背景、经济特征和制度变迁过程决定了中国发展私募股权投资的特征、路径、困难与前景。要正确地制定我国发展私募股权投资的一系列政策，必须对私募股权投资现象及其内在的发展规律有一个基础性的认识，必须考虑政策制定者与其他行为主体之间因信息不对称和信息不完全可能引发的许多问题，更重要的是要使政策制定者、实施者、监管者之间形成有约束力的合作协议。

（四）私募股权投资对我国经济的可持续发展至关重要，我国国有企业的混合所有制改革也与私募股权投资的发展相辅相成。在可以预见的未来一段时间内，我国私募股权投资的发展面临着更大的发展机会，也会遇到巨大的挑战。这些挑战来自国有企业改革的困境、经济发展的转型以及新金融技术革命带来的行业洗牌。我们需要借鉴国外成功的经验，总结以往的教训，防范风险，加强政府的扶持和监管，大量培养人才。

（五）从长远的角度看，我国私募股权投资的健康发展需要公正的法律体制以及自由竞争的经济体制作为制度环境。否则，私募股权投资的功能就得不到发挥，负面的作用还会被放大；国有企业的垄断不仅难以打破，甚至会扩张到股权投资领域。我们需要及时转变不适宜的观念，坚定不移地推进政治、法律及经济体制的改革。

简而言之，本文的核心思想是：秉持价值创造理念、完善市场机制、推进法治建设、制定合理发展政策，是我国私募股权投资健康发展的必由之路，也是促进我国经济可持续发展和改革顺利推进的根本举措。

第二章 私募股权投资的理论分析

第一节 私募股权投资的概念与类型

一、私募股权投资的概念

无论是作为投融资模式的私募股权投资，或是作为投融资过程的私募股权投资，还是作为金融产业的私募股权投资基金，其意义差别都不大，都可简称 PE（Private Equity）或 PEF（Private Equity Fund）。因为此三者都涉及三个方面：首先它是一种基金，是一种集合理财的方式；其次，它主要是通过私募的方式发行的；再次，它是通过股权投资实现赢利的，都与企业治理有关并将在最后退出股权。所以，我们只在特别的意义下给予区分。

基金有广义和狭义之分。从广义上说，基金是机构投资者的统称，包括信托投资基金、单位信托基金、公积金、保险基金、退休基金和各种基金会的基金。从会计的角度看，基金是一个狭义的概念，意指具有特定目的和用途的资金。政府或其他的出资者不要求投资回报和投资收回，但要求按法律规定或出资者的意愿把资金用在指定的用途上而形成的基金，与以盈利为目的的投资基金在运作上完全不同。后者以基金管理公司的方式通过发行基金单位，集中投资者的资金，由基金托管人（及具有资格的银行）托管，由基金管理人管理和运作，从事股权、股票和债券等金融工具投资，然后共担投资风险、分享利益。

基金在募集方式上有公募（Public Offering）和私募（Private Offering）两种。公募是指发行人向不特定社会公众募集发行，而私募则是指发行人向特定投资者募集发行。私募是"私下募集"，它不能像公募基金一样，通过媒体宣传、发宣传资料、宣传以往业绩和开研习会等方式向社会募集资金，而只能非公开地向有限的个人和机构投资者募集。通常这些机构投资者是专门投资这类基金的有丰富经验的专业投资者，他们有资金实力和比较好的风险承担能力。也就是说，"公募"面向广大普通公众投资者，而"私募"面向

"富人"，即少数有实力的投资者。既然是私下募集，私募股权投资基金就没有能力（法规也不允许）向大量甚至无限的投资人募集资金。

私募股权投资基金是对未上市的企业进行股权投资，或者是对上市公司非公开交易股权（即私募股权）投资。对已上市的公司可公开交易的股票投资，不是股权投资，而是证券投资；如仍是私募，就是私募证券投资基金。多数私募股权投资基金是通过所投资公司未来上市来实现资本增值，所以多数私募股权投资基金在对企业进行投资时，都以"该企业有没有未来上市的前景"作为是否对该企业投资的重要考虑因素。美国对私募股权投资基金有严格的定义，美国联邦银行监管条例认为，业务方向为投资于金融，非金融公司的股权、资产或其他所有者权益，并且将在未来出售或以其他方式处置的不直接经营任何商业、工业业务，最长持续不超过15年的金融工具。

在我国，私募股权投资还没有正式的官方定义。但综上所述，我们可以看到，私募股权投资基金（Private Equity Fund，PEF）是指主要通过私募形式获得较大规模投资资金，形成基金资产，交由基金托管人托管，由基金管理人以"专家理财"方式，对非上市企业进行的权益性投资。投资者按照其出资份额分享投资收益，承担投资风险。在交易实施过程中附带考虑了将来的退出机制，即通过上市、并购或管理层回购等方式出售持股获利。在中文中，PE或PEF有私募股权投资基金、私募股权基金、私人股权投资基金、私人股权基金、私募资本投资基金、产业投资基金、股权私募融资、直接股权投资等多种译法，简称还可以将"基金"二字略去。

据此，我国理论上的私募股权基金有广义和狭义之分。广义的私募股权基金为涵盖企业首次公开发行股票（IPO）前各阶段的权益投资基金，即对IPO前从种子期到成熟期的企业进行投资。包括发展资本（Development Finance）、夹层资本（Mezzanine Finance）、基本建设（Infrastructure）、管理层收购或杠杆收购（MBO/LBO）、重组（Restructuring）、重振投资（Turnaround Finance）和合伙制投资基金（PEIP）等。狭义的私募股权投资主要是指对已经形成一定规模的并产生稳定现金流的成熟企业的私募股权投资部分，或是指创业投资后期的私募股权投资部分。在实践中，私募股权投资多指后者。它具有如下特点：（1）在资金募集上，主要通过非公开方式面向少数机构投资者或个人募集，它的销售和赎回都是基金管理人通过私下与投资者协商进行的。另外，在投资方式上也是以私募形式进行，绝少涉及公开市场的操作，一般无须披露交易细节。（2）多采取权益型投资方式，绝少涉及债权投资。私募股权基金投资机构也因此对被投资企业的决策管理享有一定的表决权。反映在投资工具上，多采用普通股或者可转让优先股，以及转债的工具形式。（3）一般投资于私有公司即非上市企业，绝少投资于公开发行公司，不会涉及邀约收购义务。（4）比较偏向于已形成一定规模和产生稳定现金流的成熟企业，这一点与风险投资有明显区别。（5）投资期限较长，一般可达 3 至 5 年或更长，属于中长期投资。（6）流动性差，没有现成的市场供非上市公司的股权出让方与购买方直接达成交易。（7）资金来源广泛，包括富有的个人、风险基金、杠杆并购基金、战略投资者、养老基金、保险公司等多种渠道。（8）投资退出渠道多样化，有 IPO、售出（Trade Sale）、兼并收购（M&A）、标的公司管理层回购等。

然而，近些年来，美国黑石的公开上市，世界各国国家主权财富基金投资的兴起，中国政府或国有机构出资的股权投资机构的规模化发展，以及一些上市公司发起股东的全盘退出，这些现象使得私募股权投资基金概念已经变得十分模糊。许多"私募股权投资基金"在募资环节中都绕过了募资过程的非公开化问题和对投资者人数限制的问题，"私募"和"公募"变得难以区分。私募股权基金的英文为 Private Equity Fund，其原意为投资于私人股权，即未上市企业股权的基金。Private Equity Fund 的中文翻译通常为私募股权基金或私募股权投资基金，也有人把它译成私人股权基金。其实，该词的英文本身与募集方式并没有关系，只是中文翻译容易给人造成误解。私募股权基金既可以通过私募也可以通过公募方式建立。由于私募股权投资是一种风险相对高且不具有公开信息的长期投资活动，更适合以私募方式募集资本。

广义的私募股权基金甚至还包括对上市后企业的投资和特殊的债权投资，如上市后私募投资（Private Investment in Public Equity，PIPE）、不良债权投资（Distressed Debt）（垃圾债）和投资于股权投资基金的基金（Fund of Funds，FoFs）（母基金）等。因此，私募股权投资的概念被进一步复杂化。

适当的概念界定将有助于避免制定政策和法规时可能出现的各种混乱。考虑到私募股权投资形态的不断发展和变化，本论著中的"PE"或"私募股权投资"是指广泛意义上的私募股权投资基金，或者说，我们将更注重投资机构的投资特征、退出特征以及它与被投资企业的互动关系。

二、私募股权投资的功能

从金融市场功能的角度来看，私募股权市场具有传统金融市场融资、风险管理、发现价格和提供流动性等功能，并在此基础上有所创新。从融资功能的角度看，私募股权市场为创业企业、中等规模公司、陷入财务困境的公司，以及寻求收购的公司等各种类型的融资市场主体提供融资需求。从转移和分散风险的角度看，私募股权市场的投资者通过专业的中介机构即私募股权基金，对所投资的项目进行分析、筛选、评估并应用多种金融创新工具以降低其风险，实现私募股权市场内部风险转移和分散的目的。通过私募股权基金的投资运作模式，不仅实现了对流动性差的非上市公司的债券、股权等经营控制权进行定价的可能性，而且使得企业的产权定价可以在更大范围内实现。从提供流动性以及降低金融交易成本的角度来看，通过私募股权基金进行的募资、投资和撤资等一系列运作流程，不仅可以实现投资者的资金流动，为其提供丰富的投资渠道，而且也为融资方的产权提供了流动性，使得市场中的供需双方可以更好地实现自己的交易愿望，从而降低了金融交易的成本。从促进国企改革的角度看，私募股权资本的介入能改善国有企业的公司治理机制，克服国企的各种弊端，提高国有资本保值、增值的能力，并最终深化整个国家的经济体制改革。

三、私募股权投资与其他几种融资方式的区别

第一，与公募股权投资相比，私募股权投资基金的募资是无需登记注册的。与上市公司在市场上公开发行股票招募资本不同，私募股权是对少数投资者私下募股，在很小范围内募集资金，也许仅仅向一两家定向配售。而在市场上公开发行股票，是通过向不特定的多数人发行股票，募集资金。即使是对上市公司投资，私募股权部分也是不可公开交易的。如果把所有金融业务按私募、公募和股权融资、债权融资两个维度进行划分，也可以从图1.1中看出融资方式与金融工具的关系。

第二，私募股权投资与银行贷款、债券不同。银行贷款、债券是债权，并不是持有股权；而私募股权基金是股权投资，它主要期望股本的分红获得收益，可能直接参与企业管理，且其着眼点不在于投资对象目前的资产状况，而是未来发展前景和资产增值。二者的风险也不同：私募股权投资是一种风险共担、利润共享的投资模式，风险较大；而债权投资一般有相对确定的资产保证，收益相对固定，风险极小。二者针对的市场也不同：私募股权投资以未来有发展潜力的市场为重点，目标企业的市场前景、技术创新是关键因素；而债权投资更偏重易于预测的成熟市场，目标企业的现有资产和稳定收益是关键因素。

第三，私募股权投资基金与私募证券基金也不相同。私募基金分为私募证券基金和私募股权基金。私募证券基金是以投资证券及其他金融衍生工具为主的基金，量子基金、老虎基金、美洲豹基金等对冲基金即为典型代表。这类基金基本上由管理人自行设计投资策略，发起设立为开放式私募基金。它可以根据投资人的要求，结合市场发展态势，适时调整投资组合和转换投资理念，投资者可按基金净值赎回。它的优点是可以根据投资人的要求"量体裁衣"，资金较为集中，投资管理过程简单，能够大量采用财务杠杆和各种形式进行投资，收益率比较高。私募证券基金筹集所得资金主要投资于证券

市场、二级市场。在中国，私募证券基金因做庄操纵股票而声名欠佳。私募股权基金筹集所得资金主要投资于企业未上市但即将上市之时，或者用于收购特定行业内重点企业股权，主要投资于一级市场，比如凯雷、KKR、黑石、华平等，但是类似于凯雷一样的私募基金也会有部分对冲基金业务。私募股权基金主要投资于未上市的公司，投资产品不具有很强的流通性，在整个基金存续期内投资者的投资一般被"锁定"，其转让与流通也要受到一定的限制。而私募证券基金投资于已经上市的"公众"公司，主要投资领域是二级市场，其投资产品具有很强的流通性，并且在信息披露方面更加公开和完善，投资者可以利用市场中的公开信息对基金业绩作出评价。尽管目前两类基金在业务范围上出现交叉领域，但他们的区分仍然是明显的。目前，国内媒体频繁引用的"私募基金"绝大多数指私募证券基金，而这一轮私募基金热也大多是由 2006 年国内股市的走牛，加上公募基金数年来积累的矛盾集中爆发造成的。而在私募股权基金领域，国内一直不乏热心人士从事研究。依照目前的实际发展情况来看（券商除外），主要有两种趋势：一种是由政府主导的产业投资基金，主要包括券商集合资产管理计划、信托投资公司的信托投资计划和管理自有资金的投资公司；另一种是民间出现的私募股权投资基金。

第四，私募股权基金（PEF）与风险投资基金（VCF）有所区别。私募股权基金与风险投资虽然都是对上市前企业的投资，但两者在投资阶段、投资规模、投资理念和投资特点等方面有很大的不同。私募股权基金行业源于风险投资，在相当长的一段时间内成为私募股权投资的同义词。可以认为风险投资（Venture Capital）是私募股权投资的一种，但风险投资更偏向于公司早期，追求高风险、高收益领域，是以广种薄收为特征。与其不同，私募股权投资主要青睐于较成熟、有稳定发展基础和前景的目标企业，追求单个投资项目的资本收益。形象地说，前者是"雪中送炭"，后者则是"锦上添花"。从 20 世纪 80 年代开始，大型并购基金的风行使得私募股权基金有了新的含义，而这主要区别在投资领域上。风险投资基金投资范围限于以高新技术为主的中小公司的初创期和扩张期融资，私募股权基金的投资对象主要是那些已经形成一定规模并产生稳定现金流的成熟企业。但是目前，很多传统上的 VCF 机构也介入 PEF 业务，而许多传统上被认为专做 PEF 业务的机构也在做 VCF 项目。PEF 与 VCF 有时候只是概念上的一个区分，在实际业务中两者界限越来越模糊。例如：著名的 PEF 机构凯雷（Carlyle）也涉及 VCF 业务，其投资的携程网、聚众传媒等便是 VCF 形式的投资。

四、私募股权基金的类型①

（一）按投资方式或操作风格分类

作为定向募集、投资于未公开上市公司股权的投资基金，国际上根据私募股权基金的投资方式或操作风格，一般分为三种类型：一是风险投资基金（Venture Capital Fund，VCF），投资于创立初期的企业或高科技企业；二是增长型基金（Growth-oriented Fund），即狭义的私募股权投资基金（Private Equity Fund，PEF），投资处于扩充阶段企业的未上市股权，一般不以控股为目标；三是收购基金（Buyout Fund），主要投资于成熟企业上市或未上市的股权，意在获得成熟目标企业的控股权，以整合企业资源，提升价值。

（二）按投资对象的特点分类

私募股权基金也可以按其投资的企业及其业务分类，包括创业投资基金（风险投资基金）、并购投资基金、过桥基金、房地产基金（REITS）、母基金等。

创业投资基金投资于包括种子期和成长期的企业。创业投资的英语是Venture Capital（简称VC），在国内又被广泛地称为"风险投资"。根据美国全美风险投资协会的定义，Venture Capital 是由职业金融家投入到新兴的、迅速发展的、有巨大竞争力的企业中的一种权益资本（Equity Capital），是一种私募股权投资于创业企业（风险企业）（Venture Companies）或高成长型企业，占有被投资公司（融资企业）（Investee）的股份，并在恰当的时候增值套现（Cash out）。这是个狭义概念。国际经济合作和发展组织（OECD）则将风险投资定义为：凡是以高科技为基础，生产与经营是密集的创新产品或服务的投资，均为风险投资。这个定义要宽泛得多，但更强调了企业的创新。从 Venture Capital 的实际运作看，高新技术企业的高风险、高收益集中体现在企业高速发展的创业阶段，而在企业进入成熟期后收益逐渐下降。因此，风险投资家一般在企业即将进入成熟期时将资金撤出，从而获得极高的投资收益，然后再选择项目进行投资。退出的方式可以是公开上市（IPO）、出售股权给第三方（Trade Sale）、创业企业家回购（Buy Back）或清盘结算（Liquidation）。不难发现，创业期在整个风险投资中所占的比例不是很大，创业投资应当是风险投资内容的一部分。对于创业投资家而言，他所经营的也不是一个具体的产品，而是必须始终将企业作为一个整体，从产品、市场营销模式、组织管理体系等多个方面对其进行全方位考察。因此，创业投资家（风险资本家 Venture Capitalist）必须联系企业的创业阶段来确定创业投资的最佳时机，并根据不同的创业阶段设计出不同的投资方案。在一些创业投

---

① 由于投资机构业务的多元化，实际上只能按它们的主营业务来识别和分类。

比较发达的国家，创业投资基金主要有两种发行方法：一种是私募的公司创业投资基金。通常由创业投资公司发起，出资 1% 左右，称为普通合伙人。其余 99% 吸收企业或金融投资机构等机构投资人出资，称为有限合伙人。同股份有限公司股东一样，只承担有限责任。普通合伙人的责任和权利基本上是这样规定的：一是以其人才全权负责基金的使用、经营和管理；二是每年从基金经营收入中提取相当于基金总额 2% 左右的管理费；三是基本期限一般为 7 年至 10 年，期满解散而收益倍增时，普通合伙人可以从收益中分得 20%，其余出资者分得 80%。另一种是向社会投资人公开募集并上市流通的创业投资基金，目的是吸收社会公众关注和支持高科技产业的创业投资，既满足了他们高风险投资的渴望，又给予了高收益的回报。这类基金相当于产业投资基金，是封闭型的，上市时可以自由转让。

并购投资基金投资于扩展期的企业并参与管理层收购，是专注于对目标企业进行并购的基金。其投资手法是：通过收购目标企业股权，获得对目标企业的控制权，然后对其进行一定的重组改造，持有一定时期后再出售。并购基金与其他类型投资的不同表现是：风险投资主要投资于创业型企业，并购基金选择的对象是成熟企业；其他私募股权投资对企业控制权无兴趣，而并购基金意在获得目标企业的控制权。并购基金经常出现在内部管理层收购（Management Buy-out，MBO）和外部管理层收购（Management Buy-in，MBI）中。杠杆收购（LBO）是最重要、最普遍的一种并购方式。重振基金也是并购基金的一种，专指并购困难企业的并购基金，其投资方式又称为"秃鹰投资"。

过桥基金则投资于过渡期的企业或上市前的企业。过桥基金是私募基金的一种，投资者一般不谋求控股，在一般情况下占有公司股份不超过 30%。他们只需要在董事会占有一席，但是要求拥有一票否决权。这就意味着虽然他们不想参与企业的日常经营，但希望严格控制企业的发展方向。过桥基金的最终目的是以通过上市、转让或并购的方式从资本市场退出。房地产投资基金是指通过发行基金受益凭证募集资金，交由专业投资管理机构运作，基金资产专门投资于房地产产业或项目，以获取投资收益和资本增值的一种基金形态。它不同于一般的投资基金，房地产投资基金是专门用于房地产投资、开发、销售和消费等方面的投资资金，投资范围限于房地产领域，是集众多的分散资金于一体，同时采用专家经营、专业化管理的一种投资体制。其设立目的是集聚资金、分散风险，获得较高的规模效益，促进房地产市场健康发展。

母基金（Fund of Funds，FoFs）是一种专门投资于其他股权投资基金的基金。它并不直接投资股权投资项目，投资范围仅限于其他股权投资基金，且具有分散风险、灵活配置、收益稳健等特点。在欧美国家，私募股权投资行业所募集资金的50%左右均来自母基金，母基金占据着很重要的位置。我国母基金的发展起步晚，但发展速度很快。我国母基金类型主要包括政府引导基金和市场化母基金两种。在国家出台引导基金政策的背景下，各地政府陆续设立了大量的引导基金，呈现一种爆发状态。有统计显示，截至2015年年底，国内累计成立457家政府引导基金，规模达12806.9亿元，同2014年相比增长了近一倍。2016年我国目标在100亿以上的母基金已达到12家。随着混合所有制改革的推进，我国的母基金将有更大的发展。在一些风险大的行业或在对中小民企的投资上，国有资本股权投资基金或许更适合以母基金的方式进行分散投资。

（三）按基金的组织形式分类

按照资金来源和组建特征，可将私募股权投资基金分为公司型和契约型。

国内外私募股权基金在组织形式上的不同，主要有政府主导型产业投资基金、公司型基金、契约型基金、信托型基金和有限合伙制基金等模式。

（1）政府主导型产业投资基金。这是一种封闭型、契约型的特殊基金，主要是以促进高科技创新、科研成果转化、产业发展战略实施为目标，由政府牵头、社会各方参与共同组建，明显的特征是政府主导、政策与税收优惠。如由中国人寿保险公司、天津泰达集团等6家机构共计出资60亿元的渤海产业基金已经获得国务院特批，成为国内第一家获准成立的契约型私募产业投资基金。据悉，还有其他9家左右的私募产业投资基金已经上报国家发改委，基金规模从20亿元到200亿元不等。

（2）公司型基金。这是一种法人型的基金。公司型基金有着与一般公司相类似的治理结构，相当于一个投资公司。在中国目前的商业环境下，公司型基金更容易被投资人接受。它的缺点在于双重征税的问题无法规避，有限责任股东有控股欲望，难以实现股东信任和专业决策管理，与资本市场的对接程度差。中科招商在国内最早开创了"公司型基金"模式，目前管理的公司型基金有5家。总体而言，公司型基金是一种严谨稳健的基金形态，适合小规模投资管理和目前的国情以及市场的诚信程度。

（3）承诺型基金。这是一种非法人形式的基金。在民间私募股权基金中，承诺型基金最为常见。基金设立时，通常由基金投资人向管理人承诺出资金额，然后先期到账10%的资金，剩余资金根据项目进度逐步到位。承诺型基金的决策权一般在管理人层面，决策效率较高，并且基金本身可作为免税主体。在国内承诺制基金的设立有所差异，如在出资形式上基金投资人签署承诺协议后，一般先期资金不到账，资金完全跟着项目进度到位。这种基金的设立方式由于缺少对出资约定兑现安排和违约惩戒机制，对于管理人来说本身需要承受投资人的出资诚信风险和项目合作风险，但这种简单易行的基金模式备受民间资本青睐，许多民营资本都是通过承诺制方式与创投机构开展合作。

（4）信托型基金，也称契约型基金。这是由委托人与信托公司基于信托法合作设立，通过发起设立信托受益份额募集资金，然后进行投资运作的集合投资工具，通称为"私募股权投资信托"。信托公司和委托人组成决策委员会实施，共同进行决策。银监会发布的《信托公司管理办法》和《集合资金信托管理办法》放开了对集合信托计划合格的机构投资人数量的限制，并且鼓励信托公司的信托产品更多地从事投资业务。这就为信托公司推出私募股权投资类的基金型信托产品铺平了道路。信托公司在资金信托计划的框架下，大举进入私募股权投资市场，信托在私募股权投资领域的争夺就更趋积极。在内部分工上，信托公司主要负责信托财产保管清算与风险隔离，创投管理机构主要负责信托财产的管理运用和变现退出。信托型基金的成功设立和运作，要深入研究和运用相关政策，除严格按照《信托法》募集设立外，基金规则还必须兼顾《公司法》和《证券法》的有关要求，规避信托投资与所涉法规的冲突。在信托型基金发展初期，由信托公司和创投管理机构合作募集运行是个正确路径，能充分实现优势互补、资源共享，确保股权投资信托的安全性和收益性。在我国鼓励信托公司开展私募股权投资的信托新政颁布后，信托公司纷纷设计并推出了自己的私募股权投资计划。湖南信托和中信信托分别推出的"深圳达晨信托产品系列之创业投资一号集合资金信托产品"和"中信锦绣一号股权投资基金信托计划"，以及江苏国信和中科招商合作的信托型基金，便是近期最为典型的信托私募股权投资计划的代表。2007年8月17日，国内第一个基金型房地产信托计划——联信精瑞房地产私募股权基金型信托计划首批发起委托人签署了《发起意向书》。该基金信托是由全国工商联房地产商会作为组织发起人，联华国际信托投资有限公司作为受托人，依据中国银监会发布的"新两规"而设立的基金型信托计划。该基金信托的成立意味着我国房地产金融创新又向前迈出了标志性的一步。据悉，该基金信托首次募集20亿元人民币，合格的投资者最低认购金额不低于100万元人民币，封闭期为5年。基金信托成立之后，募集资金投向主要涉及的是符合国家宏观调控要求和绿色生态环保要求的、有上市潜力的地产企业的股权投资与有 REITS 需求的地产企业项目公司的股权投资。

（5）合伙制基金。这是国外私募股权投资基金的主流模式，以特殊的规则使得投资人和管理人价值共同化，具有较强生命力。合伙制基金的核心是要构建基金管理人"高风险、高收益"的游戏规则，防范道德风险与内部人控制。管理人作为普通合伙人，要对基金承担无限责任，必须勤勉尽责、精心理财，才能确保自己的收益并规避"终生负债"的负担。与目前市场上这几类基金相比，以有限合伙企业形式运作的私募基金类似于公司型基金，但又克服了公司型基金的不足，更具有高效管理、专业化运作的显著优势。这为市场化运作本土私募股权投资基金明确了法律支持，创造了重大机遇。

（四）按货币特征和投资区域分类

所谓人民币私募股权基金是指通过在境内募集人民币资金投资于未上市企业股权，并最终在境内资本市场上市退出的私募股权投资基金，主要与目前的"境外外币融资"的外资私募股权投资基金相区别。这种投资模式既规避了外汇管制和外资企业并购境内企业的限制，又可以充分利用国内的闲余资金给国内资金开辟未来我国私募股权投资基金的发展方向。

目前，我国人民币私募股权基金主要有四种形式：一是国家发改委特批的产业投资基金，如渤海产业投资基金。这一新的投资渠道是适合我国当前经济发展需要的重要的金融制度形式；二是国内信托公司通过信托计划形成的投资于私人股权的信托产品；三是以有限责任合伙制组建的私募股权投资基金，如"南海成长"；四是外资私募股权投资基金设立的人民币私募股权投资基金。

目前，人民币私募股权基金在国内还处于探索阶段，但新的《信托法》及其新规、《公司法》和修订后的《合伙企业法》明确了私募股权投资基金的法律地位和实操可行性，有关政府部门正在积极引导、支持私募股权基金的发展。

五、关于杠杆收购与垃圾债券

（一）杠杆收购的概念

杠杆收购是指一个公司进行结构调整和资产重组时运用财务杠杆，主要通过借款筹集资金进行收购的一种资本运营活动。

杠杆收购与一般收购的区别是：一般收购中的负债主要由收购方的资金或其他资产偿还，而杠杆收购中引起的负债主要依靠被收购企业今后内部产生的经营效益、结合有选择地出售一些原有资产进行偿还，投资者的资金只在其中占很小的部分，通常为10%—30%左右。杠杆收购19世纪60年代出现于美国，随后风行于北美和西欧。最初杠杆收购交易只在规模较小的公司中进行，但在上世纪80年代以后，随着银行、保险公司、风险资本等各种金融机构的介入，带动了杠杆收购的发展，又由于杠杆收购交易能使股票持有者和贷款机构获得厚利，还有可能使公司管理人员成为公司所有者，因而发展很快。

杠杆收购的特点主要表现为：（1）收购者只需要投入少量的自有资金便

可获得较大金额的银行贷款用以收购目标企业。（2）收购者可以通过杠杆收购取得纳税利益；资本的利息支出可在税前扣除，对于猎物企业，被购进前若有亏损，可递延冲抵收购后的盈利，从而减少应纳税所得额基数。（3）高比例的负债给经营者、投资者以鞭策，促使其改善经营管理，提高经济效益。

要恰当地运用杠杆收购，必须在结合本公司情况对目标公司产业环境、盈利能力、资产构成及利用等情况进行充分分析的基础上，科学选择策略方式，合理控制筹资风险，从而优化各种资源配置，以实现资本增值最大化。

（二）垃圾债券

垃圾债券（Junk Bonds），又称劣等债券或次债，指信用评级甚低的企业所发行的债券，是一种投资利息高（较国债一般高出 4 个百分点）、风险大、对投资人本金保障较弱的债券。一般而言，BB 级或以下的信用评级属于低评级。信用评级低的企业所发行的债券的投资风险较高，需要以较高的息率吸引投资者认购。以标准普尔的信用评级估计，投资于 BB 级、B 级、CCC 级、CC 级或 C 级的债券或发行人具有一定的投机性，而在不稳定的情况下，即使发行人或公司为投资者提供了一些保障，有关保障的作用也会被抵消。质素最低的债券，即标准普尔评级 BBB 及以下，所获评级一般较低及不能履行偿还本金之风险较高。在 BAA 或 BBB 以下的债券，是属于违约风险较高的投机级债券。

垃圾债券上世纪 80 年代在美国能风行一时，在经济上是因为上世纪 80 年代后美国经济步入复苏，经济景气使证券市场更加繁荣。上世纪 80 年代初正值美国产业大规模调整与重组时期，由此引发的更新、并购所需资金单靠股市是远远不够的，加上在产业调整时期这些企业风险较大，以盈利为目的的商业银行不能完全满足其资金需求。这是垃圾债券应时而兴的重要背景。在政策上是因为美国金融管制的放松，反映在证券市场上，就是放松对有价证券发行人的审查和管理，造成素质低下的垃圾债券纷纷出笼。在工具上是因为杠杆收购的广泛运用，即小公司通过高负债方式收购较大的公司。高负债的渠道主要是向商业银行贷款和发行债券，筹到足够资金后，便将不被看好而股价较低的大公司股票大量收购而取得其控制权，再进行分割整理，使公司形象改善、财务报告中反映的经营状况好转，待股价上升至一定程度后全部抛售，大捞一把，还清债务后，拂袖而去。最著名的例子是 1988 年底亨利·克莱斯收购雷诺烟草公司，收购价高达 250 亿美元，但克莱斯本身动用的资金仅 1500 万美元，其余 99.94% 的资金都是靠米尔根发行垃圾债券筹得的。

垃圾债券在美国风行的十年虽然对美国经济产生过积极作用，筹集了数千亿游资，也使日本等国资金大量流入，并使美国企业在强大外力压迫下刻意求新、改进管理等，但也产生了严重后果，包括储蓄信贷业的破产、杠杆收购的恶性发展、债券市场的严重混乱及金融犯罪增多，等等。巨额的垃圾债券像被吹胀的大气泡，终有破灭的一天。由于债券质量日趋下降，以及1987年股灾后潜在熊市的压力，从1988年开始，发行公司无法偿付高额利息的情况屡有发生，垃圾债券难以克服"高风险→高利率→高负担→高拖欠→更高风险……"的恶性循环圈，逐步走向衰退。2007年房地产业的次债发展到无法收拾的地步，引发了美国次贷危机，并进而发展成全球的金融危机和经济危机。因此，发展私募股权投资，对杠杆收购和垃圾债券都要有谨慎的态度和风险防范的措施。

六、国家主权财富基金

2007年的全球金融市场，最为耀眼的一个概念当属"主权财富基金（Sovereign Wealth Funds，SWFs）"。它常常与私募股权投资基金混在一起，但实际上并不是上述意义上的私募股权基金，因为它的资金来源单一且为国家所有。所谓主权财富（Sovereign Wealth），与私人财富相对应，是指一国政府通过特定税收与预算分配、可再生自然资源收入和国际收支盈余等方式积累形成的，由政府控制与支配的，通常以外币形式持有的公共财富。传统上，主权财富管理方式非常被动保守，对本国与国际金融市场影响也非常有限。随着近年来主权财富得利于国际油价飙升和国际贸易扩张而急剧增加，其管理成为一个日趋重要的议题。国际上最新的发展趋势是成立主权财富基金（Sovereign Wealth Funds，SWFs），并设立通常独立于央行和财政部的专业投资机构管理这些基金，不同于一个国家的外汇储备。

SWFs最为国人所熟知的一个标志性事件就是2007年9月29日挂牌成立的中国投资公司（简称"中投"）。注册资本为2000亿美元的中国投资公司不但使其自身成为2007年最吸引全球金融市场眼球的中国企业，更是因此而唤起全球舆论对SWFs的高调关注。从2007年成立起，中投就开始买入黑石的股权。到2008年10月，已累计投入30亿美元，占到黑石10%的股份。2007年年底，中国投资公司还购买了50亿美元摩根士丹利可转换股权，取得9.9%的股权，成为该公司第二大股东。此举让中投公司再次成为国内外关注的焦点。到2008年底，中投的这些投资已亏损一半以上，引发了国人对中投的投资对策和投资体制的质疑。但另一方面，历史经验表明，发达国家一直习惯以资本为武器，在国际社会横冲直撞，攫取大量的政治权力和经济利益。当新兴国家的SWFs大规模增长时，旧的政治、经济、金融权力结构的均衡当然要被打破，而欧美对全球金融权力的操控也不会自然放弃。因此，国家主权财富基金的意义是多重的。

截至 2008 年初，全球主权财富基金管理的资产累计约达 3 万亿美元，绝大多数分布在石油输出国家及出口导向型的经济体中。随着主权财富基金数量与规模的迅速增加与扩大，主权财富的投资管理风格也更趋于主动活跃，其资产分布不再集中于 G7 定息债券类工具，而是着眼于包括股票和其他风险性资产在内的全球性多元化资产组合，甚至扩展到了外国房地产、私人股权投资、商品期货、对冲基金等非传统类投资类别。主权财富基金已成为国际金融市场一个日益活跃且重要的参与者。

一般认为，SWFs 具有两个显著的特征：一是由政府拥有、控制与支配；二是追求风险调整后的回报最大化目标。从 SWFs 的资金来源看，既可以是一国政府通过特定税收与预算分配形成的，也可以是资源出口收入或非资源性贸易顺差等方式积累形成的，但通常是与如何管理多余外汇储备分不开的。以亚洲为例，中东产油国和中国、东南亚国家积累了大量的美元外汇储备。若仅仅出于维护对外支付职能、维护币值稳定的目的，亚洲各国并不需要如此多的外汇储备。从经济效率的角度讲，过多持有低收益率的外汇储备也是一种金融资源浪费。因此，多余部分的外汇储备逐渐不再投资于传统的高流动性资产，而转换成主权投资基金，通过专家管理来选择更广泛的投资工具、构造更有效的资产组合以获取风险调整后的高回报。

目前，人们认为最为成功的 SWFs 是成立于 1974 年的新加坡淡马锡。2007 年 8 月发布的《淡马锡 2007 年度回顾》显示，该公司管理的投资组合净值已经从成立之初的 3.54 亿新加坡元增加到 1640 亿新加坡元，公司净值增加 460 多倍。其中，有 38% 的资产组合为金融类股权。而投资项目的地域范围也从新加坡延伸到全球。总之，当前的 SWFs 已经成长为全球金融市场上重要的机构投资者，投资管理风格日趋主动活跃，资产分布不再集中于 G7 定息债券类工具，而是着眼于包括股票和其他风险性资产在内的全球性多元化资产组合，甚至扩展到了外国房地产、私人股权投资、商品期货、对冲基金等非传统类投资类别。

第二节　市场机制与金融投资的价值创造

在金融发展的过程中，金融体系具有的功能，如价格发现、风险分散、公司治理、流动性供给和信息生产等已经得到人们普遍的认可（孙立坚，2004）。但金融投资只是金融票据的买卖，即使有那么多人参与，金融活动也不能像实业投资那样直接带来实实在在的产品或为人们提供服务。所以，金融投资是否创造价值，一直是金融理论界有争议的一个重要问题①。私募股权投资是金融投资，如何认识私募股权投资的价值创造功能是私募股权投资发展研究的逻辑起点，也与国有企业混合所有制改革密切相关。如果金融活动总体来说不创造价值，研究金融问题就没有价值，所有的著作、论文、公式、定理都是游戏；如果金融投资不创造价值，金融实务界就没有立锥之地；如果金融不能增强一个国家的实力，政府就没有必要发展各类金融市场，更不能指望私募股权投资能在国企改革中发挥作用。因此，作为市场经济发展产物的私募股权投资，它的价值创造功能和在其中发挥核心作用的市场机制是我们首先必须面对和需要探讨的重要问题。这两大问题既事关我们发展这一产业的信心和政策制定的方向，也事关行业参与者的投资策略。

一、市场机制与价值创造

从表面上看，经济学的核心问题是生产者和消费者交易引发的资源配置问题。但从本质上看，经济学的核心问题是价值的创造机制和分配机制问题。价值的有效创造是目的，价值的合理分配是保障。在市场经济中，对实现价值有效创造和合理分配起决定性作用的机制是市场机制，对它的认识应该包括以下四个方面：（1）对价值的认识；（2）对人性的认识；（3）对市场基本交易规则的认识；（4）对市场基本功能的认识。

任何经济学理论必须以一定的价值论为基础。现代经济学的价值论基础是主观效应价值论，它是整个市场经济体制的基础。该理论认为，物品或服务的价值来源于人们对它的主观认识，取决于它对需求者所能产生的效应或供给者认为它能为需求者提供的效用。但这种主观价值是不可观测的量，也容易因主观认识的改变而改变，并最终体现为交换比例的变化。这种交换比例即为交换价值，是可观测的量。

人的经济利益取向和能力是人类经济行为的基础。任何经济制度的理论分析必须以一定的人性假定为其出发点。现代市场经济理论对人有三个基本的假定②：一、人是自利的；二、人是有理性的；三、人是有机会主义倾向的。人的这些本质特性是在市场交易中体现出来的。严格地说，人的自利和机会主义行为都是相对于市场交易中的其他人而言的，只有理性要求的个人决策问题是数学规划问题，不是经济学问题。经济学问题是人与人之间基于利益的博弈问题。在不同的市场条件和制度环境中，这样的"经济人"会自发地采取合作博弈或非合作博弈的行动。

---

① 在郎咸平等经济学家看来，不能说金融创造价值，最多只能说它有利于价值的创造。而陈志武教授的看法却相反，他认为金融不仅创造价值，而且金融的发展还会促进政治、法律和文化的进步。

② 行为经济学和行为金融学强调人的非理性和有限理性。本文将在第五章第四节对此进行讨论。

市场经济是交换经济，交易的对象可以是能直接给人带来使用价值的物品或服务，也可以是能间接带来使用价值的利益。市场交易的基本规则是竞价规则与自由博弈规则：（1）对买方来说，出高价者获得产权；对卖方来说，出低价者获得货币。（2）市场交易的双方可以根据供求状况和成本收益就交易价格或利益分配自由地讨价还价。买方之间和卖方之间这样的竞争和买卖双方之间的自由博弈，最终形成交易的价格或实现利益分配的均衡。

因为市场条件和人们对价值认识的变化，价格会经常发生波动。市场基本功能的实现是通过这种波动来实现的，或者说，市场机制就是价格机制。价格调节了供求平衡，传递了市场信息，实现了社会分工与合作并创造了价值，也实现了利益分配和资源配置。

按照亚当·斯密的观点，只要是自愿、自由和没有欺骗的交易，这种交易过程就是创造价值的过程。从效应价值论出发可以证明，生产者和消费者交易的结果是对双方都产生了价值剩余：生产者剩余与消费者剩余。二者之和就是交易所创造的价值。用张五常的话说，交易活动创造的价值就是交易双方对交易标的的使用价值与交换价值之差（张五常，2000）。从金融统计学的角度看，如果不承认交易对价值创造的贡献，中国社会现有的财富总量就会与中国 GDP 增长速度严重不相称：即使中国的 GDP 在过去的几十年里增长很快，但中国社会财富增长的速度更快。

实际上，亚当·斯密论证的是合作博弈过程中的价值创造和价值分配问题。更确切地说，他论证的结论是，在交易规模巨大、交易频率高和交易信息透明、完全的市场条件下，市场交易者容易结盟。因为结盟就是帕雷托改进，结盟就能实现合作剩余，并在市场机制的作用下，利益在博弈参与者之间实现了"公平"有效的分配。这一原理被称为"看不见的手原理"或"经济学第一定律"。从合作博弈论的角度看，这种市场交易的条件本身就是对博弈参与者的强有力的约束。有了这种约束，人的机会主义倾向就能得到有效抑制。

然而，规模不大、频率不高和信息不完全的交易或博弈是大量存在和经常发生的。"囚徒困境"是非合作博弈的经典例子。两囚徒的博弈是一次性的，也没有具有威胁性的约束，博弈的结果就是"个体理性导致社会非理性"。由于没有强有力的制度约束，"经济人"在集体行动中会因为机会主义行为而导致联盟破裂或整体利益受损。这一原理即为经济学的反定律或被称为"经济学第二定律"。它恰恰说明，要实现从非合作博弈向合作博弈的转变或者说实现均衡的帕雷托改进和价值创造，要使市场机制能有效发挥作用，就必须有适当的外部条件和制度环境。

所以，对市场机制的完整的理解应该包括价值创造机制、价值（价格）

交换机制和价值（价格）交换的外部环境作用机制。在大多数情况下，人们理解和运用的"市场机制"只是价格交易机制或价格交易的规则和功能。但在研究投资问题及相关的制度时，必须对市场机制有全面的认识。

此外，强制性交易、欺骗性交易、非理性交易（过度投机）、无序交易都不利于价值创造和市场机制的有效运行，最终将导致交易萎缩。腐败是依靠公权力的欺骗性交易，实质上也是强制性交易。所以，市场经济必须在法治的轨道上运行；市场经济的发展需要道德建设。

二、费雪定理与金融投资的价值创造

金融发展的基本命题是费雪分离定理。这一定理表明，如果存在一个自由交易的金融市场，企业经营者的决策与投资者的决策就可以分离。也就是说，投资者（企业股东）如果对经营决策有不同的看法和利益需求而不可实施时，他可以用脚来投票，也就是可以退出。这就使得不同投资者在事前都可能愿意来合作组成企业。现代企业的典型特征是所有者与经营者分离。在存在金融市场的前提下，现代企业的经营者以实现企业价值最大化为目标，他们在做出经营决策时不必考虑不同股东在消费偏好上的差异。

合作博弈论强调，一个有合作剩余的联盟的稳定需要依赖联盟对剩余的合理分配，而合理的分配必须按博弈参与者对产出贡献的大小和相对重要性进行。博弈参与者是通过生产要素的提供来实现这种贡献的。这种贡献在企业中就是价值创造。从经济发展的历史和趋势来看，生产要素的种类和相对重要性是不断变化的：在原始时代，劳动（L）是唯一重要的生产要素；在农业经济时代，土地（N）和劳动（L）是生产要素；到了工业经济时代，资本（C）和企业家才能（包括管理E）成为另外的重要生产要素；在金融经济时代，金融（F）成为生产要素；在知识经济时代，技术和知识（K）的作用最为重要；在信息经济时代，信息（I）或数据成为最重要的生产要素；在机器人和人工智能时代，体力劳动和简单的脑力劳动将退出生产要素集合；在太空经济时代，土地将退出生产要素集合……或者说，生产函数的形式将经历如下变化：$Y(L) - Y(L,N) - Y(C,E,L,N) - Y(C,E,L,N,F) - Y(C,E,L,N,F,K) - Y(C,E,L,N,F,K,I) - Y(C,E,N,F,K,I) - Y(C,E,F,K,I)$……

传统的经济学理论在讨论企业生产时，生产要素只包括资本、土地和劳动，忽略掉了企业家才能、技术、信息（数据）、金融等。实际上，在新的经济时代中，后四者对企业产出的贡献可能更大。有货币资本而没有作为资本运作的金融活动和金融市场，现代企业就难以出现，企业这一合作博弈的联盟就难以形成和稳定发展，合作剩余更难以实现。所以，从对产出贡献的角度来看，金融投资和其他劳动一样，是创造价值的行为；从分配的角度看，

金融投资从业者，特别是投资家，应该分享企业创造的价值。

证券投资是最典型的金融投资。股票的低买高卖、买空卖空，不只是能为企业提供融资的渠道从而促进实业投资，它还有一个重要的功能，就是价值发现和资源配置，即能使资金流向更有前景的企业或产业，从而提高资源配置的效率，或者说它间接地创造了价值。更为重要的是，金融投资本身就是一个通过金融交易而创造价值的过程。公募股权投资或私募股权投资本身也具备证券投资的这些性质，自然也创造价值。随着人类经济增长方式的改变，金融由配置功能向再生功能转化（陈志武，2009）。在市场经济发达的时代，许多实业投资所创造的价值甚至还需要通过金融交易来体现。陈志武认为，金融是价值跨时间和空间的交换。简单地说，金融其实就是资产与资本的交易，或者说是资产所有者与资产需求者之间的产权交易。资产所有者（通过金融市场）购买资本的过程即为投资，而资产需求者以资本（如股权）换取资产所有者资产的过程就是融资。不管是投资还是融资，不管是直接投融资还是间接投融资，不管是传统金融还是互联网金融，只要交易是自愿、自由且没有欺骗的行为，交易的双方都会产生价值剩余，这就是金融活动所直接创造的价值[①]。

金融投资创造的价值就是它直接创造的价值与间接创造的价值之和。金融不创造价值的说法，是基于对客观价值论（如劳动价值论）的误解。客观价值论注重生产过程，而主观价值论注重交易过程。市场经济就应该是一个注重交易的经济。反过来看，金融投资的价值创造也只有在市场经济体制下才能实现。这就要求交易主体之间产权明晰，平等自由，要求交易公开透明且不受政治权力的影响，要求在交易过程中执法公平、公正。此外，因为在企业经营和金融投资中机会主义行为很普遍，即使是在有利的环境中，基于市场机制的激励机制设计也是十分重要的。

第三节　企业理论及其扩展

Zingales（2000）指出，对企业的投融资行为的分析其实都是以某种企业理论作为基础的。Myers（2000）认为，企业的组织形态也会影响企业的投融资过程和效率。由此可以看出，研究私募股权投资产业发展的问题离不开对企业理论的研究。在我国正在推进国有企业混合所有制改革的条件下，重新认识企业的性质变得更加重要。私募股权投资中涉及的企业是私募股权投资基金和被投资企业。从个人主义和结构主义的角度看，组织是由个体组成的，个体的行为特征与组织的特有形态决定了组织的功能和效率，外部环境对个

[①]　交易中价值毁灭和投资中出现亏损是常有的事，所以这里是从事前和总体的角度来说的。

体和组织有不同程度和不同性质的影响。有关制度分析与政策研究的重点是改进个体的行为和组织的形式，改善外部环境，以达到有效治理的目标。

企业是现代市场经济中最重要的经济组织。按现行的法律实践和人们的通识，基金公司及其投资对象都是典型的企业。企业的形式和形态本来就是多种多样的，但在新古典企业理论中，它们被简化为不同的生产函数或费雪式的现金流。自二战以后，西方国家由于股份制企业和资本市场的大规模发展，企业理论成为经久不衰的研究领域。它至今已成为微观经济学、金融经济学、企业管理学的重要基础。在我国，从上世纪80年代开始，在关于国有企业改革和建立现代企业制度的大讨论中，西方企业理论被广泛引进和大量运用。时至今日，文献中出现的企业理论数目繁多，典型的有：科斯和张五常等人的企业契约理论，阿尔钦和德姆塞兹的团队生产理论，威廉姆森的交易成本理论，詹森和梅克林的代理理论，格罗斯曼、哈特和莫尔的不完全合同理论，阿洪和博尔赖的控制权配置理论、企业的能力理论、企业的网络理论，等等（杨瑞龙，杨其静，2005）。这些理论在可以成为我们研究私募股权投资理论基础的同时，却又显示出它们在应对私募股权投资相关问题上的不足之处。

一、企业理论及其基本要点

企业理论要回答三个基本的问题：1. 什么是企业？也就是企业理论首先应给出一个关于企业的内涵和外延适当的定义。适当的内涵界定使研究者能抓住企业的本质特征，而适当的外延界定可以使研究的范围相对集中和有效。2. 为什么会存在企业，特别是为什么会出现各种各样的企业？这一问题是要探寻企业的目标是什么，回答企业的纵向一体化为什么会发生。回答这一问题也就回答了怎样提高企业经济效率的问题。3. 企业的规模是怎样确定的？这一问题不仅是市场、科层组织或网络替代机制的优化利用的基础，也是解释各种企业形态、各种产业特征、企业投融资特征、企业资本结构与企业价值等问题的基础。

源自科斯的企业契约理论认为：首先，企业是各种经济行为主体间的一种契约；其次，这种企业契约是不完全的，与契约相关的权利配置方式是重要的。因此，企业本质的有效性依赖于社会法律和产权保持体系的健全状况，企业经济的有效性取决于权责配置的对等性或对称性，而这种对称性的安排常常是困难的。合理的安排总是一个不断改进的过程（因而控制权可以转移）。企业存在的原因在于通过科层组织的内部交易来代替市场交易以减少交易成本（Coase，1937）。企业的规模是由企业内部管理成本（一种交易成本）和市场交易成本在边际变化上相等的条件来决定。

始自理查德森等人（Richardson, et. al, 1972）的企业能力理论（the Approach of the Capability）却是从另一角度来认识企业的。这种理论认为，企业在本质上是一个生产知识和能力的集全，企业并不是因为节约交易费用而存在，企业竞争优势是企业知识和能力不断提高的内生过程，企业的内部竞争条件和外部竞争条件决定了企业的规模。

企业间网络理论认为，企业、市场和网络是经济资源协调与运用，即组织生产、交易和消费的第三种方式，人们不能仅用科斯的"市场—企业"二分法来研究经济组织。对于大量界于企业、市场之间的组织形式，如分包制、特许权经营、战略联盟、合资研发企业等中间组织形式，必须采用不同于完全的企业内部权威协调和完全的市场价格机制协调的资源配置模式。企业间网络是由两个或两个以上独立的企业通过正式契约和隐含契约所构成的互相依赖、共担风险的长期合作的组织模式，它产生于企业间的合作与竞争关系的逐步扩展，并且资产专用性、企业能力、不确定性、交易频率等因素共同确定了企业间网络的边界（Powell, 1990）。这些网络有助于降低交易费用、提高企业的创新能力、减轻企业对资源的依赖、增强企业的可持续竞争力。网络组织还可以克服企业内部组织的路径依赖，克服市场失灵。

二、对现代企业理论的评价

（一）现代企业理论的成功之处

现代企业理论极大地丰富了人们对市场、企业、网络等经济协调方式及各类经济组织的认识，并为改进这类组织的治理机制提供了重要的参考标准和政策建议。它们的成功之处主要体现在以下几个方面：（1）从个人的行为特征和契约关系入手分析企业、市场和网络中的交易效率，把信息、人的理性和法律全面引入经济分析，极大地扩展了经济系的研究范围和分析工具。（2）比较制度分析成为现代企业理论的基本分析方法和内容。因新概念——交易费用的引入，企业制度及不同的企业制度比较有了一个选择标准，对不同企业的绝对优势和比较优势的分析更加深入。尽管企业的知识、能力、历史、环境等均对企业制度有重要影响，但交易费用仍然是经济分析中最为重要的方面。（3）与信息经济学的结合使得人们可以从对制度的解释扩到制度的设计（机制设计），因而政策研究的能力大为加强。（4）非合作博弈论与合作博弈理论的引入，把使用新古典经济的市场新概念从供需均衡扩展到博弈均衡。（5）研究的问题更逼近现实。尽管每一种模型中都会用抽象的方法，但它们已经远比新古典理论的"黑盒子"更能解释实际问题。

（二）现代企业理论的不足之处

尽管有经济学、管理学、法学和社会学等众多领域的杰出学者长期致力于企业理论的研究，人们至今仍未能在对上述企业理论的三大基本问题的回答上达成一致。企业理论在研究方法和概念上也存在不少欠缺。我们认为，这些不足之处主要体现在以下几个方面：

（1）对企业的定义仍然缺乏严密性。我们可以把几种主要的企业定义罗列如下：①企业是一组要素合约（科斯，张五常）；②企业是一种团队生产方式（德姆塞兹、阿尔钦）；③企业是一组个人间合约关系的联结点（詹森，梅林）；④企业是关系性交易合约的治理结构（威廉姆逊）；⑤企业是各种非人力资产的组合（哈特，格罗斯曼）；⑥企业是人力资产和非人力资产的结合（周其仁）；⑦企业是能力的综合体（理查德森等）；⑧企业是致力于法律规定属其所有的物质或服务生产的人们所组成的完整而牢固的组织（霍奇森）；⑨企业是利益相关者的合作博弈联盟（青木昌彦）。在这些定义中，研究者都是从某一特定的角度去认识资本主义企业某一方面的性质的。从一种定义出发往往难以认识另一种定义中企业的性质、规模和范围。如果认为企业是要素市场上的契约代替产品市场上的契约，张五常则说，由于企业的契约性质，使得我们"不知道企业为何物"（张五常，1991）；如果说企业是长期资本对短期资本的一种具有剩余权要求的特别契约，显然难以理解众多股权分散的企业的存在。即使对于霍奇森给出的相当广泛意义下（考虑了企业历史特征）的企业定义，人们对现代私募股权投资基金及其被投资企业的性质、效率等问题也难以得出有效的结论。

（2）可以说，在任何一种企业理论中，信息不对称和有限理性都是基本假设。但以此而产生的交易费用（主要的和直接的原因是机会主义行为）却是一个难以确定和度量的概念。交易费用是企业的替代机制性质和比较制度分析的基础概念。经济学上讲的成本是机会成本而不是会计成本。张五常曾从广泛的意义上指出，交易费用是指鲁宾逊一人经济以外能够想象的所有成本。但一人不能构成企业，所以用在企业理论中，它是一个不明确的概念。威廉姆逊的交易成本经济学只告诉人们怎样去考虑构成交易费用的会计计量。事实上，迄今为止，有关企业内部交易成本或市场组织成本的变化对所观察到的组织模式的解释，主要来源于调整机会主义和市场风险的假设的发展和检验。

（3）关于企业边界的确定是一个更为复杂的问题。事实上，企业的能力、商业网络、企业与非企业组织（如政府）的关系，企业中人的异质性，企业发展的路径依赖等都会对企业边界的确定产生巨大的影响。现有企业理论应该都是取其一方面的特征进行研究，而把其他变量假定为不变或未予考虑，但这样来解释企业、市场和网络的张缩仍然力不从心。

（4）从研究方法上讲，首先，现代企业理论基本上属于静态或比较静态的方法，企业动态的特性没有得以体现，动态变化的过程对企业效率和性质的影响尚不能统一处理。现代企业是千变万化的。如由于人们对资本市场的广泛参与和频繁交易，企业的股权或资本结构在不断地变化，这种变化会引起企业性质怎样的变化？又如，无论是私募股权投资基金还是被投资企业，产权的动态变化对经济行为主体会产生怎样的激励和约束、会有怎样的经济后果？这些都是很常见的问题。回答这些问题，是产业政策制定和金融制度改革的重要基础。其次，这些企业理论是从需求角度考虑的。实际上，分析企业供给方面的特征也很重要。特别是在实施供给侧结构性经济改革的中国，企业的供给方向问题更多的不是产权问题、能力问题或资源问题，而是认识和决策问题（陈东琪，2017）。

仿照 Mauer-Triantis（1994），如果将 t-1 期的企业投资活动集和融资活动集分别记为 $\{I_{t-1}\}$、$\{F_{t-1}\}$，将 t 期相应的集合记为 $\{I_t\}$、$\{F_t\}$，Modiglian-Miller 的不相关定理其实就是说，此两类集合前后不相关。对企业的投融资行为的分析都是以某种企业理论作为基础的（Zingales，2000）。企业的组织形态也会影响企业的投融资（Myers，2000）。MM 定理的基础是新古典企业理论（更具体地说，是费雪式企业理论），实际上是不存在交易成本的企业理论。在新制度经济学的企业理论中，交易成本总是存在的。讨论一种新的投融资模式时，首先要回答什么是企业。当投融资追溯到 $\{F_0\}$、$\{I_0\}$，即初始企业时，便需要回答企业为什么会出现。在具体的投融资决策中，还必须回答企业的边界应该怎样确定的问题。

三、企业理论的扩展

（一）对企业的重新定义

企业是在特定的环境中，人们通过集合资源为实现合作剩余而设立的经济组织。这一定义有以下几层含义：（1）企业是一个经济性组织。这不仅赋予了它法律特征，而且赋予了它经济特性。组织的确认是以权威的认可为条件的。在如今的法治社会中，这种权威就是与经济相关的法律；在以往的社会形态中，它可能是某种约定俗成的意识或权力约束。组织的经济特性表明，企业是交易或博弈的场所，并以盈利或增加价值为目的，因而政府、学校等机构就不能称其为企业。（2）企业是人为设立的组织，不是自然的产物。血缘关系为纽带自然形成的家庭不是企业。企业是人为设立的，当它不能达到人们的目的时，自然可以解散和清算。因此，企业具有明显的动态特征。（3）企业以实现合作剩余为目的。这一方面说明企业不是单个人组成的，另一方面说明"看不见的手"会引导人们去实现合作剩余。合作剩余的存在表明交易和生产这两种企业活动都产生价值，尽管并不能保证投资者和其他利益相关者最后盈利。科斯所说的节约交易费用只是合作剩余的一种或一部分。
(4) 企业的设立是以合作剩余的可能实现并被称为企业家的人认识到才能进行的，所以商业机会是企业出现的首要原因。从交易的角度看，这是需求方面。这里所论的"商业机会"是比费雪的"投资机会"更广泛的机会，是包含了投资家因素的机会。或者说，企业家只要有切合实际的想法，就是机会。
(5) 合作剩余的实现是有条件的。人才、技术、资本、制度、信息、社会网络等都是很重要的。从交易的角度看，这是供给方面。在这些有关的制度中，分配制度是最为重要的，企业作为一种合作博弈联盟能不能稳定，与利益分配是否公平直接相关。(6) 企业是经济资源或稀缺性资源的集合。这些资源包括人力资源、非人力资源、企业网络、知识和能力等。这一集合是以契约的结合为条件的。契约是手段而不是企业本身或企业的目的，契约可以是动态的、开放的。由于信息不对称、信息不完全、信息不可验证以及人的机会主义行为，与各种资源特性相对应的动态激励对组织的有效性就变得十分重要。(7) 企业是与特定的环境条件相关的。这些条件包括生产力与技术创新水平、资本条件、社会制度、交通与信息条件等。因此，不同的条件下有不同的企业表现形式。

我们这里的企业定义是一种基于合作博弈的定义，不仅适用于古典企业（所有者兼经营者企业）、新古典企业（交易成本相对很低的小规模企业或信息透明的企业）、现代企业（所有权与控制权、经营权分离的企业）、市场经济和转轨经济中的国有企业、合资企业，而且也适用于知识经济和网络经济时代的知识型企业和虚拟企业，以及各种中间形式的企业，如项目企业、开放式企业等。与现有的其他企业理论相比，我们的企业定义更注重企业的目的性、开放性和动态性，更注重企业存在和发展的外部条件（商业机会和制度环境），更强调企业家和投资家的作用，也更符合我国国有企业混合所有制改革和供给侧经济改革的重要理念。

（二）关于企业存在原因的一种新解释

企业存在或出现的原因是多方面的。我们认为最为重要或直接的原因是商业机会的出现和企业家的认识，它们分别代表形成企业的需求和供给两个方面。如果企业是一个交易（契约），那么，只有在需求方和供给方都出现后才可能出现。"经济总是由于新的投资机会的发现而增长，而机会总是通过一个探索过程、通过知识的增进而被揭示出来（希克斯，1999）。"新的投资机会并不意味着这一机会能够得到利用，但只有在机会出现了以后才可能去建立企业组织。石油的发现并没有随即产生石油企业，只有现代耗能产业发展起来以后商业机会才能出现。在企业家能组织各种要素生产时，相应地，各类石油企业也出现了。其间，经历了较长的时间。伴随着信息技术革命的出现及其能够被快速地认识和利用，与信息技术相关的企业和风险投资企业也开始大量出现。

以科斯为发端的新制度经济学中的企业契约理论和产权理论认为，企业是替代市场组织以降低交易成本的一种制度。哈特等人的不完全合同理论也是如此，只是突出了非人力资产的重要性。其实，当企业家认识到组织生产产品比在市场上购买产品有更少的交易成本而可以提高效率时，他也只是发现了一种潜在的商业机会。在更多的时候，企业家不是也不会因此而组织企业。铱卫星移动通信系统的失败并不是因为这样的系统不可以降低交易成本或项目生产的成本很高，而是因为消费者没有这样全面通信服务的需求，消费者利用当时已有的通信网即可足够方便地交流信息。这个例子表明商业机会不能凭空想象，也证明企业的能力并不是企业出现或存在的原因。企业的能力理论或竞争优势理论只是说明企业消失或倒闭的原因。

当然，以交易费用为基本分析工具的新制度主义经济学企业理论抓住了企业经济特征的重要方面。应该说，随着现代市场经济规模及企业规模的发展以及经济复杂性的增加，这一分析范式的意义仍然是巨大的。实际上，企业降低交易费用的功能只是提高效率的主要原因之一，而不是企业合作剩余或效率存在的原因。显然，技术创新、组织形态创新等均可以提高效率，但它们并不是企业出现的全部原因，而是在特殊的条件下才成为企业出现的原因之一。更进一步说，商业机会源于技术创新、组织创新、自然和社会条件的改变、制度变迁，等等。也就是说，企业出现的原因是多方面的，商业机会是一种综合的效果（可能还包含了企业的供给或生产条件）。此外，如果说企业是一个交易（契约），那么供给方的出现或存在是另一个最重要的条件。新制度主义经济学的企业理论没有注意到这一点。虽然 Bhide（2000）没有明确提出企业起源于商业机会的观点，但他强调了商业机会对新创企业的重要性。Shane 和 Wenkataraman（2000）也提出，要从"存在有利可图的机会"和"存在有进取心的个人"去研究创业，但他们的目的不是研究企业理论——既没有对企业的适当定义，也没有供需分析。

当商业机会在客观上出现而在主观上不被人们认识时，企业也不会出现。常见的例子是一些发达国家的跨国公司在另外一些发达国家直接投资办企业，而这些发达国家不是因为比较优势或绝对优势欠缺而不办此类企业。这用传统的贸易理论和新贸易理论都难以解释。实际上，这说明了商业机会因人、因企业或因投资者而异，不同的人和组织对商业机会的认识和把握不一样。现代资本主义企业的发展为什么没有最早出现在东方，与东方人对商业机会的认识和把握水准不高有关。当然，这其中也离不开东方文化中冒险精神的缺失和农耕文明中各种外在压力的不足。显然，当旧的商业机会不再存在时，企业就只有两种选择：解散或寻找新的商机和出路。

比较而言，我们应该分析非企业组织出现和存在的原因。党派、政府、教会、学校等都是非企业组织，其出现是源于人们的某种非经济的需要。尽管它们和经济有某种关联，却不是因商业机会的原因而出现的。在当代，它们出现的条件远比企业来得复杂，所以在数量上远远没有企业那么多。

（三）企业边界的确定方法

科斯是通过对企业内部直接生产产品所花费的成本和通过价格体系进行合作生产所花费的成本之间的比较来确定企业的边界的。这成为后来研究者的一个主要原则——交易成本原则。我们用数学模型来表示就是：设 C_1 为产品市场的单位交易成本，C_2 为企业内部管理的单位成本，企业规模用企业市场价值 V 表示，则科斯条件为：

$$\frac{\partial C_1}{\partial V} = \frac{\partial C_2}{\partial V} \tag{2-1}$$

$$V = V(C_1, C_2) \tag{2-2}$$

由（1）（2）确立 V。

在投融资问题上，依 Meckling 和 Jensen 的理论，企业价值 V 由两种融资成本——股权成本和债权成本的比较来决定。这实际上是沿袭了交易成本的理论。

近三十多年来，不断增加的文献开始挑战组织分析中交易成本原则的中心地位。如兰格劳斯认为，如果交易成本经济学家只把注意力确定在交易成本上，尤其是机会主义行为的风险上，将忽略其他可能对企业行为影响更大的因素，而且这些被忽略的因素——生产成本、知识、企业潜能——不服从交易成本分析。"制度（包括企业在内）所发挥的基础作为质的协调，也就是说……帮助合作当事方结盟的不是他们的激励而是他们的知识和预期""跨越企业界限转移知识的重要性和困难使得经济体中不同能力之间的互补性和相对性（不是资产）成为组织形式的临界决定因素。"他认为，不应在生产成本和交易成本之间建立起严格的学术割裂[①]。

我们认为，在（1）（2）式中不考虑生产成本或将生产成本固定不变来考虑企业规模的做法在理论上是不适当的，显然无法解释同类企业规模相差很大的客观情况。在政策上，这样的理论对企业的投资和融资规模也难以做出一个正确的估计。事实上，企业的规模与企业的资产专业性、生产成本、学习与创新能力、网络、制度、产业特性、经济发展阶段和市场规模等密切相关。它们之间的关系和影响通常是十分复杂的，并且是不能分开来考虑的。

---

① 见米德玛：《科斯经济学》，上海三联出版社，2007 年版，第 50 页。

（四）对企业的更一般的理解

企业到底是什么？这其实是一个与研究者或企业运作者的主观意向和企业的客观状态有关的问题。量子力学是研究微观世界客体规律的物理学理论。在量子力学中，一个微观客体到底是波还是粒子，是与观察者研究的问题有关的。当我们研究光的干涉与衍射现象时，发现光是波；而当我们研究爱因斯坦光电效应时，却又发现它像粒子。总的来说，光具有波粒二重性，观测者每次能观测到的都是光的一个本征态。企业的性质与此相似。当我们研究企业的法律关系时，它像是一个契约；而当我们研究企业的功能时，企业就是一个能力综合体。认为企业是在特定环境中人们通过集合资源为实现合作剩余而设立的经济组织，有点类似于"波粒二重性"的综合说法，但更多的是从投资研究的角度来看问题的。

四、企业利润的来源

价值评估是私募股权投资实务中最重要的环节。传统的金融学估值模型是现金流折现模型，即：

$$P = \sum_{t=1}^{n} \frac{CF_t}{(1+r)^t} \tag{2-3}$$

式中，CF_t 是企业未来各个存续期内归属全体股东的税后现金流回报，P 为企业单价（股价）。它由两部分构成：销售产品获得的经常性利润以及出卖企业资产所获得的非经常性现金流。通常情况下我们可以把它们都看作利润，但投资学主要关心和所指的利润是经常性利润。这种利润又分为正常利润和超额利润，企业的利润是二者之和。由于未来是不确定的，这些利润只能是理论上估计的期望值。我们需要分析目标企业利润来源的种类，然后加总。

在马克思看来，企业的利润是由生产过程中所产生的剩余价值转化而来的，利润体现的是资本家对工人的剥削。这种基于劳动价值论的利润理论显然不能解释企业有时会出现亏损的情况，对于企业大面积亏损的情况则更是无能为力。显然，在投资领域，用剥削论来解释利润的来源是不可行的。但马克思所强调的劳资矛盾是投资家和企业家都需要考虑的企业发展的重要因素。

在现代金融学和经济学看来，企业的正常利润来源于资本的时间价值或机会成本。一方面是因为有商业机会的广泛存在，另一方面是因为现时消费的效用大于未来同样消费的效用。这在公式（2-3）中就是折现率为正。当商业机会很少或消费者对未来收入预期不乐观时，情况正好相反，则折现率也可以为负。前金融时代和现时一些国家都出现过银行存款利率为负的情况。近几年的日本政府为了促进消费和投资，把银行存款利率调整到了负数。

在科斯和张五常看来，企业的利润来源于企业制度节约了交易成本，提高了效率。现代投资理论更关注的是超额利润，认为超额利润的来源主要有以下几个：（1）风险的回报（奈特）。这实际上是企业家才能实现的回报。（2）创新。包括技术创新、管理创新和市场创新（熊皮特）。（3）不完全竞争。企业在市场中的地位决定企业超额利润的大小。

私募股权投资关注的利润除了此三项外，更多的是合作剩余。而风险回报、创新和合作剩余的实现依靠的是市场机制的决定性作用，它们是私募股权投资者获取回报的正当途径和正当要求。

实际上，现实的企业都是处在一定的政治、经济和法律制度环境中。在政治、经济和法律存在体制性问题的条件下，不当的政商关系（或者说腐败行为）与违法乱纪行为都可能成为企业高额利润的来源。这也是私募股权投资中难以回避却会影响其健康发展的问题。

五、私募股权投资与企业理论

米什金认为，金融中介的存在在于节约金融市场的交易成本（米什金，2006）。1990年，Amit用逆向选择模型解释了"为什么1980年代美国风险投资是低迷的"。到1998年，他又用信息经济学模型研究了"为什么存在风险投资"这一基本问题（Amit，1990，1998）。这些研究实际上会产生一个误导。事实上，在美国的高科技产业存在技术瓶颈时，商业机就会减少。商业机会的减少会导致风险投资低迷，而不是风险投资低迷导致商业机会减少。私募股权投资基金这一金融中介也不是因为节约交易费用而出现的。因此，私募股权投资的发展研究与企业理论关系极大。

私募股权投资涉及两类企业：一类是股权投资企业，即私募股权投资基金；另一类是被投资企业。这两类企业又与多层次资本市场密切相关。当我们研究私募股权投资的发展问题时，要从企业理论出发来回答相关问题。只有这样，政策的出台才有理有据。前述私募股权投资基金的概念可以说只是一个现象学意义上的定义。在企业理论的框架下，我们可以从以下几个方面来理解相关的三大问题。首先，私募股权投资基金的出现是在资本市场体系不完善和投资资金相对投资机会富足的条件下出现的。前者决定了私募股权投资的需求，而后者决定了私募股权投资的供给。但是，如果私募股权投资市场的竞争是充分的，平均的利润率就不会吸引那么多的投资。在私募股权投资基金集合的资源中，除资金以外还有更重要的知识和一般合伙人的投资才能。而这种知识和投资才能并不是普通人先天具备的，而是投资家在不断实践中积累起来的。所以，在这一类人才缺乏的时候，急速扩大私募股权投资规模来实现"合作剩余"就没有保障。私募股权投资基金的投资特性决定了它采取有限合作制的企业形式，并在税收上避免双重征税的合理性。其次，私募股权投资基金规模大小的确定，必须同时考虑生产成本、交易成本、社会网络、制度变迁、市场条件和投资风险等因素。可以说私募股权投资基金生产的是"投资项目"，其生产成本包括在职调查、与客户的谈判、对被投企业的管理等成本。而私募股权投资基金的交易成本则是该类投资基金的利益相关者之间的协调成本。私募股权投资收益的不确定性更多地取决于投资家的人力资源特性。由于我国投资人才的短缺，在目前的状况下，期望短期内出现黑石一样又大又强的投资企业是不切实际的。再次，由于投资者与投资家在投资项目、投融资行为上存在高度的信息不对称，采取开放式的基金组织方式是对投资家的重大激励。就像开放式证券投资基金一样，私募股权投资的无过错条款也是类似的激励。这些激励是促进私募股权投资基金提高投资效率、规避重大风险的重要形式。

在被私募基金投资的企业方面，虽然它们均是符合企业定义的组织，但不管是主动寻求私募股权投资基金投资或私募资本主动投入企业，这些企业一定是在其应能拥有的价值或资源方面缺少一项或多项。在市场经济条件下，组建这些企业的企业家或国有机构一定是发现了某种或某类商业机会，并认为就他们目前所能集合的资源来说已经基本上具备了实现商业机会的条件，但在某一项资源或某些资源方面它们的需要或者未被认识，或者难以得到。比如：风险投资企业通常表现出有技术而缺乏资金和管理，而国有企业通常是资金、管理均有，而组织的创新没有被认识。又如：私营小微企业往往缺乏管理及社会网络，而许多大型企业缺乏产业整合的能力。这些"缺"的要素对外部的股权投资基金来说，就是投资机会。

在对被投企业的经济分析中，最有名的是阿洪—博尔顿的控制权转移理论。虽然这提供了私募股权投资通常会退出的解释，却解释不了各种退出的具体原因。私募股权投资对企业的退出，一方面是企业的资源已经满足，再持有企业的股权只能获得市场的平均回报；另一方面，对投资基金来说，商业机会已经消失，就必须清算、解散，待有机会时再重新组建。当然，像"黑石"这样的大型投资集团，它下属的私募股权投资基金有很多个，不同的投资项目存续期大量交迭导致了它们共同公司的长期存在，并且规模巨大。当它的人才和商业机会很多时，通过公开上市融资充实资本自然成为一种可行的选择。事实上，这也是取得了一种机会。

第四节　私募股权投资的本质与收益获取机制

一、私募股权投资的本质

对私募股权投资的本质内涵的不同理解，将使我们采取不同的研究样本、得出不同的研究结论，并导致不同的政策措施。所以，回答清楚"什么是私募股权投资的本质"这一问题十分重要。

首先，私募股权投资是一种权益性金融工具，是企业发展的金融支持系统。不论是投资基金还是被投企业，它都是企业实现价值增值的重要手段。在此过程中，无论是最终投资者对投资基金的股权还是投资基金对被投企业的股权都能对被投对象的治理结构产生重要影响，且通常以协议的形式实现这种影响。如投资人的"无过错离婚"协议，对被投企业的"对赌协议"、分阶段投资协议、证券设计，等等。

其次，私募股权投资是一种高风险的投资。投资者、投资对象、投资家及投资环境均有很大的不确定性。因此，风险控制成为私募股权投资的重要内容。组合投资与联合投资是通常采取的重要投资方法。高风险对应高收益的原则在这里依然成立。杠杆收购有时会有很高的回报，但也容易失败。虽然不少大的私募股权投资基金在许多项目上都取得了成功，但我们也可以看到，在经济出现危机时，像黑石这样的公司也会出现亏损（即使在经济景气时，黑石的一些投资项目也曾出现过巨亏）。对大量的中小私募股权投资基金而言，胜算的概率通常更低。在实际运作过程中，私募股权投资基金期望的"增值服务"不一定能增值。

第三，私募股权的投资对象具有一定的特征。通常，私募股权资本更多投资于上市前已有稳定现金流的企业。对中小企业，私募股权资本的投资对象是具有创新能力或产业整合空间的企业。对问题企业，私募股权投资通常是在低价位出手，并且是以能重组或重振公司为前提。对于已上市公司，通常是通过谈判实现股权投资，私募股权投资的对象是具有发展前景的企业。

第四，私募股权投资是专家投资。这种专家不仅要善于投资，还要擅长对公司的经营管理，就像巴菲特曾经管理处于困境中的伯克希尔公司一样。或者从另一个角度说，私募股权投资是一种更能服务于实体经济的金融投资。从投资对象的选择到增值服务的提供，从对成长风险、逆向选择、道德风险以及变现风险的合理控制到对被投企业管理层人员的更换，再到投资退出，整个运作过程是一个非常复杂且逻辑严密的系统工程。执行这一过程涉及企业战略管理、人力资源、业务经营、治理结构以及资本运营和技术创新等多方面的知识和经验，非专家不足以胜任。而这些专家除了个别的可以引进外，通常需要一个比较长的实践过程来培养。

第五，私募股权投资是一种动态性的长期投资，投资的期限通常是7年至10年。在这样长的时间内，投资基金有充分的时间改造被投企业，等待企业的发展机会，找到合适的退出时机，充分发挥投资专家对企业的"增值服务功能"。较长期的投资也是投资成功的重要保证。频繁更换投资对象，常常是股权投资不可取的行为。私募股权投资的动态特征一方面是投资者对投资基金的动态持有，另一方面是投资基金对被投企业控制权的动态变化。这种变化一方面是监督，另一方面是激励。它是提升企业价值，克服机会主义行为的重要手段。

考虑到上一节的企业理论，我们可以认为，私募股权在本质上是资源整合模式与价值运动模式的互动对应关系。从资源的角度看，有现金资源、物质资源、技术资源、信息和知识资源、网络资源、市场资源、人才资源、组织资源、制度资源等。投资专家把这些资源中的一种或多种与特定性质或特定发展阶段的企业相结合，并提供管理与咨询服务，便可能实现企业的价值增值。而这种价值实现的模式又是多种多样的，如：提供现金流，实现技术改造与创新、组织创新、市场创新、产业规模化发展和提高管理效率等，并且以各种投资手段和退出方式来实现现金回报。一方面，资源整合模式影响价值实现模式的选择；另一方面，价值实现模式的选择又影响资源整合所产生的经济效率和经济效果。它是一个互动的、不断调整的过程。因为某种模式的资源整合效果会因外界条件的变化而变化，企业更是体现出生命周期的特征，私募股权投资只有不断地退出与进入，效率才可能比较理想。显然，私募股权投资不同于直接以分红和资本利得为盈利手段的证券投资。跟投式的PE不是私募股权投资基金的主流，以往以折价进入并守候企业成长的私募股权投资盈利模式将不会再有多大的市场。风险投资本质上是融资模式与技术选择的整合与互动关系。以技术创新为特征的中小企业由于缺乏"硬资产"抵押和"稳定的回报"，不仅不能通过银行贷款和发行债券融资，也难以通过公开上市融资，寻求私募股权投资就成为其必然选择。在这一过程中，投资家就要找到合适的创新技术并产业化，实现产品和市场创新并控制风险。这一不断互动的结果是投资与技术相结合，并实现价值增值和利益分享。在这种意义上，风险投资自然就是私募股权投资的一种。

外资或民营企业私募投资基金投资于国有企业股权，通常是组织资源与国有企业原有的资源相结合，通过提高企业管理效率、扩大生产和销售市场、提高企业每股盈利来实现价值增值。由于国有资产的产权主体缺位特征，如果权力制约和监管不到位，这一投资过程中各利益主体在分享利益时就可能以国有资产的流失为代价来提高投资公司的回报。因此，虽然私募股权资本投资于国企的效果可能是明显的，但对这方面监管的加强也是必须的。投资家的任务首先是找到能与投资基金的资金和人才资源相结合并产生价值增值的企业，其次还要认识和发现目标企业的潜在资源，或者说商业机会。蒙牛的发展是外资私募股权投资成功的典型案例。作为传统产业的奶业与资金的结合通常被认为不会产生多大的价值增值，以投资家常有的手段和方法也无法实现增值，但蒙牛巨大的潜在客户——中国广大的消费者被发现了。因此，只要把投资基金的资源与蒙牛的资源一结合，用以往常用的私募投资方法就能实现产业的整合和规模效应，获取巨大的回报。

由于资源的多样性和结合方式的多样性，加之实现价值增值方式的灵活性，私募股权投资实现投资回报的模式更是多种多样。但不管怎样，在本质上看，它们都通过选择适当的资源与被投对象的特有资源相结合，这种结合和认识产生了商业机会，并寻找适当的投资模式和方式实现增值和回报。这一不断互动的过程和关系的建立保证了投资的效率。不适当的选择和不合时宜的互动或者是丧失机会，或者是投资亏损。如果不抓住私募股权的本质特性，就难以解释其多样性。有的企业既不缺资金，发展也很好，为什么私募股权投资基金要对它进行先买后卖的操作呢？实际上，对这类企业而言，私募股权资本介入最重要的作用不是解决融资问题，而是为其他资源介入企业并实现增值提供一个平台。

二、私募股权投资的收益机制

私募股权投资的收益机制就是对私募股权投资的价值来源、价值反映、价值增值、价值实现及成本与风险控制过程的揭示。它包括私募股权投资的价值创造机制、风险控制机制和收益分配机制。虽然投资家的才能和商业机会是最重要的两个方面，但我们需要加以更细致的讨论。

（一）私募股权投资的价值创造机制

私募股权投资表现为"为卖而买""为不控制而控制""为公众化而先私有化"的商业行为。从美国的数据看，杠杆收购提高了目标公司的利润率。根据美国证券交易委员会的统计，1980年至1985年间杠杆收购向目标公司多支付了400亿美元的升水。从上世纪80年代到90年代风险投资总体来看，则获得了更多的资本利得。这些财富到底是私募投资活动创造的还是从别的企业转移过来的呢？

Jensen的著名的"自由现金流量"理论通过实证分析认为，杠杆收购对象的主要特征是同时具备低增长前景和大量现金流的企业。杠杆收购是通过再次安排管理者的激励机制以提高企业的生产效率，并防止将现金投资于低资本成本或在内部无效投资的资本浪费（Jensen，1986）。虽然也有实证分析认为，杠杆收购的财富是从债券和优先股的所有者转移过来的，即所谓重新配置财富假设（McDaniel，1986），但更多的研究支持前者（段醒民，1999）。显然，不同的理论意味着不同的政策。特别是垃圾债券曾经是杠杆收购主要资金的来源，也涉及我们对待垃圾债的态度。虽然关于风险投资的价值创造得到了一般的认可，但与有关并购的包括效率理论、市场势力理论等在内的众多理论（张秋生，王东，2001）似乎关联不大。有必要根据我们对企业理论和私募股权投资的理解，对不同种类的私募股权投资基金创造价值的共同规律进行更深入、更具体的探讨。

从价值来源上看，价值是通过生产和交易来实现的。企业过程不是生产就是交易，或二者同时进行。私募股权投资涉及两类对象：投资基金与被投企业。在商业机会被投资家认识到时，建立私募股权投资基金的过程实际上就是一个产生价值的过程。这一过程也是各个投资者及其他参与人之间的契约交易过程。契约一旦订立，集合的资金就具备分散资金更大的效益。这种资金与投资家的人力资本结合，又是一个价值的来源。从原理上看，这就是亚当·斯密的"看不见的手"。

从市场机制或交易作用的角度看，私募股权投资作为金融中介在信息不对称、交易难以达成的市场中实现了资金供需两方的交易。这一过程是产生社会福利的过程。微观经济学的供需平衡图所显示的交易产生的经济剩余，就可以说明这一点。只是一般地应如范里安所说，把生产者改为供给者，把消费者改为需求者（范里安，1994）。实际上，交易不只是投资者与投资家、投资家与企业家之间的资金交易。作为参与企业或帮助企业成长的投资家，他们还把其他资源，如人力资本、社会网络等与企业进行了交易，并进一步产生了剩余。这类剩余是合作博弈的剩余，其实现条件是博弈的参与者之间有可以信任的协议（董保民等，2008），其基础就是信任文化和经济法律。

从生产的角度来看，经济剩余只能通过企业的生产来实现。企业利润：

$$\pi = \int pdF - C(F) \qquad (2-4)$$

其中，生产函数：

$$F = F(K_1, K_2, L_1, L_2, T_1, T_2, M_1, M_2, \dots) \qquad (2-5)$$

在这里，我们把生产要素分为两类：一类是企业原有的，用下标 1 表示；另一类是通过私募股权投资加入的，用下标 2 表示。当企业处于第二类要素投入后规模经济和价值增值效应明显的阶段时，单位投入的利润就会增加。要素的多样性导致私募股权投资的多样性和联合投资的重要性。企业处于不同状态时，有不同的投资价值或者没有投资价值。具体来说，当私募股权投资以最能体现产权职能的硬资本的方式投入企业后，实际上实现的可能不只是一种资源的整合。当企业在管理方面有问题时，就如效率理论所言，私募基金的管理咨询能帮助它提高管理效率；如果是现金流利用低效，激励机制就会提高其运用效率；当企业产品难以市场化时，商业网络能起关键作用；当企业是技术落后时，资本的增加可为技术创新创造条件；当企业因资金问题导致某些项目难以开工时，外来资本的介入可以帮助其启动项目；当某个产业的发展需要引导时，政府的引导基金可以利用政府自身的优势为其开路。

从激励机制上看，企业的产权分配表现动态的特征，特别是各种金融期权和实物期权以及"对赌协议（Valuation Adjustment Mechanism，VAM）"等的采用，给企业家及企业管理当局以极大的激励，并克服他们的道德风险和逆向选择行为。对投资家而言，有限合伙的组织形式、无过错协议、私募资本的循环运动等既是很大的激励，也是很大的约束。或者说，私募股权投资通过长期实践和研究发展起来的一套制度为实现其价值创造提供了保障。当企业成熟时推向上市或实现股权转让不仅投资者的资本将得到回报，投资家的人力资本也将得到回报。这一回报自然可以高于证券投资的回报，因为两类企业通过对资源的整合还可以实现更多的合作剩余。

总之，私募股权投资不仅使得传统金融工具难以做到的资源整合能有效实施，同时也创造价值。它不仅因商业机会而产生，本身又能产生更多的商业机会。

（二）私募股权投资的风险控制机制

私募股权投资的财富神话是最吸引人们眼球的，但实际上很多人对私募股权投资的风险缺乏认识。政治风险、宏观经济风险、市场与经营风险、法律风险、信用风险和流动性风险，是私募股权投资面临的主要风险。这些风险的存在，降低了投资的平均回报，也使得人们要在私募股权投资上取得成功并不容易。以 EMH（有效市场原理）为基础的资本资产定价模型表明，高收益与高风险相对，即：

$$R_A = R_f + \beta_{Am}(R_m - R_f) \tag{2-6}$$

R_A 为金融资产 A 的收益率，R_f 为无风险收益率，R_m 为市场平均收益率，β_{Am} 为风险因子。它表明，高收益以高风险为代价。对于风险厌恶或风险中性的投资而言，似乎不会取得好于市场平均回报 R_m 的回报。私募股权投资的高收益率通常是指高的平均收益率 R_m。显然，这是一种与高 R_A 不同的机制。了解这一机制，无论是对于理论研究还是政策制定都是十分重要的。

显然，私募股权投资是信息不全面公开的长期投资，资产流动性差。这类资产的交易难以达成，以及不存在一个均衡（与其他金融资产相比）的交易市场。所以，这类股权的价格自然与 R_m 可以不同。实际投资效果显示，平均而言，美国过去二十多年的私募股权投资年均收益率在 30% 以上，远远高于公开证券市场的投资收益率。当相应的投资基金进入投资项目时，即有产品—"投资项目"时，价值得到了增值和第一次实现，但尚没有最后实现。至此，它与证券投资基金并无差别。但私募股权资本及其附带资源一进入企业，与企业的资源及企业家的人力资本再结合，实现资源的整合，并且通过各种投资策略控制成本和风险，投资的股本会发生大幅度的增值。所以，一个完整的私募股权投资周期包含了两次价值产生和增值的过程。股权会从被投企业适时退出，而基金最后会清算。所以，一个投资周期包含了两次退出。

在风险控制上，一方面，各类私募股权投资有通用的制度设计来控制风险，如分阶段投资、联合投资、组合投资等。另一方面，各类不同的私募股权投资基金又有其特有的风险控制方式。投资家还可以根据特定的投资项目采取灵活的方式控制项目风险。比如：在杠杆收购融资中运用的财务杠杆原理就是一把双刃剑：当资产收益率大于潜在资金利息率时，增加财务杠杆可以大幅度地提高股份制企业的每股盈余；反之，如果企业经营不善，则会使企业净收益和每股盈余都急剧减少。收购方一定不能忽视杠杆收购的风险性。因为杠杆收购所需资金大部分是借入的，如果收购后公司经营状况不能得到很好的改善，负债融资就会成为企业的负担，严重时甚至会影响企业的生存。这种债权性筹资存在还本风险、支付成本风险、再筹资风险、财务风险等特有的金融风险。对风险控制最重要的是确定企业允许的负债比率水平和采用适当的收购策略。这些策略包括背债控股、连续抵押、合资加兼并、与目标企业股东互利共生、甜头加时间差、以目标企业作抵押发行垃圾债券、将目标企业的资产重置后到海外上市、分期付款，等等。

（三）私募股权投资的价值分配机制

按照有效市场原理，金融市场中资产的价格能够反映与该款资产相关的信息。因此，追求超额收益是很难的，甚至是不可能的，市场竞争会导致利润的摊薄。但为什么私募股权投资所产生的利润不会因竞争性股权投资市场的存在而消失呢？事实上，私募股权投资基金之间为好的投资项目而激烈竞争的现象是十分常见的。为此，我们首先应看到私募股权投资与其他金融工具之间竞争的可隔离性，私募股权投资的回报率不同是自然的。其次，不同私募股权投资基金的竞争只能在股权进入企业之前竞争，进入企业的股权与外部市场又隔离开来。特别是信息不公开这一特征决定了在企业的成长过程中，股权的价格只存在来自投资者的压力而不存在外来的竞争压力，投资家可以集中精力协助企业搞好经营管理。此外，投资分析与投资管理的专业特长也使得投资家能在一定程度上发现金融市场的无效率之处，即通过低买高卖获利。

私募股权投资的收益机制是在市场机制基础上实现的，是投资者的资金与投资家包括人力资本在内的各种资源的结合，以及企业家的人力资本与被投企业的资源的结合提供了价值来源。在此基础上，投资家特殊选择的有利投资条件使得私募股权投资基金常常能以低成本进入企业。这些有利条件是企业融资困难时的妥协或企业困难时的价值低估。或者说，资源低估与资源的整合效应共同创造了私募股权的利润空间和利润增长空间，而价值运动的对应关系使得私募资本的利润不因风险和竞争而消失。私募资本进入企业时与进入企业后与其他金融资本与投资者的隔离，保证了基于资源整合的利润不被竞争消除；私募股权投资基金及被投企业产权的动态特征对企业管理层的激励保证了企业效率；特有的投资方式控制了投资过程中的风险和投资成本；私募股权的适时退出回避了企业生命周期所带来的风险。

如果说证券投资能从企业外部通过分享宏观经济发展带来的红利和避免通货膨胀带来的损失（名义上有收益），对私募股权投资而言，除了此两项收益外，还应该分享来自企业内部价值创造所产生的收益。所以，私募股权投资的回报可以是很高的。但所有这些有利因素的实现却只有少数的私募股权投资基金能做到，任何暴利都不可能是长期持续的。因此，盲目追求私募股权投资的超高回报是不现实的。与证券投资一样，贪婪和恐惧也是私募股权投资的大敌[①]。

第五节　私募股权投资兴起的经济学分析

一、私募股权投资发展的简要回顾

作为投融资模式，私募股权投资已有很长的历史。葡萄牙王室对哥伦布的投资，伊丽莎白一世女王对海盗的投资都算得上经典的成功案例。但私募股权投资的规模化发展直到19世纪末20世纪初才在美国出现。当时的美国经济持续高速发展，新的产业不断出现并壮大，投资与资本市场发展很快。只是此时的投资没有区分私募与公募，直到1933年出台的美国证券法才对此加以区分。在随后的十几年中，美国私募股权投资在数量和比例上都有很大的发展。表2-1是两位研究者后来论文中的数据（Calomiris，Raff，1995）。

---

① 证券投资中的三高定律在私募股权投资中同样成立，即高出手率、高回报率和高成功率不可能同时出现。

表 2-1 美国私募资本市场的增长

年份	公司发行总额	私募所占份额（%）	年份	公司发行总额	私募所占份额（%）
1934	397	23.2	1947	6577	34.0
1935	2332	16.6	1948	7078	43.6
1936	4572	8.2	1949	6052	41.3
1937	2309	14.3	1950	6362	42.1
1938	2155	32.1	1951	7741	44.1
1939	2164	32.6	1952	9534	41.5
1940	2677	28.6	1953	8898	36.3
1941	2667	30.5	1954	9516	36.6
1942	1062	39.5	1955	10240	32.2
1943	1170	31.8	1960	10154	32.3
1944	3202	24.6	1965	15992	51.0
1945	6011	17.0	1967	24798	28.1
1946	6900	27.8	1970	38944	12.5

资源来源：Charles W. Calomiris and Daniel M. Raff（1995），The Evolution of Market Structure, Information, and Spreads in American Investment Banking, In Michael D. BordoandRichardSylla（eds），Anglo-American Financial Systems：Institution and Market in the Twentieth Century. New York：Irwin Publishing, p. 127.

现代意义上的私募股权投融资是以组建投资公司的形式进行的。1946 年成立的"美国研究与发展公司（American Research & Development Corp，简称 ARDC）"可以算一个有现代组织形式的创业投资或股权投资公司。随后，1958 年美国通过了《中小企业投资公司法案》，许可银行和银行控股公司投资合格的小型企业，开启了正规化的股权投资。1980 年代，私募股权投资的发展进入一个新阶段。此时，世界各国都开始大力发展这一金融市场。也是在此时，才有学者开始关注私募股权投资早期发展中的一些问题。在 21 世纪最初的几年中，美国互联网泡沫的破灭促使私募股权投资达到了一个更高的顶峰（以 LBO 为主要领域）。作为私募股权投资一部分的风险投资，在美国互联网经济兴起时飞速发展，也随着它的破灭而跌入了低谷。

虽然几经曲折，但 2001 年后，私募股权投资又以新的投资模式，如大规模并购、夹层资本、重振资本等形式重新崛起。到 2006 年，在美国向私募股权基金的融资额度达 1620 亿美元，超过该年通过美国三大股市的企业融资额 1540 亿美元。2008 年 5 月初，有关国际著名的私募股权投资基金凯雷斥资 580 亿日元计划收购日本液晶显示玻璃公司的新闻一度引起巨大的反响。虽然并购的额度并不算太大，但它发出了全球私募股权投资基金大规模并购亚洲企业的信号。在过去半个多世纪的发展过程中，美国的私募股权投资基金在投资对象上经历了从以风险投资为主到多元化投资的演变；在募资对象上从以富人群体为主变为以机构投资者为主，再到公开上市融资；在组织形式上经历了公司型、契约型、合伙型及混合型到有限合伙制为主流的组织形式；在投资范围上则从国内向国际化转变；在投资规模上则发展得更快。

在中国，从20世纪的最后几年起，外资私募股权在中国攻城略地，取得了高速的发展。在此后的几年里，人民币私募股权基金发展也十分迅速。根据清科研究中心的统计，从1999年至2008年，我国创业投资保持着快速增长，投资额的年均复合增长率为25%，投资案例则以9%的速度增长。这一产业的快速增长从创业投资额的变化上也可见一斑：2008年的绝对投资额达到42亿美元，投资案例为607起；2002年是单笔投资额的低点，为200万美元；至2008年，这一金额则达到780万美元，涨幅惊人。

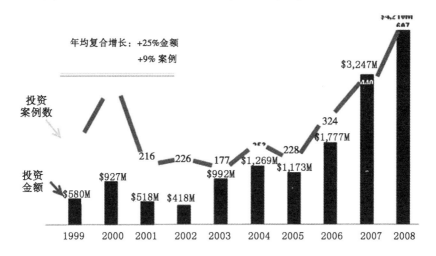

图2-1　1999-2008年我国私募股权投资保持快速增长

资料来源：清科研究中心

中国私募股权投资行业在2001年至2008年的发展过程中，也一步步发生着变革。在本土私募和外资私募募资的比较上，外资私募募资在2005年呈井喷式增长，其后呈稳定之势；本土私募募资循序渐进，逐年攀升。值得关注的是，在投资案例上，本土私募在这几年里增长迅猛。至2008年，本土私募以270个投资事件直追外资创投的296个投资事件。综合分析，本土私募在管理资本、募集以及投资金额的增长上呈现交错式增长；在投资规模的涨幅上则更胜一筹。

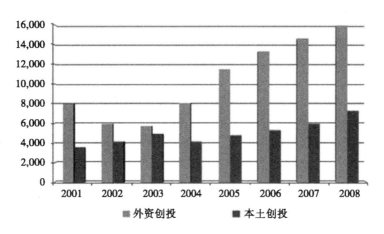

图 2-2　2001-2008 年本土私募和外资私募管理资本存量比较

资料来源：清科研究中心

私募股权投资的兴起和发展以私募投资基金的大批出现和规模扩大为标志。事实上，到 2016 年，我国私募股权投资基金已超万家，本土基金在规模和数量上都已经占绝对优势，并且主要分布在北京、上海和广东等经济发达的地区。结合前述两节中的理论，我们可以从经济学的角度来分析这一金融领域的兴起和发展的原因。

二、私募股权投资发展的需求分析

（一）商业机会的增多

从上面简短的历史回顾可以看出，私募股权投资基金兴起于经济迅速发展的时期、证券投资低迷时期以及新产业崛起时期。实际上，这恰恰都是私募股权投资兴起和发展的商业机会到来的时期。经济的高速发展使各种资源整合创造价值的机会增多，成功概率增大。股市低迷时期，通常也是经济衰退时期，企业股权的价值常常被低估，企业通过别的途径融资困难，对私募股权投资的需求自然会增加，并且股权资本可以低价进入。新产业是伴随着新技术的应用而出现的，人力资本与技术创新的结合会迅速提升企业价值。但当技术创新遇到新的瓶颈时，这类机会就会很快消失，相应的投资也会退出。这种退出导致的经济衰退常常会引发其他行业的衰退而使一些企业步入困境，这反过来又给私募股权投资中的投资者创造了大好的时机。对经济转型和对外开放的国家而言，资源的配置方式的改变则是更大的商机。所以，一方面，企业面临商业机会就会引发投资需求，但由于信息不对称或缺乏制度的约束，或融资成本高而发生融资困难时，企业就会选择股权融资。这就为私募股权投资基金创造了商业机会。另一方面，当企业在缺少某种要素而价值处于潜在状态时，也是具有敏锐眼光投资家的私募股权投资基金可以行使并购的商业机会。

（二）社会投资需求的增加

投资量是由市场利率与风险程度的大小共同决定的。在竞争性的金融市场中，利率呈下降的趋势。在凯恩斯主义的经济政策流行以来，经济发展大都伴随着通货膨胀。在通货膨胀和利率竞争的双重压力下，投资的需求通常都会增加。而金融市场是信息不对称市场，投资者只愿意选择他们私下信得过的投资家进行投资。所以，私募股权投资开始常常是以非正式的私募投资机构的形式出现的。只有当私募股权投资发展到一定规模后，制度才开始完善。

我国经济发展阶段的特征、经济结构特征和社会结构特征使得目前我国对企业和私募股权投资基金的商机增多。最近二十多年来，私募股权在全球范围内快速发展，中国作为重要的新兴市场和投资目的地国，自然也不能在"游戏之外"。可以认为，近二十多年私募股权的发展部分是由于高流动性的结果。世界各地的资本市场都有这一现象。另一原因则是各国对公司上市的标准不断提高，促使企业谋求新的融资渠道。还有一个原因是高收益的推动，使得私募股权市场日益活跃。我们认为，除了我国企业的科技进步需要风险投资推动外，由于金融市场的发展和公司重组的需要，杠杆收购也必然发展。近二十几年来，随着我国经济发展和市场体制的建立，企业资产重组已受到中央政府和各级地方政府的重视，企业也正在进行结构调整和优化资源配置。由于我国上市公司的比例太小，并购需要大量的资金支持，而多数企业缺少充足的自有资金用于并购，所以多数企业难以通过股票市场实现并购的目标。2008 年下半年以来，国家为了扶植企业，贷款利率一再下调，以便企业利用贷款筹集资金。这实际上也为企业杠杆收购融资创造了条件。目前，杠杆收购虽尚未被各方普遍认识和接受，相关法律法规也不健全，但已有不少成功案例。"中策现象"就一度被广泛关注并引起过强烈的反响。香港中策集团公司一方面通过国际资本市场融资，另一方面采用压低收购价格、分期付款、拖延付款等方法降低资金支出，大举收购中国国有企业并转手出售所购股权来获利。武汉大地集团曾以分期付款方式兼并了有九十八年历史且规模比自己大一倍的国有企业武汉火柴厂，可以预见，随着我国产权制度改革和产业结构调整的深入发展，杠杆收购虽然问题仍然很多，但必将受到更为广泛的重视。

（三）个人主义和企业家精神

著名发展经济学家 Harold Lydall（1992）认为，经济发展的关键因素是企业家精神：自由企业制度需要新的小企业家从社会底层不断产生，从而维持其活力。在中国经济学家张维迎看来，企业家是发现和创造商业机会的主体，是经济增长的国王（张维迎，2014）。美国的个人主义文化强调个人的聪明、才智和能力，崇尚英雄和个人成就，具有冒险精神。因此，美国的中小企业非常之多。是企业家精神使得很多美国人能发现和利用商机。在中国，传统文化中个人主义受到压制，但随着近四十年来的改革开放，国人，特别是年轻一代创业热情不断高涨。随着收入水平的不断提高和市场经济改革的深入，人们变得习惯了经济风险，承受风险的能力也大为加强。随着产权改革的进一步推进，中国投资界人士的企业家精神将会更加突出。文化的引进、经济条件和制度的变迁，促进了中国股权投资需求的扩张。

（四）国有企业改革的需求

国有企业在中国经济发展中扮演着十分重要的角色。截至 2016 年年底，全国共有国有法人企业 16 万多户，上市国有控股企业超过 1000 家。尽管只占 A 股总上市企业数的三分之一，但这些上市的国有控股企业的总资产、总股东权益、总收入与总利润占比均超过 60%。虽然各类国有企业都有一定的优势，但弊端也不少。国有企业的运行情况很大程度上决定了国民经济的健康状况。自 2013 年 11 月中国共产党召开十八届三中全会后，党中央和国务院确立了混合所有制改革为国有企业总的改革方向。混合所有制改革实际上就是要让国有资本和私募股权资本混合形成新的所有制企业，从根本上解决国有企业的公司治理机制问题，目的是激发国有资本的活力，实现国有资本的保值、增值。在这一过程中，私募股权投资将发挥重要的作用，我国的私募股权投资行业也将因此得以重塑。

三、私募股权投资发展的供给分析

当然，商业机会的出现并不意味着私募股权投资基金的成功组建。组成投资基金，还必须依赖私募股权投资这一金融工具自身特有的优势及其他供给条件。

（一）私募股权投资自身的优势

（1）低运行成本优势。私募股权投资作为金融中介，通过分工、金融技术专门化、规模经济和范围经济等方式降低了平均交易成本。首先，作为经济组织，私募股权投资基金组织结构简单，经营机制灵活，日常管理和决策成本低。其次，由于私募股权基金主要投资于未上市企业股权，因而既不需要在证监管理部门登记注册，也不需要由公司和有关中介机构申报招股文件。和公募基金严格的信息披露要求相比，私募基金信息披露的要求低得多。这些条件使得私募股权基金的管理和运作成本都较低。

（2）公司治理的优势。私募股权投资涉及多个利益主体，他们的目标函数互不相同，而信息又严重不对称、不完全，但长期的实践和研究使得目前私募股权制度和运作模式已经形成了明显的解决公司治理问题的优势：在基金治理方面，有限合伙制是典型的私募股权基金组织形态。其有限合伙人和普通合伙人的权利、义务结构安排既有利于资本和管理的分工，又有利于资本和管理的合作，还有利于决策责任的恰当落实。众多的金融契约设计既可以保护投资者的利益，又可以克服投资家的逆向选择问题；在被投资企业方面，私募股权基金作为主要投资者可以委派财务总监、董事，甚至作为大股东可直接委派总经理到企业去。在这种情况下，私募股权基金作为一种市场监控力量，在很大程度上克服了信息不对称问题，对公司治理结构的完善有重要的推动作用，为以后企业的公开上市在内部治理结构和内控机制方面创造了良好的条件。由于投资者的资金是分期到位的，投资基金对被投企业也是分阶段投资，动态的产权特征较好地解决了投资家和企业家的产权激励问题。

（3）管理分工优势。在合伙制形态中，私募股权基金让有货币资本但无管理技能、专业投资知识和精力涉及管理和投资以及不愿意或无力承担无限责任的投资者担当合伙人角色，而让拥有专业管理团队、人脉广泛、偏好"高风险、高收益"的经济主体担当普通合伙人角色。让优秀企业去并购和整合整个行业，能最大限度地发挥优秀企业家的才能，也极大地减少人才的无序流动，从整体上保护了资本市场投资者的利益。同时，因为基金运作的成功与否与基金管理人的自身利益紧密相关，故基金管理人的敬业心极强，并可用其独特有效的操作理念吸引特定投资者。由于双方的合作是基于一种信任和契约，灵活的组织形态较好地解决了投资者和投资家的管理激励问题，保障了基金的有序和有效运作。

（4）价值创造优势。私募股权基金投资于实体经济，是货币资本、管理、技术、实物资本在经济层面的整合。而实体经济下资源配置效率的提升正是价值创造的表现形式。此外，私募股权基金的发展拓宽了投资渠道，可能疏导流动性进入抵补风险后收益更高的投资领域。这一方面可减缓股市和房地产等领域的泡沫生成压力，另一方面可培育更多、更好的上市企业。私募股权基金的价值创造优势直接体现在高回报率上。

（5）金融风险防范和投资风险控制优势。发展私募股权市场不仅有助于增加直接融资在整个金融结构中的比重、减少信贷扩张的压力、降低金融市场的杠杆率、提高储蓄向投资转化的效率，而且有利于防止证券市场、房地产市场泡沫化，进而有效防范金融风险。此外，私募股权基金能最大限度积聚闲散资本，通过分期投资、联合投资、组合投资、尽职调查和对赌协议等方式使资本尽可能有序流动，减少类似"炒房团"之类的资本无序流动带来的金融市场风险。在宏观方面，私募股权投资对经济发展的稳定也有积极作用，我们将在第五章的最后一节展开讨论。

（二）投资者的作用和社会财富分配的改变

投资者分为个人投资者和机构投资者，私募股权投资资本来自这两类投资者。有统计资料显示，在美国，15%左右的私募股权资本来自于富有的个人或家庭。一批风险承受能力强的富有个人和家庭的存在或出现，对私募股权投资十分重要。在我国，深圳的一些私募股权投资基金大都是以这种形式组成的。这种资金的特点是受制度约束少，但范围难以扩大，而且常常有被欺诈的风险。投资者更多的是通过中介机构参与投资活动的。这样，普通投资者的投资额可以较小。投资者个人和资本需求者之间完全的直接交易不是不可能存在，但毕竟不是多数，且成本较高。他们一般会通过某种类型的中介机构参与投资活动。不同投资者的风险承受能力差异决定了其不同的投资需求，不同种类的中介机构就应运而生。以美国为例，战后美国金融体系的最大变化是机构投资者的崛起。他们主要是共同基金、退休基金、保险公司及各种捐赠基金。后三者的负债稳定，比较适合于长期项目进行融资。这类机构的资金巨大、信誉好，在动员储蓄和促进储蓄向投资的转化方面起着十分重大的作用。现金流充足的大型企业如通用电气，也充当了重要的机构投资者。尽管它们不能有存储业务，但把资金直接投入项目也是私募股权市场发展的重要一环。银行贷款被私募股权投资基金用来作杠杆收购资本时，也促进了私募投资的发展。

（三）投资家队伍的出现

私募股权投资是一种专业性和综合性都很强的活动，要求投资家能有效地识别和把握投资机会，高深度地挖掘各种资源，精准地匹配企业要素。所以，这一投资领域对投资家的要求很高。通常，一个成功的投资家必须同时具备以下特征：（1）广博扎实的知识，包括经济学、理论科学、技术科学与社会学、管理学及法律知识。（2）很好的沟通能力和社会网络、强大的市场开拓能力。（3）良好的心理素质和丰富的经验。要有对风险的充分认识和承受能力以及对风险的控制方法，没有几个轮回的锻炼，往往难以成为一名出色的投资家。（4）敏锐的洞察力和创新才能。投资家最重要的要有捕捉商业机会的洞察力，能适时地把握机会，并以新的理念和方案实施投资计划。通常，这类投资家的成长需要长期的培养和锻炼，而且只有在市场机制主导的环境中才能脱颖而出。在美国，华尔街在两百年历史中孕育了一批又一批成功专家。在中国，除了引进人才，投资人才的培养还有很长的路要走。

（四）制度的供给

从长期来看，资本市场的有效供给依赖于有效的制度建设。这些制度包括企业制度（产权制度）、投资者准入制度、交易制度、税收政策、退出制度、法律制度等。制度的不健全必然导致交易不规范和市场萎缩。美国私募资本市场的发展得益于其确立了《证券法》《公司法》《投资公司法》以及《萨班斯法案》等一系列法律制度。宽松的募资环境、优惠的税收、严格的管理、完善的退出制度和市场体系促进了美国私募股权市场的快速发展。相反，我们可以看到那些制度缺失的国家或地区私募股权投资就难以发展。总的来说，私募股权投资市场在商业机会、投资者队伍和资本供给、制度、人才、投资模式成熟的条件下，在全球范围内一波又一波地兴起，显示出市场机制主导的特征，体现了市场经济发展的内在规律。政府作为制度供给者，起到了维护和促进市场健康发展的重要作用。

本章小结

　　本章明确了私募股权投资的概念，指出可从募资方式、企业股权投资及基金组建方式等三个方面进行理解。私募股权投资是一个综合复杂的投资和管理过程，特别是基于市场机制的私募股权投资过程也是一个价值创造过程。理解其出现、发展及运行机制需要适当的企业理论。本章认为，企业是在特定的环境中人们通过集合资源为实现合作剩余而设立的经济组织。与以往研究者不同的是，我们强调从供给和需求两个方面来对企业进行分析。企业出现的最主要的原因是商业机会及其被企业家认识。企业规模是由其技术特征、生产特征、社会网络、管理特征等各方面共同决定的。虽然企业利润来源有多种，但基于市场机制的通过价值创造转化而来的利润才是私募股权投资追求的正当目标。在此基础上，我们探讨了私募股权投资的本质和收益机制问题。从本质上看，私募股权投资是资源整合模式与价值运动过程的互动关系。只有把二者适当地结合起来，才能解释私募股权投资中价值的来源、发现、增值和套现等问题，才能理解私募股权投资的多样性。本章还通过从供求两方面的分析，探讨了全球私募股权投资兴起的原因，阐述了市场机制在其中所发挥的决定性作用。

第三章 私募股权投资发展与制度的国际比较

第一节 美国私募股权投资的发展与制度

在 21 世纪的全球资本市场中，私募股权投资基金成为一种十分令人瞩目的现象。在美国，小到中等规模的新兴企业，大到人们耳熟能详的跨国巨鳄，诸如微软、英特尔等公司，它们的成长都伴随着私募股权投资的身影。在中国，盛大、百度等公司借助国外私募资本的杠杆力量撬起了巨大的资本蛋糕，也点燃了诸多创业者跻身美国资本市场的梦想。

一、美国私募股权投资的产生与发展

美国私募股权投资基金的活动最早可以追溯到 19 世纪末期。当时有不少富有的私人银行家、企业家，通过律师、会计师的介绍和安排，直接将资金投资于当时风险较大的石油、钢铁、铁路等新兴产业中。这类投资完全是由投资者个人自行决策，没有专门的机构进行组织，政府也没有进行任何干预。

现代意义的私募股权投资基金始于二战以后。1946 年，世界上第一个私募股权投资公司——美国研究发展公司（ARD）成立。从此，私募股权投资开始向专业化和制度化发展。为了克服高技术创新型企业资金不足的障碍，美国国会通过了小企业投资法案（Small Business Investment Act），规定由小企业管理局审查和核发许可的小企业投资公司可以从联邦政府获得非常优惠的信贷支持。这一政策极大地刺激了美国私募股权投资基金的发展。进入上世纪 60 年代，一批由私募股权投资基金投资的公司获得成长并开始上市；到 1968 年，受私募股权投资基金资助且成功上市的公司已逾千家。

到 20 世纪 80 年代，私募股权投资基金业继续高速成长。此时，机构投资者，尤其是养老基金取代个人和家庭投资人，成为私募股权资本的主要来源。1992 年以来，美国经济的复苏再次带来了私募股权投资基金的繁荣，信息技术和互联网产业的发展极大地带动了美国私募股权投资的发展，以至其私募股权投资基金的筹资和投资在近二十多年不断地创造新的纪录。美国现

已成为全球最大的私募股权投资市场，占据了全球私募股权资本市场约 40%
的份额。美国目前有 600 多家规模较大的专业私募股权公司，黑石、新桥资
本、IDG 资本、华平投资集团、KKR、摩根士丹利、摩根大通、贝恩、阿波
罗、德州太平洋、高盛、美林等都是美国私募股权投资的佼佼者。到 2016 年
年底，单单黑石集团管理的资产就达到 5.6 万亿美元的规模，是印度 GDP 的
两倍多。经过半个多世纪的发展，美国私募股权投资成为仅次于银行贷款和
IPO 的重要手段，对美国经济的发展起到了十分重要的作用，并已形成了一
套比较规范、科学的运作机制。美国私募股权投资的发展与制度设计，对中
国具有很大的参考价值。

二、美国私募股权资本的来源

美国私募股权基金的资金来源多种多样，但主要来自机构投资者。机构
投资者中养老基金是最主要的资金来源；其次是基金会和捐赠基金；再次是
银行和保险公司。家庭和个人对私募股权资本的投入较少。

（一）养老基金

养老基金传统上相当保守，主要投资于债券和高红利股票。这一方面是
被联邦和各州政府出于谨慎考虑而制定的法规所限制；另一方面，人们一般
认为投资于非上市企业的风险过高，难于监控。因此，在 20 世纪上半叶，投
资于新兴企业的私募股权基金的资金来源主要是富有的个人。但到了 1960 年
代末期，特别是 1976 年以后，私募股权基金投资带来的丰厚回报促使政府放
松了这方面的管制。其中，最重要的就是美国劳工部（US Department of
Labor）关于《雇员退休收入保障法（Employee Retirement Income Security Act,
ERISA）》中"谨慎人（Prudent Man）"条款所作的修改。这一条款原来要
求养老基金在进行投资时要基于对"谨慎人"的判断；如果养老基金的管理
人将资金投资于小的或新兴企业所发行的证券或者是风险投资基金，将被认
为是对"谨慎人"条款的背叛。1979 年，美国劳工部将 ERISA 中"谨慎人"
条款改为"谨慎人原则仅指资产组合必须多样化，而并非进行单项投资所必
须遵从的原则"。也就是说，只要不威胁整个投资组合的安全，上述原被禁止
的投资行为也是允许的。自此，养老基金将其部分资产投资于私募股权投资
领域，从而大大促进了美国私募股权基金的发展。

（二）富有的个人和家庭

富有的家庭和个人是私募股权基金市场最早的投资者之一，美国的私募
股权投资就是以私人资本为起点发展起来的。这一投资群体主要包括退休的
大公司的首席执行官和受雇于大公司的高级管理人员，以及各商业银行和投
资银行的富有的客户。在该投资群体中，富有的家庭占有极其重要的地位。

洛克菲勒家族就曾为东方航空公司和道格拉斯飞机制造厂提供了大部分的启动资金,菲利普家族则为英格索—兰尔德造纸业公司提供过资金。虽然后来由于个人资本利得税率的提高以及免税的养老基金的大量进入,其所占私募股权基金的比重有所下降,但由富有的个人和家庭所提供的资金仍然是私募股权基金资本的重要来源。

(三) 大型公司

出于对公司未来发展战略的考虑,一些大公司会对与自己战略利益有关的企业进行风险投资或在本公司内部建立风险投资基金,专门用于风险项目的开发和启动。美国的微软公司、英特尔公司、摩托罗拉公司以及通用电气公司等大型公司都设有专门从事风险投资的机构,以充分利用企业技术、市场等优势拓宽自身的技术发展空间、市场领域,扩大公司规模。

(四) 捐赠基金

捐赠基金是个人或者机构以某种名义捐赠给大学、科研机构、博物馆、展览馆、医院、基金会等非营利单位的资金。这些基金也委托专门的基金管理人进行管理。捐赠基金也属于私募股权基金市场最早的投资者,其大多数投资是通过合伙制进行。某些大学的捐赠基金会对与本校研究项目有关的项目进行直接投资。

(五) 银行和保险公司

由于雄厚的资金实力以及被私募股权投资领域的高收益率所吸引,银行和保险公司也是私募股权基金的重要来源。关于美国私募股权基金各类资金来源所占比重,可参见表3-1。

表3-1 1980年与2001年美国私募股权基金资金来源对比

	1980年	2001年
个人和家庭	19%	9%
养老基金	30%	42%
大型公司	21%	3%
捐赠基金	16%	21%
银行和保险公司	14%	25%

资料来源:根据相关文献整理

从上表可以看出,在美国,机构投资者已成为私募股权投资资金的主要来源,并且养老金、商业银行和保险公司提供的资金所占的比例提高了很多,而个人和家庭提供的资金所占的比例下降了不少。但在私募股权投资基金公开上市后,后者的状况又将出现新的变化。

三、美国私募股权基金的募集方式

美国私募股权基金一般是通过向潜在投资者（Prospective Investor）发出私募备忘录（Private Placement Memorandum, PPM）来进行资金的募集。备忘录中一般会包括拟筹集基金的规模、投资策略、投资目的、风险因素、收益分配、基金管理团队和基金权益的认购方式等。私募股权基金募集资金通常采用资本承诺（Capital Commitment）形式，即投资者在基金成立时只需缴纳其认购的出资一部分，其余部分在基金管理人发现合适的投资机会时或者按照协议约定进行缴纳。基金管理人通常会提前一定时间向投资者发出资本调用通知（Capital Call Notice）。投资者一般倾向于分期支付其认购出资，因为基金不可能立即将所有的资金全部投资出去，投资者也希望在一定期限内保持资本的流动性。这样做对基金可能存在一定风险，因为投资者可能会因为某种原因而无法缴纳其认购的出资。一般来说，基金会有一定的筹集期限，其中可能会分成几次交割。备忘录一般会规定首次交割（Initial Closing）、后续交割（Subsequent Closing）和最后交割（Final Closing）。在基金最后交割后，基金就封闭起来，通常不再接受新的投资。下面框中为典型的私募备忘录的条款摘录：

私募备忘录条款（摘录）

管理人：本基金的管理人为 XX 有限责任公司，一家注册于开曼群岛的有限责任公司。

投资目标：本基金将专注于亚洲地区的电信传媒行业。

最低出资额：本基金单个投资者的最低出资额为 500 万美元，普通合伙人可自行决定放弃该最低出资要求。

期限：本基金的期限为 10 年，从本基金的最后交割日起计算。普通合伙人可自行决定延长两年。

管理费：基金的管理费为每年资本承诺总额的 2%，每提前半年支付。

权益的转让：未经普通合伙人书面同意，有限合伙权益不得出售或转让。

目前，美国私募股权基金主要以私募发行为主。一些私募股权基金在发展到一定规模时，会通过在公开市场上市来募集资金。2008 年 3 月 27 日，全球私募股权基金巨头黑石集团宣布，其已向美国证券交易委员会提交上市申请，准备在纽约证券交易所通过首次公开发行（IPO）募集资金 40 亿美元。

此前 2 月份，对冲基金 Fortress 已经上市。在黑石之后，KKR 和凯雷等也加快了上市的步伐。上市将意味着私募股权基金不再是富人和机构投资者的专利，普通投资者也可以通过二级市场参与投资。私募股权投资基金的公开上市一方面有利于它们募集更多的资金，扩大基金规模；另一方面，私募股权基金也将受到更加严格的监管。

四、美国私募股权基金的组织形式

自上世纪 70 年代起，美国私募股权基金的组织形式就转变为以有限合伙公司为主要形式。美国的私募股权投资公司主要有四种类型：独立的私募股权资本有限公司、金融公司附属的私募股权投资公司、工业公司附属的私募股权投资公司、独立的小企业投资公司。据统计数据表明，独立的私募股权资本有限公司所管理的私募股权资本在美国私募股权投资基金总额中所占的比重在不断上升：1980 年仅为 40%，后来则稳定在 80% 左右。这类独立的私募股权投资基金是美国私募股权投资企业的主要形式。

（一）有限合伙制

有限合伙制度最早出现于中世纪的欧洲，首先为法国 1673 年《商事条例》所承认和保护，后来被法国 1807 年《商法典》第 23-28 节吸收。这种制度安排是由资金的所有者向资金的经营者提供资金，投资者按约定获取利润的一部分，但对超过其出资额的损失不承担责任。如果经营者不存在个人过错，投资者亦不得要求经营者对其投资损失承担赔偿责任。有限合伙制度使得中世纪欧洲财富的持有者，特别是贵族和牧师，能秘密参与商业活动并获取丰厚利润，且承担有限的风险损失。有限合伙作为公司制度的先驱，极大地促进了中世纪欧洲及地中海沿岸贸易的发展。美国的有限合伙制度是成文法的产物，是美国借鉴法国法的产物。美国统一州法全国委员会先后发布了《美国统一有限合伙法（Uniform Limited Partnership Act，ULPA1916）》、《美国修订统一合伙法（Revised Uniform Limited Partnership Act，RULPA1976）》、RULPA1985 及《美国统一有限合伙法（Uniform Limited Partnership Act，ULPA2001）》等几部规范有限合伙制的示范法。这几部示范法被美国绝大多数州所采纳。

依责任形式的不同，有限合伙中的合伙人分为普通合伙人（General Partner，GP）与有限合伙人（Limited Partner，LP）两类。普通合伙人与有限合伙人可以为自然人或法人。在美国，依 ULPA1916 的规定，有限合伙企业中至少有一位普通合伙人，他（他们）对有限合伙企业的债务承担无限连带责任，对有限合伙企业事务享有管理权，并对有限合伙企业及所有合伙人负有诚信和忠诚的义务。有限合伙人只以其出资为限对有限合伙企业的债务承担有限责任，但无管理权。一旦介入对合伙事务的经营管理，则被视为普通合伙人，要承担无限责任。在以有限合伙形式组成的私募股权基金中，投资人作为有限合伙人以其出资额为限对合伙企业债务承担有限责任。而基金管理人一般只提供 1% 的资金，但可以获得较高的报酬，通常可获得固定比率为 2.5% 左右的管理费（Management Fee）收入和 20% 左右的资本利得提成（Carried Interest），但其必须对合伙企业债务承担无限责任。这样既能降低投资人的风险，又为基金管理人提供了充分的激励和约束机制。

（二）公司制

公司制是指由两个或两个以上的投资者（股东）共同组成的具有独立主体资格的营业组织，包括有限责任公司和股份有限公司两种基本形式。公司制的私募股权基金，股东以其出资额为限对公司承担责任，公司以其全部资产对公司的债务承担责任。这是最早出现的私募股权基金的组织形式，包括1946 年成立的第一家现代的创业投资公司——美国研究与发展公司和 1958 年《小企业投资公司法》通过后建立的小企业投资公司（Small Business Investment Companies，SBICs）。

当时的主要投资者是富有的个人和家庭。美国研究与发展公司是美国第一家公开交易（Public Traded）的封闭式（Closed-end）基金，而大多数中小企业投资公司也主要在公开市场上筹集资金，参照的是美国公开上市投资基金的组织结构。在这种法律结构下，出资者（股东）只承担有限责任。当第三方由于合同违约等原因遭到损失时，股东个人不负赔偿责任。《小企业投资公司法》授权联邦政府设立小企业管理局（Small Business Administration，SBA），经小企业管理局审查和核准许可的小企业投资公司可以享受税收优惠和政府优惠贷款。SBIC 的发起人每投入 1 美元，便可以从政府得到 4 美元的低息贷款。但 SBIC 只能为职工人数不超过 50 人的小型独立企业提供资本，在投资的企业规模、投资行业、投资时间以及对所投企业拥有的控制权等方面要受到一定的限制。如：它们不能永久地控制任何小企业，也不能与其他的小企业投资公司联合起来控制一家企业。尽管如此，小企业投资公司的投资决策、经营管理等都由自己决定。有了《小企业投资公司法》规定的多项优惠条件，小企业投资公司在该法颁行之后就纷纷设立起来了。但是，许多的小企业投资公司在设立后运营不久就破产倒闭了。其原因在于小企业投资公司的设置存在着一些制度上的缺陷，对高风险、多困难的小企业的投资缺少心理上和管理行为上的准备。小企业投资公司受挫的具体原因有：第一，整个经济形势和市场状况不景气；第二，它们缺乏经验丰富的职业金融家和高质量的投资管理者；第三，它们吸引的资本主要来自个人投资者而非机构投资者，个人投资者往往对股市的涨跌过于敏感、投资期限不愿太长；第四，许多小企业投资公司得到政府的优惠待遇后没有将资本投向新兴的高科技企业，而是投向成熟的企业，违背了立法的宗旨和目的；第五，政府提供的贷款期限较短，不能满足创业投资的长期股权性质要求。上世纪80年代以后，随着机构投资者（主要是公共养老基金、公司养老基金和捐赠基金等）的介入，这种组织形式很快减少。

（三）契约信托制

私募股权投资比较发达的国家有相当数量的风险投资活动是通过信托基金制运作的，尤其是法律不承认有限合伙制的国家更是如此。在发达国家和许多新兴市场国家，信托基金制的私募股权基金普遍采用"三权分立（投资者行使所有权、管理人行使经营管理权、托管人行使保管监督权）"的基本框架。具体地说，在信托基金制框架下，投资者、管理人和托管人之间的关系以三方的信托契约为基础。其中，投资者为委托人，管理人和托管人为受托人。管理人和托管人分别根据信托契约对资本进行经营和保管，并向投资者收取信托费用，而基金经营盈利所得则归投资者支配。契约型投资基金是依信托契约设立的。契约型投资基金不具有法人资格，投资者的出资全部置于受托人的管理之下。同时，信托财产名义上属于受托人，但基金资产是独立于受托人的自有资产，也是独立于委托人及受益人的固有财产。在美国，以此种方式组织的私募股权投资基金主要是房地产信托投资基金（REITs）。

在这三种组织形式中，相对于其他两种，有限合伙制有以下保护投资者和激励投资家的优势。第一，按照规定，有限合伙制不具有法人资格，也就无需缴纳公司所得税。法律规定只对投资人征收个人所得税，使得有限合伙制在税负上比双重征税的公司制要低得多，从而大大降低了企业的运营成本。第二，有限合伙制中普通合伙人对风险投资的亏损与债务承担无限连带责任，解决了在信息不对称下的代理人风险。在权利设计方面，有限合伙人可以通过合伙人协议条款限制普通合伙人从事某些损害投资人利益的活动，如分阶段投资、组建特别咨询委员会、限制普通合伙人联合投资等。有限合伙人在非常情况下通过投票权可以撤换某个普通合伙人，或以提前终止合同等方式来及时地保障自己的权益。相比较而言，有限合伙制中代理人风险和道德风险显现出极度弱化。第三，有限合伙制下，普通合伙人的回报与其经营业绩是挂钩的。有限合伙合同有固定的到期期限；到期时普通合伙人偿还资本，并进行新一轮融资。普通合伙人经营业绩将是其下一轮融资的重要筹码，从而迫使其不得不全身心地投入工作，实现投资价值的最大化，使有限合伙制具有良好的激励机制。第四，有限合伙在设立和运营中较之公司更具有操作灵活性与商事保密性。有限合伙以协议为基础，法律对其规定较之公司更为灵活，任意性规则多于强制性规则，很多方面的规则可以由合伙协议决定。

这更适合投资者的各种不同需求。尤其是与公司相比，有限合伙通过协议安排，普通合伙人能够实现人力资源出资，投资者也可根据实际需要分段投资。此外，合伙企业的信息披露义务远比公司宽松，仅以满足债权人保护和政府监管为限。这种商事保密性对出资人更具有吸引力。

总之，有限合伙制较好地处理了"人合"与"资合"的关系、"有限责任"与"无限责任"的关系，以及普通合伙人与有限合伙人的关系。从目前私募股权投资比较发达的国家和地区的实际情况来看，大约有80%的私募股权投资基金实行有限合伙制形式，实行信托基金制的约占15%，实行公司制的只占5%左右。

五、美国私募股权基金投资的分布和现状

美国私募股权基金的投资对象主要集中于新兴产业。美国的私募股权投资与其他国家相比更明显地集中于高科技行业，在计算机软硬件、互联网、生物技术、医药、通讯等行业的投资占其总投资的90%左右。这一方面可以因高新技术开发成功获取高报酬，另一方面也反映了私募股权资本对高新技术的独特的专业判断能力。从投资地区的分布上看，美国的私募股权资本有相当大的比重投向加利福尼亚州和马萨诸塞州，因为那里有全球驰名的大学、良好的生活环境、众多高质量公司、充分的投资资金、流动的劳务市场、完善的法律和会计支撑服务、特别的习俗和先例等。从所投企业所处的发展阶段上看，美国私募股权基金的投资主要集中于企业的成长阶段和扩充阶段。美国私募股权投资协会（NVCA）的统计表明，约有80%的私募股权投资基金投在这两个阶段，仅有4%左右投在创建阶段，另有14%左右投资于成熟阶段。

六、美国私募股权基金的法律监管

美国私募股权基金通常会根据1940年《投资公司法（Investment Company Act）》的豁免条款来设立，筹资对象限定于非公众的"合格投资者"。除此之外，私募股权基金通常还会根据1933年《证券法（Securities Act）》和1940年《投资顾问法（Investment Advisors Act）》的豁免条款来规避监管。因此，私募股权基金很大程度上游离于美国金融监管体系之外。

美国法律对私募股权基金的监管主要是对基金投资者的规范。私募发行的对象一般为符合条件的机构投资者或者富有的个人，法律一般称这类投资者为"合格投资者（Qualified Investor）"或"受信投资者（Accredited Investor）"。法律对个人投资者的要求比较高。根据《证券法》通过的《D条例（Regulation D）》第501条规定：（1）如果是个人，投资者须符合以下

任一条件：a. 认购时拥有（或与其配偶共同拥有）10 万美元以上的净资产，或 b. 最近两年年收入 20 万美元以上（或与配偶共同年收入 30 万美元以上），并且有理由相信当年也能实现这个收入；（2）每个潜在投资者必须陈述和保证其对金融和商业事务有足够的知识和经验，使得他能评估投资价值和风险并能承受投资风险（即投资者可承受投资完全失败和无期限的持有投资的风险）。此外，投资者必须陈述和保证其在本基金中的投资将不会对其所需的资金流动性产生任何负面影响。《雇员退休收入保障法（ERISA）》确立了"谨慎人"原则，要求养老金资产的管理者根据此原则进行投资操作。多数私募股权基金都会接受养老金的投资，也受该法案的管辖。《银行控股公司法（Bank Holding Company Act）》则将银行控股公司对单一私募股权基金的投资比例限制在 25% 以下（有投票权的份额须低于 5%）。

此外，法律对私募发行要求采用非公开方式，原则上应由发行人或其代理人通过与潜在投资者或代理人进行直接沟通。法律禁止发行人采取一般性广告或公开劝诱等行为，违反者将被视为对社会公众的公开募集，其行为亦受公募发行之规则限制。并且，法律对私募发行的证券在转售主体、时间和数量等方面一般都作了严格限制。如果投资者不遵守在转售方面的法律规定，将所购证券转售给不合格投资者，则此交易就有可能转化为公募发行，发行人及转售人均应承担相应责任。实际上，这也是对基金管理人或投资家的监管。

总的来说，私募股权基金很大程度上都规避了政府监管。这其中的原因有以下方面：投资者多数是资深的机构投资者，有足够的资源自行监控投资；私募股权基金的合伙协议对基金的运作进行了较为严谨的规范；私募股权基金高度依赖基金管理人的个人信誉和历史业绩，从而降低了委托代理成本。但 2008 年金融危机发生后，美国政府有意向加强对私募股权投资的监管，监管的内容可能包括这类公司必须向美国证监会申请注册和定期报告，并在资产风险、杠杆运用和投资导向上受到限制。

美国私募股权投资的法律监管还体现在美国的法治国家特性上。美国是司法独立的国家，法律的制定和实施不受行政的影响。美国人在法律面前一律平等，没有高于法律的组织和个人。完善的陪审团制度、高素质的法律人、国民强烈的法律精神和新闻自由的环境，使得美国法律成为投资活动的最重要的制度保障。

七、美国私募股权投资的退出机制

美国是私募股权投资发展最典型的国家，其退出机制相对也比较完善，对中国建立适合国情的私募股权投资退出机制具有很好的借鉴意义。美国私募股权投资的退出方式主要有三类（见下表）。

表 3-2　美国私募股权投资主要退出方式比较

背景	退出方式	转让对象	市场性质	投资年限	回报倍数	发生概率
完全失败	破产清算	企业家	产权市场	4.1	0.2	20%
情况一般	二次出售	风投机构	产权市场	3.6	2.0	10%
比较成功	企业回购	风险企业	产权市场	4.7	2.1	25%
完全成功	企业并购	大公司	产权市场	3.7	1.7	25%
完全成功	二板交易	股民	二板市场	4.2	7.1	10%
完全成功	主板交易	股民	主板市场	4.2	7.1	10%

资料来源：根据相关文献整理

（一）首次公开发行（IPO）

在美国，IPO 是常用的退出方式之一，大约有 20% 的私募股权投资采用这种方式退出。美国股票发行有主板和二板两个市场。二板市场——纳斯达克（NASDAQ）市场是世界上公认的高科技企业成长的摇篮，为私募股权资本的退出提供了有效的途径。通过 IPO，私募股权资本管理者和投资者都能获得丰厚的利润。比如：苹果公司 IPO 后，相关私募股权投资资本平均获得了 235 倍的收益，莲花公司和康柏公司则分别是 65 倍和 38 倍。这些成功的案例鼓舞着整个私募股权投资业。IPO 通常是一种较好的退出方式，因为股票公开发行是金融市场对该公司经营业绩的一种确认。公司的管理层很欢迎 IPO，因为这种方式保持了公司的独立性；同时，IPO 的公司还获得了在证券市场持续筹资的渠道。

通常，IPO 方式不能使合伙投资者立即从受资企业中完全撤出。因此，IPO 后，大多数私募股权投资家仍要参加受资企业的管理。IPO 的费用十分昂贵，承销商一般索取投资总额 5% 至 10% 的佣金，小一些的投资银行往往还要索取其他附加费用。

（二）并购（M&A）

随着欧美第五次并购浪潮的发展，并购在私募股权基金的退出方式中的比重越来越大，作用也日益重要。从创业投资家的角度来说，并购就是出售股份，主要包含三种方式：商业收购、二期收购和股份回购。商业收购是公司间的兼并收购；二期收购是指由另一家创业投资公司收购，接手第二期投资；股份回购是创投公司将手中的股票全部返还给所投资公司，返还方式包括管理层回购和公司回购。统计表明，在退出方式中，商业收购占 23%；二期收购占 9%；股票回购占 6%——三项合计 38% 的总量比 IPO 还多。与 IPO

相比，收购费用更低廉一些，执行过程也更简单一些，在收益率上大约为IPO的1/5。对于创业投资家而言，出售是有吸引力的。因为这种方式虽然对企业的市场评估低一些，但可以立即收回现金或可流通证券，也使得创业投资家可以立即从投资中完全退出，遗留问题较少。但是公司管理层并不欢迎这种收购方式，因为公司一旦被收购，就不能保持其独立性。

（三）清算

最后一种退出方式是清算，私募股权基金的投资可能一部分或全部损失，投资可能被宣布彻底失败。事实上，美国有相当一部分的创业投资不是很成功，私募股权投资的巨大风险就反映在高比例的投资失败上。越是处于早期阶段的创业投资失败的比例越大。因此，对于私募股权投资家来说，一旦确认企业失去发展的可能性或处于不死不活的状态，不能给予预期的高回报，就要果断地清理公司予以退出，将能收回的资金用于下一个投资项目。根据研究，清算方式退出的投资大概占私募股权投资基金总投资的32%，这种方式一般能收回原投资额的64%。清算方式的退出是痛苦的，但在很多情况下是必须采取的方式。私募股权投资的风险很大，同时投资收益又必须予以保证，不能及时全身而退，只能带来更大的损失。即使所投企业仍能正常经营，如果成长缓慢，收益预期降低，一旦被认定没有发展前途也要果断行动，立即退出。

八、美国私募股权投资发展成功的原因分析

美国私募股权投资市场的发展取得了很大的成功，不仅规模巨大，制度也相对比较完善，还产生了积极的经济和社会效果（胡海峰，2005）。究其原因，主要有以下几个方面：（一）大量商业机会的出现是美国私募股权投资迅速发展壮大的直接原因。二战以后，美国成为世界经济发展中心，大量技术创新和制度创新催生了大批中小企业，美国不断涌现出新的投资机会。美国在世界的霸主地位使得美国的投资可以在全球布局，这又进一步加大了美国投资机构的投资机会。（二）充足的资本来源和组织化的专业性私募股权投资基金的出现是推动美国私募股权投资发展的两大主力。美国较早地进入了富裕社会，民间资金比较充裕，加之美国政府对养老金等机构投资者的准入制度比较及时地发挥了积极的作用。（三）美国政府的行为和角色定位对美国私募股权投资的发展有着十分重要的影响。美国政府在规则制定和提供服务方面起到了直接或间接的促进和规范作用，但基本上没有出现政府越位的现象。美国私募股权投资是在市场机制主导的条件下发展起来的，政府的作用是提供一个良好的市场运行环境。（四）美国的政治和法律环境为美国私募股权投资的发展提供了根本的制度保障。二战以后，杜鲁门主义、麦卡锡主义以及

里根的经济自由主义的推行，加上美国的法治环境和三权分立的政治制度，使得美国私募股权的投资蓬勃发展。

第二节　欧洲私募股权投资的发展与制度

一、欧洲私募股权投资基金的产生与发展

历史上，欧洲的私募股权投资与殖民扩张密切相关。1868年英国的一些投资者共同出资成立"海外和殖民地政府信托"，委托熟悉海外经济的专家进行投资管理，把资金投入欧洲和美洲大陆。这是世界上最早的私募股权投资基金。近几十年来，与美国相比，欧洲私募资本市场的发展要滞后很多，但也取得了较大的发展，一度成为仅次于北美的世界第二大私募股权投资发展区。

欧洲现代意义上的私募股权投资兴起于20世纪80年代的英国。近三十年来，英国私募股权投资有了很大的发展，在欧洲乃至全球影响十分巨大。英国的私募股权投资业的迅速成长与英国股票首次公开发行市场有关。1992年年初至1996年年底在伦敦股票交易所上市的企业中，有40%是私募股权投资基金参与投资的公司。当今的英国私募股权投资已具有成熟产业的许多特征。欧洲其他国家该产业的发展虽然不乏各种各样的政府援助计划，但与英国相比却显得极其缓慢。

与美国相比，除了规模和发展速度的差距外，欧洲私募股权投资在发展过程中还有以下的不同之处：（1）欧洲的私募股权投资领域主要集中在处于扩张期和管理层收购期的企业，两项之和占私募股权资本总投资的近90%，对处于创建阶段的企业的投资占总投资的比例不到6%。美国的私募股权投资则主要侧重于初创企业。所以，有"管理并购在欧洲，创业投资在美国"的说法。事实上，在欧洲是管理并购的回报率高；在美国是风险投资的回报率高（Samppson，2007）。（2）欧洲的私募股权资本的投资项目中传统产业占了较大的比重，对高科技企业的投资占比不足20%。而美国私募股权资本的90%是投在高科技产业中。（3）在退出方式上，交换售卖和股权收购是欧洲私募股权投资最主要的退出方式，而在美国，IPO是私募股权投资最为常见的退出方式。在融资方式上，欧洲私募股权投资的资金主要来源于银行，政府资金也常常参与其中，而美国的私募股权投资资金主要来源于大型机构，政府资金很少介入。（4）私募股权投资机构的组织形式不同。在美国，私募股权投资机构的主流组织形式是有限合伙制；在欧洲，这类机构的主流组织形式是公司制。

二、欧洲私募股权投资基金资金来源

银行资金和政府资金是欧洲私募股权资本的主要供给者。此外,外国资本和其他资金也在其中占有重要地位。由于英国对国外投资者投资于私募股权投资基金实施特别的优惠,国外资金成为其私募股权投资的重要资金来源。由于银行的投资相对于退休金和保险资金的投资是短期的,风险防范的要求也高,会影响私募股权投资的类型和性质,这也决定了欧洲私募股权投资机构的不肯冒险的倾向。欧洲私募股权资本来源上的缺陷在一定程度上阻碍了欧洲私募股权资本的发展。比如:意大利银行在意大利私募股权投资中发挥了关键性的作用。除去公共投资部分,意大利私募股权资本大约一半由银行提供。这和信贷市场缺乏高额回报率是分不开的(整个欧洲都差不多)。鉴于银行发挥双重作用(既提供贷款,又提供权益资本),银行在意大利的私募股权投资中起到与其资本大小不对称的杠杆作用,其他机构投资者的作用较小。比如:到 1995 年,保险公司和养老保险提供高的私募股权资本一起只占到总额的 3%。又如:即使在创业投资比较发达的德国,银行出资也占主要地位(如下表所示)。这当然与德国多年实行的全能型(混业经营的)银行主导的金融体制有关。

表 3-3　德国创业资本的资金来源

年份	信贷 (银行)	保险公司	行业(企业) 资金	个人资金	政府资金	国外养老 基金	其他
2003	43.2%	11.1%	3.8%	5.1%	7.5%	24.1%	4.1%
1999	44%	12%	9%	8%	7%	18%	2%
1998	50%	14%	9%	8%	4%	14%	1%

资料来源:1998-1999 年数据来源于 "The Market for Venture Capital in Germany",Deutsche Bunndes Bank Monthly Report ,October,2000。2003 年数据来源于德国创业投资协会(BVK)。转引自胡海峰(2008)

从上表可以看到:第一,在德国的创业资本的来源结构中,银行信贷的优势地位突出,可以设想在整个私募股权投资中这一比例更高;第二,外国养老基金所占的比例不仅不小,而且有很大的提高;第三,德国政府明显增加了对创业投资的投入。这表明了德国政府鼓励创业投资的积极态度。

三、欧洲私募股权投资基金的分布和现状

表 3-4 列示了欧洲私募股权投资在上世纪 90 年代中期的部门分布。与美国创新企业吸引了大部分投资的情况相反,在 1994 年至 1996 年的三年里,欧洲的私募股权投资在传统产业(尤其是与消费者相关的部门)中保持了最

大份额。

表 3-4　欧洲投资业的部门分布（百分比）

	1994	1995	1996
创新产业	16.3	21	19.6
传统产业	52.2	48	45.2
其他产业	31.5	31	35.2

资料来源：EVCA。（这里创新产业包括通讯电脑相关业、电子产业、生物医药业；传统产业包括与消费者相关的产业、工业、化工业、交通业、建筑业）

从私募股权投资介入的生命周期的各个阶段看，欧洲的私募股权投资显示出对晚期投资的偏爱。他们认为，种子期的创业投资风险大于机会。在 1988 年至 1995 年间，当美国基金在种子期和导入期的投资从 12% 增长至 23% 时，欧洲私募的同类投资却从 12.2% 下跌至 6%。而且，大多数欧洲投资都是管理收购和售出，以及有关对现有生产线或企业所有权更替的融资操作。特别是在英国，几乎 3/4 的总投资是管理收购和售出。美国的情况却相反，管理收购和售出只占比不到总投资的 1/4。在欧洲，在 1995 年至 1996 年里，附属于母公司的机构或半附属于母公司的机构占总投资的比重曾经超过了 40%。而此时的美国，则 80% 以上的私募股权投资是由独立的私募股权投资基金来实施的。欧洲市场的这种特征与其对晚期融资的偏好之间的内在联系，是由于大部分机构投资者都面对短期业绩的压力；这种压力对他们的投资行为影响甚大。

四、欧洲私募股权投资的法律监管和政府扶持政策

（一）税收激励和监管改革

首先，法律和财政环境对新的私募股权投资企业的创造力和发展有极大的影响。组织一个私募股权基金的主要目标之一，往往就是避免对投资者的双重税赋。税收的透明性非常重要，能影响私募股权投资企业的流向以及它们的投资流向。在欧洲，英国是法律和财政环境最佳的，其国内的私募股权投资业的规模也是最大的，法国、爱尔兰、荷兰的法律环境也被公认为有利于私募股权投资业的运作，其他国家则相对要差些。比如：瑞士依旧对资本利得课以双重税赋，这将减少私募股权投资资本的供给；德国对有限合伙制企业的征税也是双重的。其次，其他税收激励也可以直接影响流向私募股权投资业的协议资金，如直接免税信贷或是对资本利得免税。事实上，法国、比利时和英国早已使用税收豁免这一手段。此外，传统观念认为，免税使资本利得比普通收入更具有优势，激励投资者偏爱长期投资（包括私募股权投

资），从而带动资金供给的增长。

（二）资金的直接供给

政府同样可以通过资金的直接供给来扶持私募股权投资业的发展。不同于存在已久的对中小企业的一般援助计划，援助风险资本的特殊计划是近十几年才开发的。政府开始通过国有机构诉诸担保或者风险资本的直接供给等手段。

（1）担保计划。与税收激励相同，担保计划也是政府干预经济的传统手段。其基本设想是：通过降低投资者（通常为银行）的风险，促进目标部门内公司融资的扩张。就中小企业而言，担保的形式主要有两种：一是政府通过简单的贷款担保为中小企业打开信贷市场的通道；二是向私募股权投资中的个人投资者提供担保（比如：政府机构担保个人投资者在一个具体基金中的份额）。最具知名度的是1981年年初到1995年年末在荷兰实施的PPM计划，曾经在荷兰私募股权投资发展过程中起到了有效的"启动"作用。

（2）国有机构的股权投资。政府在资金上支持私募股权投资的第二条途径是直接提供股权资本，主要通过国有机构来实现。在大多数案例中，比如在英国、法国、德国的许多典型案例中，国有资金的投入是为了促进技术进步和科学研究的发展。以"3i"著称的"产业中的投资者"毫无疑问是欧洲最佳的"成功的故事"之一。"3i"在半个多世纪前由英国政府资金创立，并于1994年转卖股份改组为公司，是当今英国最大的投资信托公司。它通过推动学术研究的商业化而为著名的"剑桥现象"做出了重要贡献。尽管本身具有缺陷，特别是国有机构的行为通常是非盈利的，可能导致投资的扭曲，但这些投资在表面上确实避免了政府担保的负面效应。

（3）投资私人基金。从私募股权投资者与其投资家的关系的结构来看，私募股权投资家在其公司组合投资中的作用显著，而其他投资者并不如此密切地监督私募股权投资企业。所以，私募股权投资家和其他投资者之间也存在代理问题。如此一来，必须给予私募股权投资家足够的激励以促使他们采取增加价值的行动。这就是在合伙人协定中设立许多共同条款的动机。合同规定，私募股权投资家是普通合伙人而其他投资者是有限合伙人。大多数合同和协议都明确了有限合伙人分期的资金注入机制，而且要求私募股权投资家做出有关被投资公司的定期报告。最后，对私募股权投资家的大部分补偿通常是以其所取得利润的固定份额的形式来实现的。设计这些不同条款，是为了阻止过度投资并且确保对私募股权投资所参与企业的适当监控。

有关新的行业加入者的高度不确定性，是私募股权投资面临的另一个难题。私募股权投资业中资金的易得性将不可避免地吸引许多新的私募股权投资家加盟。为了创立一个辉煌的业绩，他们追求的是能较早产生回报的机会。

事实上，大部分私募股权投资企业的创新特色同时意味着在一个新型机构中，私募股权投资家或其他投资者都不能预先知道如何更好地选择项目所需的技能。所以，当事人都只能从投资结果中获知私募股权投资家的能力。

从政策前景角度出发，尚需考虑两个关键性问题：第一，私募股权投资业总体上是否存在资金短缺情况；第二，政府干预是应该努力推动私募股权投资业中欠发达部分的发展，还是仅仅在私人部门不能充分考虑一些附加的经济效益时才加以干预。在总体资金短缺的环境中，政府部门的干预应该着力于避免扰乱私募股权投资业处理激励和信息问题的机制。为推动私募股权投资业向更早期投资发展，政府部门不能仅仅是提供一些额外的资金，还须遏制私募股权投资家只关注短期行为的倾向。Viala（1998）的研究表明：以中小股东形式注入资金可以达到这一特殊目的。事实上，在欧洲不少国家，很多私募股权投资机构中政府资金是以有限合伙人或小股东的身份出现的。

（三）法律和监管改革

欧洲国家对私募股权资本实行严格自律基础上的有效监管。英国在体制上对金融服务实行两级监管，即政府监管和行业自律。它规范金融服务业的法律是1986年颁布的《金融服务法》，对私募股权投资基金进行直接管理的自律组织是"英国私募股权投资基金协会（BVCA）"。德国也有德国创业投资协会（BVK）在起同样的作用。但由于银行资金和政府资金的介入，欧洲国家政府监管的力度比美国要大些。在德国，政府需要监管《联邦银行法》中关于银行参股长期投资的比例是否超过规定许可的自由资金界限。

在法律制度方面，欧洲各国的法律制度有不同的起源（Shleifer，1997），各自对本国的私募股权投资发展的适应性不同。英国是以普通法为基础的法律体系，其对投资者权益的保护程度要高于德法等以民法为基础的法律体系，其私募股权投资更易发展。但近十多年来，欧洲各国在与私募股权投资相关的法律监管上都在向美英看齐。总的来看，欧洲国家都是宪政国家，法律的制定和实施都能不受行政的干扰，法律面前人人平等，法律能保障投资活动顺利进行。

五、欧洲私募股权投资资金的退出

许多欧洲国家私募股权投资业发达或落后的主要原因在于资产退出是否便利。私募股权投资家投资的最终目标是通过上市或出售给私人以清理其组合资产获得实质性收益。私募股权投资企业成功兑现的最优途径通常是上市。向小企业开放的活跃的股票市场，如二板市场和未上市股票交易的市场，对于私募股权投资新资金的提供是不可或缺的。此类市场在英、美两国都很活跃。在美国，多数有私募股权投资机构参与的公司都在 NASDAQ 市场上市。

在英国，有私募股权投资基金参与的公司可以在另类投资市场 AIM 上市。中小企业股票交易所的发展，有利于欧洲的私募股权投资，但发展并不理想，以致目前交换售卖和收购依然是欧洲大陆私募股权投资的主要退出机制。

第三节　私募股权投资发展的亚洲模式

一、日本私募股权投资的发展与制度

（一）日本私募股权投资的产生与发展

与美国相比，日本私募股权投资业相对滞后。就目前的业务范围而言，仍然是以风险投资为主。在上世纪 50 年代初，为了扶持高科技中小企业的发展，日本成立了创业企业开发银行，向高技术创业企业提供低息贷款，从而揭开了日本私募股权投资发展的序幕。随着上世纪 50 年代末期《中小企业投资法》的制定，日本的各种中小企业投资促进公司相继成立，投资业开始迅速发展。1963 年，日本政府仿效美国的《小企业投资法案》制定了《日本小型企业投资法》，并同时在东京、大阪、名古屋成立了 3 家"财团法人中小企业投资育成会社"。在日本私募股权投资的发展过程中，曾出现过三次私募股权投资热潮。

日本第一次私募股权投资热潮发生于 1972 年左右。经过 20 世纪 60 年代的经济高速增长期后，日本经济的发展进入新的阶段。此时，日本的金融机构积累了大量的财富，并开始在新的投资领域寻找机会。上世纪 70 年代以来，日本政府采取了技术立国的方针，用科学技术进步推动经济发展，一些研究开发型和技术革新型创业企业伴随着微电子等高技术的飞速发展而大批涌现。日本通产省于 1974 年设立官商一体的产业投资企业（Venture Enterprise Center），进一步促进了股权投资的发展。在民间，成立于 1972 年的"京都企业开发社"可以看作首家私募股权投资基金。在上世纪六七十年代经济、金融相对宽松的背景下，日本积极改革股票市场的场外交易系统，建立了日本的纳斯达克系统。1975 年到 1981 年间，日本的私募股权投资基金向 62 个项目提供了 17 亿日元的资金。这一期间，私募股权投资在日本很流行，但这次热潮持续的时间很短，私募股权投资在日本的最初尝试是不成功的。虽然这与 1973 年和 1979 年的石油危机有关，但最主要的原因在于这些私募股权基金缺乏经验；另一方面，其受政府的监控比较严格，在运行中缺乏相对的独立权。此外，东京 OTC 市场的上市公司财务要求比较严格，私募股权投资退出不畅。

日本第二次私募股权投资热潮兴起于 1982 年左右。日本企业为克服第二

次石油危机的冲击，致力于开发节约能源的生产方式，提升生产效率，电机、新材料、生物技术等新技术的革新增加。这一期间，日本私募股权投资的投资领域是以超导体、生物工程等技术为主。在此期间，日本首次建立了有限合伙制私募股权投资企业。此外，1983 年 11 月，日本财政部（Ministry of Finance，MOF）放宽了东京证券交易所（TSE）二部（Second Section）和 OTC 市场的上市条件，还放宽了对担保的限制，从而刺激了私募股权投资业的发展。然而，这次良好的发展势头同样没能维持多久。1986 年，3 家被誉为新星的私募股权基金相继破产，在私募股权投资界引起了恐慌，这次私募股权投资热潮也随之结束。日本私募股权投资的发展再次遭受挫折。

20 世纪 90 年代初，日本第三次私募股权投资热潮又逐渐兴起。当时，日本经济深受泡沫经济崩溃及日元汇价升值的双重冲击。从私募股权投资基金参与主体上看，前两次高潮以证券公司及银行投资为主，此次则以人寿保险公司、财产保险公司及一般企业为代表。此外，大藏省、通产省、邮政省等政府机构及多种经济团体和地方公共团体亦积极支持私募股权投资业的发展。到 1998 年 3 月止，日本的私募股权投资总额是 6563 亿日元，投资的企业数为 13764 家，私募股权投资的发展到达了一个新的高峰。

此后，日本私募股权投资的发展进入缓慢的平稳发展期。近二十年来，日本低迷的经济与排外的企业文化阻碍了日本私募股权投资的发展。目前，日本 GDP 的规模位列世界第三，仅次于美国与中国。但与其经济总量相比，私募股权投资的规模已经严重不相匹配。然而，经历了 2008 年的金融危机后，近几年日本市场的交易活跃度正在提升。随着日本社会人口老龄化加剧，更多中小企业开始面临后继无人的问题，也因此开始更多地向私募公司寻求资本及管理经验。

2014 年，日本金融厅颁布了《尽责管理原则（Stewardship Code）》。这一政策致力于推动公司资产管理进步，为企业剥离不良资产铺路，促使私募基金纷纷开始在企业重组方向寻找下手机会。许多公司认同《尽责管理原则》，意味着它们需要采取措施来剥离表现不佳、非核心的资产，预计股权分拆交易的数量将大幅上升。

此外，随着日本央行在 2016 年年初开始施行负利率政策，市场投资收益情况进一步恶化，更多投资者开始在私募股权基金领域寻找机会。横滨银行、静冈银行、福冈银行等地区银行着手试水私募市场，甚至连公共养老金与管理着 2.6 万亿美元巨大资产的日本邮政控股公司也开始投资于私募股权市场。越来越多的机构开始参与私募市场，2015 年全年，日本共有 97 家公司上市，创下十年来年度上市公司数量之最，IPO 总额高达 158 亿美元；2016 年已有 73 家公司通过 IPO 融资 102 亿美元。日本 IPO 市场的井喷，也预示着私募股权投资者更容易通过公司上市退出。总之，近几年来，日本的私募股权投资又有了复苏的迹象。

（二）日本私募股权基金投资的资金来源

日本的私募股权基金是模仿美国发展起来的，与美国私募股权基金有许多相类似的方面，如政府制定了各项鼓励私募股权投资发展的政策。但和美国相比，日本的私募股权投资并不很成功。这与日本私募股权投资资金的来源特点有较大的关系。

政府和金融机构是日本私募股权资本的供给主体。总的来看，美国和日本的私募股权资本的来源渠道都呈现多元化的格局，两国私募股权资本的投资主体却有很大不同。美国的供给主体主要是个人和机构投资者。个人资金是美国私募股权资本最早的一个来源，虽然后来由于机构投资者的不断进入，个人资金所占的份额有所减少，但仍然是美国私募股权资本的重要组成部分。美国的机构投资者包括养老基金、保险公司及捐赠基金等。而在日本，政府和金融机构资金却构成私募股权资本的主要来源。国有性质的私募股权投资公司在日本私募股权投资业中占有重要地位，日本私募股权投资的发展主要靠政府资金的支持。同时，日本的私募股权基金大多由证券公司、银行等金融机构设立。而这些部门受政府的管制较严，在投资过程中缺乏相对的独立性，致使其投资效率大打折扣。一旦经济条件发生变化，日本的私募股权投资就会大起大落。另外，证券公司、银行、保险公司等金融机构也是日本私募股权投资资本的重要来源。私募股权投资基金大多属大财团、银行、证券公司或贸易商的附属机构，最早的 6 家私募股权投资公司均出自三菱银行、野村证券、第一券业银行等大财团。

（三）日本私募股权基金投资的组织形式

日本私募股权基金的组织形式是以公司制为主体。在美国，20 世纪 60 年代开始兴起有限合伙制。目前，有限合伙制组织形式大约占美国私募股权基金总数的 80%。而日本的私募股权基金则更多地采用公司制，有限合伙制私募股权基金大约只占私募股权基金的 30%。有限合伙制因为其独特的投资机理，具有很强的激励和约束机制，投资效益明显高于公司制；同时，有限合伙制比公司制更能降低投资成本，包括运作成本和代理成本。这也是日本私募股权投资逊色于美国的另一原因。

（四）日本私募股权基金投资领域分布

就整体而言，日本私募股权投资基金的投资领域广泛。但日本私募股权投资基金对创业阶段的高科技企业投资比例不高，而美国则相反。据日本研究开发企业培育中心调查，日本私募股权投资基金投资于创业未满 5 年企业的比例仅占 16%，对设立 5 年至 10 年企业的比例占 21%，对设立 10

年至 20 年的企业的投资占比则高达 36%。与此相反，美国私募股权投资基金投资于设立未满 5 年的初创企业的比例有近 30%，几乎为日本的两倍。这主要是因为美国企业平均设立 6 年即可发行股票上市交易，从而使得私募股权投资基金乐意投资初创企业。而在日本，企业设立后要更长的时间才能上市。

（五）日本私募股权基金投资的法律监管

日本政府在本国私募股权投资的发展中充当双重角色。而在美国私募股权投资的发展过程中，政府充当的是良好的环境培育者的角色。在私募股权投资发展初期，美国政府就通过立法的形式为私募股权投资发展创造良好的法律环境，如《股票选择权促进法》《小型企业投资法》《雇员退休收入保障法》的制定与颁布等；同时，将资本利得的税收征收比例从 1970 年的 49% 降到 1981 年的 20%。这些措施大大改善了美国私募股权投资业发展的市场环境。但是在日本，政府在私募股权投资发展过程中所扮演的角色却是双重的：在私募股权投资的法律支持与制度安排方面充当积极的角色；同时，政府也作为出资人直接参与投资活动。事实证明，这种政府既是"运动员"又是"裁判员"的发展模式在促进私募股权投资的发展过程中既有利又有弊。总的来说，这一模式只适宜于私募股权发展的早期。

二、新加坡私募股权投资的发展模式

（一）新加坡私募股权投资的政府主导发展模式

上世纪 80 年代，新加坡已经发展成为"亚洲四小龙"。此时，为了进一步发展经济、扩大影响，新加坡政府制定了建设东南亚经济金融中心的战略，并将发展风险投资当作该战略的一部分来实施。因此，新加坡私募股权投资发展的特点是：始于上世纪 80 年代，以风险投资为主体，主要由政府来推动发展，经济改革和发展在严格的法治基础上进行。

新加坡将风险投资作为一项有待发展的重要产业，没有限定其投资范围，但最初都是以高科技为主。为鼓励当地企业发展和创新，新加坡政府于 1985 年成立了经济发展局风险投资基金（EDB），主要用来直接投资于初期公司，投资于其国内及国外的风险投资基金，辅之以税收奖励措施。新加坡还成立了政府的投资公司，管理政府庞大的基金。为发展成为区域风险投资基金管理营运中心，新加坡向风险投资业提供相当多的优惠，包括风险投资的投资损失、股权交易损失或因风险投资事业清算导致的损失，都可以从投资者的其他所得中扣除，最高可达 100%；风险投资如能引进大幅提升工业水准，且为国内没有的技术，可免缴 5 到 10 年所得税；风险投资管理公司的管理费及红利收入，最高可享受 10 年免税；甚至风险投资出售股权的资本获利、国外投资的股利等都在免税之列。此外，新加坡政府更运用对等投资的方式（即对于风险投资的计划投资，政府基金亦参与投资某一固定比率。一旦该投资金额提高，政府基金投入的金额也等比例提高）吸引外国风险投资基金投资职业培训。奖励投资对新加坡工业发展方向和步伐有很大的影响。奖励投资措施侧重于对创新工业，扩充产能自动化和提高服务业水准，以及对现有公司在进行机械化、自动化或新产品、新技术开发等产业升级方面的奖励。税收奖励的基本类型就高达十种。为充分鼓励民间的研发创新及风险投资，新加坡创造了一个积极的投资环境，这样强势主导的作风在在世界各地并不多见。

2000年后，新加坡的私募股权投资中并购项目增加很快，国际化程度大为提高，并以东南亚、中国和美国为主要投资区域。2016年，新加坡私募股权投资的规模已接近一千亿美元。特别是新加坡产生了很有影响力的一些投资公司，如淡马锡。

新加坡大概是亚洲各个私募股权投资市场中政府角色最为鲜明的。在政治上，新加坡是一党制议会国家，实行行政、立法和司法三权分立，政府高效而廉洁。在法律上，新加坡是法治国家。在对外关系上，新加坡与各主要国家的关系良好。长期以来，新加坡社会稳定，地理环境优越。自1959年起，它采取企业自由与门户开放政策，以鼓励外国的投资。投资主管机关为经济发展局（EDB），其基本的投资政策是管进不管出。由于人员、资金、货物之进出几乎完全自由，新加坡政府鼓励厂商自由前往任何国家投资，不必事先向政府报告或取得许可。外国人在新加坡境内设立公司，雇用外国人须先经批准，但将利润和资本汇出国都不受限制。跨国公司所带来的科技和国际市场行销网络对新坡经济成长贡献很大。在这样的环境下，外国的私募股权投资机构到新加坡投资就很自由、很方便，新加坡的股权投资机构也能自由地往他们认为投资机会多、投资效益好的地方进行投资。

（二）新加坡发展私募股权投资的制度

新加坡的经济发展局颁布、实施了一系列具体可操作的政策措施来促进私募股权投资的发展。（1）积极吸引国际投资机构到新加坡设立机构、开展私募股权投资运作，以便与国际接轨，引进成熟的经营管理经验。到目前为止，已有包括美国大通银行、KKR、华登、汇丰、保诚等知名股权投资机构在新加坡开设机构。它们不仅带来了资金，进一步加强了新加坡作为基金管理中心的地位，也迅速培养造就了一批私募股权投资管理人才。（2）税收优惠措施。新加坡经济发展局颁布的风险投资税收优惠方案规定，获得认可的风险投资机构在当地开始运营的前五至十年间可享有完全免除所得税待遇。（3）设立第二板证券交易市场。1987年，新加坡在不断完善资本市场建设的同时，金融监管当局还借鉴美国的经验，设立了"新加坡证券自动报价交易系统"，为中小型企业发股融资、挂牌上市提供场所，极大地方便了风险投资运作，在当地市场构造了创业资本的退出机制，促进了当地风险投资业的发展。（4）为投资的损失提供补贴和税收抵补。新加坡经济发展局对风险投资的鼓励政策还包括：风险投资机构经营若连续三年出现亏损，可获得相当于其风险投资额50%的政府补贴；风险投资机构在向政府新批准的高新技术项目投资失败后，可免缴相当于投资金额50%的所得税。这些措施有效地减轻了新设风险投资机构的投资风险。（5）政府本身设立风险投资机构，起到抛砖引玉的作用。新加坡政府在利用政策扶持推动风险投资业发展的同时，还通过其下属投资机构拨出巨资设立本身的风险投资机构，与国际知名机构合作创设投资公司，直接参与风险投资运作。此类政府的风险投资公司或风险投资基金包括为管理"集中发展基金"与"风险投资资本基金"而由新加坡经济发展委员会（EDB）成立的"经济发展委员会投资公司（EDBI）"，以及新加坡国家科技局（NSTB）成立的科技风险投资基金（TIF）。政府亲自引导投资方向，与其他风险投资机构共担风险，增强了市场信心，吸引了更多的外来风险投资资金。（6）确保取得积极的效果。新加坡的金融监管部门确立了一系列的监管政策来规范私募股权投资的发展，保护投资者利益。

（三）私募股投资发展的淡马锡模式①

淡马锡控股公司是一家由新加坡财政部投资公司负责组建，专门经营和管理原国家投入到各类国联企业（与国有资本联系的企业）的资本。它是按照新加坡公司法的有关规定，以私人名义注册成立的控股公司，新加坡财政部对其拥有100%的股权。淡马锡官方网站称，"淡马锡控股是一家总部在新加坡的亚洲私募投资公司"。实际上，淡马锡就是新加坡的主权财富基金。根据《淡马锡年度报告2015》显示，截至2015年3月31日，淡马锡的投资组合净值为2660亿新元，按新元计算的一年期股东总回报率为19.20%，主要得益于新加坡和中国投资组合的强劲业绩。较长期的10年期和20年期股东总回报率分别为9%和7%。自1974年成立以来的股东总回报率为16%。此前的年底，淡马锡也大多取得了很好的投资业绩。从全球层面来看，淡马锡公司是世界上运营最为成功的国有企业之一，也是国有企业建立现代企业制度的成功典范。所谓淡马锡模式，就是政府—淡马锡—企业的三级监管体制。淡马锡模式的核心在于政府、国资运作平台、企业的三层架构，政府控制国有资本，但不直接管理企业。三层架构给企业空间、给政府控制力；同时，在微观运作中尊重市场规律。它的运营成功之处在于，虽然是政府控股，本

---

① 由于篇幅和时间的限制，本文拟不对淡马锡模式展开深入的讨论。读者可参考莫少昆，余继业：《解读淡马锡》，鹭江出版社，2008年版。

质上却是完全的市场化运作。一是政企分离，完全实现公司制运营。政府名义上是全资控股，但"政府之手"却不干预淡马锡的企业运营权。淡马锡的企业都是市场化运作，经理人才也是用市场化方法在国际范围内招募而来的。二是具有健全的董事会制度。淡马锡及其下属公司只向董事会负责，董事会再向新加坡财政部负责。如果每年的业绩不理想，企业之间可能会被重组。三是淡马锡通过灵活的投资策略以追求股东利益和利润最大化为经营目标，实现国有资产的保值、增值。即使从世界范围来看，新加坡淡马锡的资产安全级别恐怕也是最高的。若想顺利使用淡马锡公司的本金，必须征得总统的许可。同时，淡马锡还规定，每年投资收益的50%必须投入到淡马锡储备金中去，让其财富可持续发展理念变成现实。坚持国有资产安全和可持续发展理念是淡马锡模式的重要内容，而实现这一目标的重要保障是廉洁的政治和严明的法治。

三、以色列风险投资的发展与制度

人口仅占全球总人口的0.2%，却诞生了162位诺贝尔奖获得者，占诺贝尔奖总数的五分之一，足见以色列成为"第二硅谷"的基础条件之具备；国内生产总值的40%来自出口，信息与通信技术占出口总量的30%，科技对GDP的贡献率高达90%以上；纳斯达克上市公司数量曾一度超过欧洲所有公司的总和。2012年以来，以色列高科技行业融资额年增长水平高达34%，约有10%的高科技企业每年都能成功融资。以色列自上世纪90年代政府设立引导基金至今，风险投资行业得到了蓬勃发展，成为促进经济增长和推动科技创新的重要引擎。

（一）以色列风险投资的发展与现状

以色列风险投资经历了从"政府主导"到"官助民营"再到"百花齐放"的过程。以色列本土风险投资始于上世纪80年代，囿于以色列政府对经济干预较多、金融管制严格，风险投资发展缓慢。从上世纪90年代起，随着以色列政治和安全环境的改善，政府大力推动经济改革，并逐渐认识到发展风险投资的意义。1992年，政府投资1亿美元设立YOZMA风险投资基金，并建立国有独资的风险投资公司进行管理。为了发挥引导基金的作用，以色列政府引入国际知名的风险投资公司，采用有限合伙的形式设立了多个子基金。子基金规模为2000万美元，以色列持股40%，来自欧美的投资方持股60%。以色列政府承诺不干预基金运作，并与投资方共担风险：如投资失败，政府承担损失；如投资获益，政府将所持股份按原始价格出让给投资方，实现资金撤出。通过有效的引导，最初设立的10个风险投资基金全部获益。政府也于1998年通过拍卖和转让股份的方式撤出全部国有资本，完成了

YOZMA 风险投资基金的私有化改革。政府则将重心转向政策支持和投资环境建设，建立了以色列风险投资市场开放竞争和法律保障的良性机制，逐渐形成了本土投资机构和境外投资机构"百花齐放"的局面。

为什么以色列政府对风险投资行业如此重视呢？其原因就是希望通过风险投资行业的发展，实现保持经济持续增长和增加就业的目标，最终推动经济的发展。以色列政府所实施的是一项系统工程，即旨在调整产业结构、促进经济发展的系统工程。世界范围内，上世纪 80 年代以来是技术密集型企业大力发展并获得巨大成功的年代，以色列政府及时抓住了此次契机。事实上，风险投资推动了以色列整体经济的发展。与 1990 年相比，1996 年以色列的国内总产值增长了 42%。上世纪 90 年代以来，以色列成功地实现了从依赖传统的农产品、钻石及军火出口向民用高新技术产品出口的转变。

进入 21 世纪以来，以色列的风险投资逐渐成为以色列经济发展的重要引擎，形成了科技成果转化日新月异、中小企业充满活力、金融资本市场健康发展的局面。虽然两次受到全球经济环境下滑带来的影响（分别是 2000 年全球高科技产业泡沫破裂和 2008 年以来的金融危机），以色列风险投资仍然保持了健康发展的态势，并形成了自己的特色。

（1）风险投资活跃。以色列资本市场开放，参与风险投资的主体多元。目前在以色列境内注册的风险投资机构有 70 多家，其中外资机构 14 家，尚未在以色列设立基金但通过其他渠道开展风险投资的机构超过 200 家。2011年，以色列高科技企业吸引风险投资 21.4 亿美元，超过 2010 年（12.6 亿美元）和 2009 年（12 亿美元）。2012 年，共有 546 家企业获得了风险投资。2003 年到 2012 年 10 年间，以色列本土风险投资基金募资总规模达 67.7 亿美元，可用于 2013 年投资的余额规模为 21 亿美元。

（2）外资投资机构成为投资主体。有数量众多的外资风险投资机构在以色列开展业务，其中以欧美投资机构为主流。上述机构可以归为三类：一是在以色列注册设立基金的机构 14 家。二是间接开展投资业务但未设立基金的机构约 200 家。这两类投资成长性强的企业以出售股权或上市盈利为目的。三是跨国企业的投资部门，包括英特尔、IBM、惠普、思科在内的科技巨头纷纷将研发中心和投资机构设在以色列。除投资获益外，获取创新成果和优势技术也是其主要目的。2003 到 2012 年 10 年间，外资机构投资额在以色列风险投资总额中的平均比例高达 60%。近年来该比例仍在上升，反映出以色列投资环境对投资机构的吸引力在提高。2011 年，外资机构对以色列高科技企业的投资总额为 15.8 亿美元，占风险投资总规模的 75%。共有 140 个初创期的企业获得首笔投资，其中 73 笔投资来自外资风投机构，占总数的 52%。

（3）市场退出获益丰厚。投资收益丰厚是风险投资活跃的内在驱动力，而并购和首次上市发行是风险投资获益的主要手段。从 2002 年到 2011 年的十年间，创投基金通过上述手段获取资金回报达 376 亿美元，远高于同时期的投资总额 147 亿美元。

（4）风险投资领域集中。以色列风险投资表现出明显的行业聚集的特征，互联网、通讯、软件、生命科学、半导体五大高科技行业一直以来分享约 80%的风险投资。以 2011 年为例，互联网行业获得投资额占总量的 23%，通讯行业占比 20%，软件行业占比 19%，生命科学占比 13%，半导体占比 10%。

（二）以色列风险投资的发展优势

（1）创新优势带动技术合作。以色列风险投资不仅鼓励企业创新，也促进了以色列与其他国家技术转让与研发成果共享。一、国际跨国企业设立投资机构或基金，通过投资机构筛选有价值的企业和创新成果，有选择地进行收购。二、企业通过参股或注资以色列风险投资机构，以代理人方式筛选并投资与自身业务相关的企业或感兴趣的技术，再通过技术收购或企业并购的形式实现创新成果的吸收。三、以色列风险投资机构参与跨境投资活动并与当地企业或政府开展合作，根据当地需求选择合适的以色列公司进行技术转让，设立合资企业或并购，最终实现以色列技术的本地化。

（2）退出渠道多样。以色列多层次的资本市场为风险基金营造了多渠道的退出机制。2011 年，有风险投资参与的以色列企业并购 85 起，交易总额 52.3 亿美元。全球范围内有以色列风险投资参与的并购交易总额达 125 亿美元。风险基金既可以选择在特拉维夫股票交易市场上市，也可在境外市场如纳斯达克上市，还可以选择发达的产权交易市场。灵活的退出机制保证了投资获益，促进了风险投资机构的参与。

（3）市场主体定位明确。以色列政府在风险投资发展的早期也曾通过产业引导基金来扶持行业发展，并多渠道引入民间融资。产业引导基金定位明确，政府不干预专业机构的投资决策。在通过市场方式实现了国有资本撤出之后，政府职能转向两端：一端是政策引导和投资环境完善，另一端是扶持小微企业的孵化器建设。投资市场完全由专业机构参与竞争。

（三）以色列风险投资发展的特点

经过短短几年的迅速发展，以色列风险投资行业目前已处于世界领先地位。由于特定的发展历史、政治经济体制及其所处区域和国际环境等因素，以色列风险投资有其鲜明的特点，主要表现在政府干预、政策支持和企业面向国际市场等三个方面。政府干预的形式是政府通过设立基金直接参与风险投资的具体运作。这是一贯奉行自由经济政策的以色列所采取的具有计划经济色彩的政府行为。从上个世纪 80 年代末到 90 年代初，以色列涌现出大量的高新技术企业，但是由于缺乏风险基金的支持，很多企业没有最终在市场上获得成功。针对这种情况，以色列政府专门设立了 YOZMA 基金，其目的是：第一，在以色列建立风险投资机制；第二，吸引国内及国外投资者对以色列进行风险投资。而实际上，在第一次风险投资高潮中，以色列政府还通过其控制的保险公司积极参与风险投资，使具有政府背景的资金量占到了风险投资基金总量的1/3。

有关政策支持的侧重点是研究开发阶段的项目，具体形式是"鼓励开展工业性研究与开发"的法律。早在1984年，以色列就颁布了鼓励开展工业性研究与开发的法律。迄今为止，已经过几次修改。工业与贸易部总科学家办公室负责该法律的具体实施。1996年，此项预算的金额为3.65亿美元。具体的鼓励方式包括有偿支持、无偿支持、直接支持和间接支持几种。有偿支持是指在研究开发产业化成功后，每年从销售收入中提取一定的比例偿还政府的原始投资；而无偿支持则不必偿还。直接支持是指对研究开发的直接支持，而间接支持是指通过为研究开发创造条件的办法给予支持。目前，研究与开发费用占以色列国内总产值的3%，与德国相当，在全世界居第4位。在企业面向国际市场方面，由于国内的资源和市场十分有限，以色列公司将市场定位于国际市场。可以说是资金和市场"两头在外"，即资金从国外金融市场筹集，产品销往国际市场。虽然以色列有自己的股票交易所，但大部分以色列的公司将上市目标定位在美国或欧洲，包括美国的 NASDAQ、英国的 AIM 以及欧洲的 EASDAQ 等。产品市场的定位同样也是美国或欧洲。

（四）以色列发展风险投资的运作方式

为了达到促进风险投资发展的目的，以色列政府采取了"点"与"面"相结合的措施，也就是以上谈到的两个特点：政策支持和政府干预。从"点"的方面来讲，以色列政府对研究开发给予了特殊政策支持；从风险投资的角度分析，政府的这种行为不仅减少了风险投资者对早期阶段投资的风险，也为风险投资者提供了投资对象。虽然研究开发阶段也属于风险投资的一个阶段，但风险较大。与其他后期阶段相比，对研究开发阶段的风险投资所占的比例是比较小的。有关资料表明，在其他国家，对研究开发阶段风险投资的成功率是10%。以色列实施了鼓励工业性开发与研究的法律，取得了高于50%的成功率。这种通过为研究开发阶段项目创造孵化条件、对项目给予间接支持的方法，尤其值得我们借鉴。从某种意义上说，正因为如此，外国投资者才纷纷前往以色列寻找投资机会。对研究开发的"投资"虽然承担了较大的风险，但由此吸引了大量的外国资金，包括风险资金和通过上市筹集的资金，以色列政府因此真正达到了"投资少、见效快"的目的。从"面"来讲，政府设立的 YOZMA 基金实际上起到了催化剂的作用。通过与私人资本"共同运作、共担风险"的方式，政府引导私人资本向该行业投资，从而促进了该行业的发展。

四、印度私募股权投资的发展方式①

印度经济不断展现出增长的活力。2015-2016 财年，印度 GDP 增长率达到 7.5%，一举超过中国，成为全球发展最快的国家。消费复合年增长率保持在 11%，预计整个消费市场将从现在的 6000 亿美元达到 2020 年的 1 万亿美元。同时，印度也是一个年轻的国家，全国 65% 的人口年龄都在 35 岁以下，平均年龄 26.5 岁。随着世界互联网技术的深入，印度在不断适应新技术。目前印度已经超越美国，成为世界第二大移动终端市场。虽然目前印度的经济总量与中美相比还差距比较大，但显然已经是一个大的经济体。印度私募股权投资的机会和以往的发展经验都不可忽视。

（一）印度私募股权投资业的发展概况

印度的私募股权投资是从风险投资开始的，目前的主要业务也还是风险投资。早在 1973 年，就提出了建立一个 10 亿印度卢比的风险投资基金的初步构想。1985 年底，印度政府在颁布长期财政政策（LTFP）时，建议进行风险投资试点以发展本国的新技术产业，解决长期困扰印度的贫困问题。1986年，印度政府决定以每年拨款 1 亿卢比的方式，建立了印度第一家风险投资基金。1988 年印度经济事务部颁布了风险投资指导方针，并在一年之后的"七五"计划中正式确立了印度风险投资体制。到 1990 年，印度已有四家公益性基金开始运作。而印度风险投资业真正快速发展则是在印度证券交易所（SEBI）颁布风险投资公司注册和投资制度之后。大量海外风险投资基金和国内风险投资基金开始运作，印度风险投资业步入了快速发展的阶段。相比于2014 年，2015 年印度私募股权/风险投资/天使投资人的数量增长超过 100%，融资额有超过 125% 的增长。

经过了几十年的发展，目前印度已初步建立起以海外资金和政府基金为投资主体，以软件业、通信与互联网为代表的高新技术产业的私募股权投资业。从基金的投资主体看，印度风险资本中海外资本占据主导地位，而国内养老基金、保险公司和信托公司则基本被限制在风险投资业之外。从风险资本投向的行业看，主要是制造业、计算机行业、通信、互联网、商业、生物制药业以及电子通讯业等。尤其值得注意的是软件业获得了 20% 左右的风险投资，仅次于制造业。风险投资对于印度软件业的支持无疑是印度软件业快速发展的动因之一。另外，从风险投资基金投资的形式看，其主要采用普通股权、可转换债券和优先股三种方式，所占比例分别为 64.26%、19.75% 和7.59%。从风险投资基金对风险企业发展阶段的投资比例看，风险投资集中

---

① 在中国，对印度经济发展和投资发展的研究未得应有重视。

在创立期与扩张期的企业，所占比例分别为41%和36%。

（二）印度私募股权投资业发展的经验

（1）高新技术产业对资金的需求是印度风险投资业快速发展的根本动力。风险投资业是一个特殊的行业，目的是将筹集到的风险资本投入到具有高风险、高收益、高增长潜力的高科技项目上，使科研成果快速商业化和产业化，从而获得资本的回报并拉动整个经济的持续增长。如果没有大量的从事高科技产品研究和开发生产的风险企业存在，风险投资业就失去了发展的根本动力。从20世纪80年代中期开始，印度高科技产业尤其是软件业，出现了长达10多年的高速、稳定增长。以软件业为例，其年产值从1986至1987年度的3亿卢比增长到了1997至1998年度的1000亿卢比，年均增长率在50%以上。高新技术产业的快速发展以及中小型科技企业的不断涌现，使得以政府投入与银行信贷为主的资金供给方式无法满足科技企业对资金的巨大需求，风险投资业应运而生。可以说，印度大力发展高新技术产业从根本上推动了印度风险投资业的快速发展。2014年莫迪政府上台后大力整治印度的经济环境，在世界银行营商环境的排名中，印度相较过去已上升了12位。市场、科技和商业环境各方因素都是印度创新企业出现和成长的沃土。截至2015年年底，印度初创公司已有4200家，较上年增长率为40%，雇员超过85000人。这些数据清楚地表明，印度的创业生态系统已经提高到了新的水平。如今，印度已是世界初创企业最多的三大国家之一，平均每天都有三至四家初创公司成立。2016年，10家印度私有科技公司估值超过10亿美元，进入"独角兽"俱乐部。莫迪政府上台后提出了多项新政，以鼓励创业企业发展。旗舰新政如"数字印度（Digital India）""初创印度（Start-up India）""技术印度（Skill India）""创新基金（India Innovation Fund）"在政策上大大鼓励了印度初创企业的发展。目前，印度在全球创业生态系统中排名第三。"初创印度"是印度政府的旗舰倡议，以打造初创企业，培养创新。通过这一倡议，政府旨在为初创企业赋权，鼓励创业，推动经济发展，创造就业。行动计划共19点，由工业政策与促进部制定，专注于消除障碍，推动增长，包括简化和扶持、资金支持和鼓励、产学合作和孵化。这些新的企业、新的技术、新的基金一起推动着印度私募股权投资业的发展。

（2）政府优惠政策的支持与引导模式的激励。政府的支持与激励对于推动一国风险投资业（尤其是在起步阶段）的迅速发展至关重要。印度政府对于风险投资业所给予的支持力度是比较大的，主要表现在以下两个方面。第一，印度政府在财政、税收和移民等方面制定优惠的政策以扶植风险投资业。在财政上，政府为高新技术风险企业提供补贴以分担风险投资者的部分风险。早在1986年，印度就制定了《科研开发税条例》，对所有技术引进项目收取研发税，40%（每年约 1 亿卢比）用于为风险基金提供补贴。在税收政策方面，SEBI 制定了风险投资企业税收优惠政策，即长期资本利得全部享受免税。在印度，红利收入也是免税的。这就意味着风险投资企业及投资者几乎完全享受免税（短期的或以利息方式获取的收益则要征税）。而对于海外投资者，则可以利用《印度—毛里求斯税收条约》完全规避印度的税收（无论是长期或短期收益，利息或是红利）。对于海外投资者，2017 年初印度还制定了十分优惠的移民政策。政府在政策上的优惠极大地刺激了印度风险投资业的发展，吸引了越来越多的海外投资者投资于印度的风险企业。第二，从风险投资发展的经验看，风险投资者需要政府和民间资本的共同参与。印度政府在风险投资发展的启动阶段即认识到这一点，并组织风险资本运用财政出资的方法，组建并管理风险投资基金以引导国内风险投资业的发展。同时，随着风险投资业的发展，政府吸取了西方国家政府在介入风险投资业方面的教训，逐步改变了最初政府直接介入的方式，而形成了官助民营的风险投资模式，即政府不再成为资金的主要供给者和风险公司的主要经营者，而主要承担引导与帮助的职责，制定法规营造风险投资的环境。实践证明，印度政府的引导方式是成功的。

（3）海外投资基金的大量介入。发达国家发展风险投资业的经验和教训证明了民间资本应成为风险投资业的主要资金来源，政府应成为引导者和法律政策环境的营造者。由于国内养老基金、保险公司和信托公司尚不能投资于风险投资企业，真正能进入印度风险投资业的民间资本非常少，而海外风险资本的大量介入正好弥补了国内民间资本供给的不足。海外资本已成为印度风险投资业发展的中坚力量。第一，海外风险投资资本进行的是中长期投资，需要的是真正盈利的高成长性企业，以便今后的顺利退出。因此，它们能够真正全心全意、不遗余力地帮助印度风险企业提高管理水平、开拓市场，从而培育了一批和国际接轨的印度高新技术企业。此外，为了能够顺利完成资本增值，海外风险投资还要求企业规范经营，遵循国际通用的会计、管理原理以便企业上市。这就培育了印度真正的现代企业家，提高了企业的整体素质。第二，海外投资基金精通经济、金融和贸易知识，具有丰富的经营管理经验。一方面，在印度成功运作的海外基金会给国内公众起到良好的示范作用，推动国内风险投资业的发展；另一方面，大量海外投资公司的运营能通过技术外溢为印度国内风险投资公司带来先进的专业知识、管理技能和经营理念，从而推动了国内风险投资公司的快速成长。第三，印度风险投资历史较短，缺乏经验，环境亦不完善，而海外风险投资基金的运作极大地促进了国内各项法规的健全，降低了整个风险投资业的系统性风险。

（4）投资的专业性提高了风险投资成功的概率。资料显示，目前印度风险投资公司正逐步从最初的简单资本投资转变成为更为专业性的投资。越来越多的风险投资公司仅仅投资于某几个甚至是某一个行业的风险企业。作为融资和投资的职业中介，风险投资公司一方面要从上千个项目中筛选出特别有潜能和希望的项目进行投资。一旦项目分布的行业过于广泛，则会因信息不对称而产生"逆向选择"导致风险投资从一开始就注定要失败。专业性投资则是选择几个风险投资家所熟知的行业进行投资，可以大大降低因信息不对称而产生逆向选择的可能性。另一方面，风险投资公司的利益始终与风险企业捆绑在一起。风险投资公司对风险企业不仅投入资金，而且还要直接进入风险公司的决策层。风险投资公司只有对风险公司所处的行业相当熟悉，才能更好地参与企业战略、技术评估、研究开发、市场开拓、资金融通和资产重组等重要活动，协助企业建立一个强有力的管理核心。印度风险投资公司在其各自熟知和精通的领域内进行专业性投资，较好地保证了风险投资顺利地完成"项目筛选→资金投入→参与管理→成功运作→资本退出"整个过程，从而推动了整个风险投资业的发展。

（5）比较健全的法律法规体系。印度政府在发展风险投资业的同时，一直非常注重相应法律、法规体系的建构。目前，印度已形成一套比较完善的风险投资法律、法规体系。①鼓励和支持风险投资业发展的法律体系。中央税收局（CBDT）在1995年7月制定了《风险投资公司税收减免条例》，着重对税收减免作出规定，从而为风险投资活动提供了极大的税收优惠。此外，印度政府还制定了财政、信贷政策支持风险投资业的发展。②风险投资业监管体系。主要有1996年SEBI制定的《风险投资基金管理条例》以及1995年印度金融局制定的《海外、国内风险投资基金管理条例》。③支持风险企业发展的知识产权保护体系。上世纪90年代以来印度政府进一步健全了有关保护知识产权和产权界定及转让等方面的法律和法规。特别是1995年5月生效的新版权法，是印度知识产权保护的一个里程碑。同时，印度的知识产权法律体系已经与国际接轨，极大地保证和推动了印度高新技术风险企业的发展。印度比较健全的法律法规体系确定了风险投资业在促进科技成果转化和经济发展方面的重要地位，维护了风险投资有关各主体的权益，激发了各风险投资主体的积极性，规范了风险投资行为，使得印度风险投资业得以健康、有序地发展。

总的来说，印度对发展私募股权投资的开放性态度和重视法律体系的建设是最值得中国学习的。

（三）印度私募股权投资发展中仍存在的问题

（1）风险投资的退出机制不完备。从印度的现实看，风险资本的退出机制仍存在缺陷。印度目前尚无专为高新企业，尤其是风险企业设立的二板市场；印度 BSEIndoNext 创业板市场创设、运行绩效不佳；而印度储备银行（RBI）对公司上市的条件比较严格，且印度的主板市场交投不活，导致了一级市场需求严重不足。这就使得通过主板市场退出非常困难，以至于常常只能通过海外资本市场退出。虽然目前已有一些印度风险企业成功地在海外市场上市，但总的来说这种方式成本过大，无法成为风险投资企业的最佳选择。因此，在印度仅有少数风险资本是通过发行股票退出的，而绝大多数采用了收购方式退出。由于缺乏成本较低的退出方式，印度风险投资业的退出机制是不完备的，造成"风险资本→风险企业→增值（或亏损）→风险资本退出→再投资"的循环链的运行不畅，阻碍了风险投资的飞速发展。

（2）缺乏高素质的风险投资家。风险投资业的成功，离不开科技型企业家（高科技人才）和风险投资家（风险投资管理人才）的共同努力。特别在风险投资业发展的初期，风险投资家更是具有举足轻重的作用。一旦缺乏高素质的风险管理人才，即便有大量的风险投资资金，也无法实现资本的保值、增值。在印度，高新技术产业经过多年的快速发展，科技型企业家已大量涌现，而风险投资家尤其是本土风险投资家非常缺乏。由于从事风险投资管理的人才要具备很高的素质，不仅要能把握最新科技动态的脉搏，从众多不断涌现的新技术中评估、筛选出具有市场潜力的项目进行投资，而且要能对新技术市场的难易度以及消费者对技术的需求作出较为准确的判断，否则，风险投资不会获得高回报。因此，虽然在印度也不乏经验丰富的海外风险管理家（管理海外风险基金），但本土风险管理人才的相对缺乏成了制约印度风险投资业发展的又一因素。

（3）缺乏风险投资中介服务体系。这种中介服务体系包括常规的投资中介服务体系，如律师、会计、资产评估、投融资咨询等事务所，以及项目评估公司、信用评级公司和投资银行等；专为风险投资业提供服务的中介机构，如对风险企业、项目的技术先进性进行鉴别的机构，对创业企业的科技成果或其他无形资产所占股权比例进行评估的知识产权评估机构，对投资对象的上市需求进行鉴别的机构，能为风险企业提供服务的机构等。国外风险投资业的经验表明，这一中介服务体系的存在能大大降低风险投资的风险和交易成本，能为风险投资的高效、安全运作提供优质服务。而印度正是因为缺乏这种中介服务机构而使风险投资者和风险投资公司之间以及风险投资公司与风险企业之间的沟通产生障碍，增加了交易成本，从而成为风险投资业发展的瓶颈。

第四节　私募股权投资制度与发展差异的解释

从上面的分析容易看出，尽管私募股权投资制度在各国的情况大部分是相同的，运行机制也基本一致，但还是存在较大的差异。而私募股权投资在各国的发展则相差很大。同为发达国家的英、美、比、德、法发展的情况要好得多，而发展中国家的印度却在私募股权投资领域表现出更为快速的增长。探究这种发展和制度差异产生的原因，可为我国发展私募股权投资提供市场建设和政策制定方面的重要参考依据，也可以为我国探索中国特色私募股权投资发展之道提供理论支持。更为重要的是，我们可以借此了解哪些制度可能会阻碍中国私募股权投资的健康发展。

一、私募股权投资发展差异的原因

从企业理论和私募股权投资的本质要求看，商业机会的多少是造成私募股权投资在不同国家发展程度不一的最直接的原因。有关经济发展的理论多种多样，但人类具有认识改造自然和社会的能力，并且具有改善自身生活条件的强烈愿望，应是经济发展的原动力。当商业机会出现并被一部分被称为企业家的人认识到的时候，这些人就会想方设法去实现合作的剩余。如果合作剩余存在并可以适当地分配给每一个当事人，合作组织就能建立起来。这些组织既可以是生产或贸易企业，也可以是投资机构。当然，机会的成熟意味着技术的可行和制度的允许。当众多的企业诞生而社会资源并没有得到有效利用时，私募股权投资基金这一金融工具就会以同样的理由被创造，并被用来整合社会资源和进行价值创造，促进技术进步和制度创新，并最终促进经济发展。而技术进步、制度创新和经济发展又反过来创造更多的商业机会。因此，私募股权投资规模的差异就会因乘数效应而大于经济发展和技术进步上的差异。事实上，印度和英美投资规模的差异就是一个很好的例证，印度近几年来私募股权投资的快速发展与投资领域的特征也同样说明了这一点。

商业机会的出现是社会各种因素综合发展变化的结果。技术突破引发新兴产业的出现，是最为常见的商业机会不断出现的情况。新资源的发现、冒险的初次成功、经济封闭国家的对外开放、战争、政治局势的激变、人们生活和消费习惯的改变、发展中国家经济发展的后发优势和比较优势的出现、技术创新的扩散、经济危机的发生等，都会导致商业机会的很大变化。在冷战期间，美国科学家研究了在战争中如何才能避免通信系统被整体破坏的科研项目。该项目的成功导致了互联网的出现和大量投资机会的涌现，并极大地推动了美国私募股权投资的发展。商业机会的多少还取决于现有经济规模与技术；商业机会的减少，如经济危机将最终导致私募股权投资的下降。商业机会的认识与实施则是企业家的洞察力和实干精神的结果。企业家精神和企业家群体差别显然又成了私募投资发展差异的另一个直接原因。当然，这可能还要涉及制度与传统。

然而，我们也可以看到，对于经济发展水平、技术创新能力、经济体制大体相同的国家，如英国与美国，私募股权投资发展的水平仍会相差很大。由于英国人传统的保守作风不同于美国"西部牛仔"的冒险风格，也导致了英国私募股权投资并没有成为世界私募股权投资的领头羊。英国前首相撒切尔夫人曾经说过，英国与美国相比，并不是落后在高新技术方面，而是落后在私募股权投资、风险意识和冒险精神上。这里，缺乏风险意识、过于保守成为了英国私募股权投资公司的致命伤。它们没能在 20 世纪末 21 世纪初引领世界经济，昔日的"日不落帝国"已经风光不再；更为重要的是制度方面的缺陷。德、法、日与英、美在这方面的差别更大。事实上，按新制度经济学的观点，制度是影响经济发展的关键因素；同时，制度也是造成私募股权投资的重要原因。私募股权投资在不同的制度环境和不同的商业机会下，会有多种多样的表现。

制度具有两个重要的功能：一是创造价值即减少交易费用的功能，二是利益分配功能。有效的经济制度具有两个基本的特征。首先，有效率的制度能够使每个社会成员从事生产性活动的成果得到有效的保护，从而使他们获得一种努力从事生产活动的激励。就是说，制度应能够最大限度地消除人们"搭便车"的可能性，从而使每个社会成员的生产投入的个人收益率尽可能地等于其社会收益率。其次，有效率的制度能够给每个社会成员以发挥自己才能的最充分的自由，从而使整个社会的生产潜力得到最充分的发挥。也就是说，除非一个人的生产经营行为同时满足如下三个条件，否则便不应当受到任何限制：（1）他的生产经营行为具有明显的外部效应；（2）这种外部效应对别人的法定权利构成了侵犯；（3）由于交易成本极高，利益冲突还无法通过市场自由交易的方式来解决。而无效率的制度则恰好相反。第一，它不能够使每个社会成员从事生产性活动的成果得到有效的保护，不能使个人收益和社会收益趋于一致，从而它不仅不能鼓励人们的生产性活动，而且还鼓励人们的搭便车等损人利己行为。第二，它也不能给予每个社会成员以从事生产活动的充分自由。既然广大社会成员的自由受到了不合理的限制，一定存在着某种凌驾于社会大多数人利益之上的特殊权力集团。而这种特殊权力的存在又必然会诱发大量的寻租行为，把大量的资源引入寻租领域，从而降低整个社会的生产效率。当然，诺思等人早就看到，由于专制的存在、不完全信息和主观主义以及相对价格的变化、观念的守旧与既得利益集团的保护等原因，无效的制度可能长期存在。

我们这里讨论的私募股权投资制度包括私募股权投资所处的制度环境不同和私募股权投资制度安排本身两个不同的层次。前者是指一系列涉及私募股权投资各个环节的政治、经济制度、法律规则与社会文化，相对比较稳定；

后者则指"经济单位之间可能合作的方式的一种安排,包括完全自愿的形式、完全由政府控制与经营的形式、半自愿半政府的形式等三种。制度与经济条件的差异决定了私募股权投资及经济发展的差异。

不同国家制度安排的不同在私募股权投资周期的三个环节都能看到。首先是融资制度的不同。英、美两国资金来源渠道广泛而分散,而德、法的私募股权投资资本来源渠道相对较窄,受的约束也较多,银行常常是其主要资金的来源。其次是投资制度的差异。美国是典型的资本市场主导的金融市场,公司治理结构上股权分散,重组收购几乎不受市场阻碍。德、日是典型的银行主导的金融市场,银行通常是企业的大股东,股权相对集中,并购重组的门槛高,难度也大些。在私募股权投资基金的组织形式上,美国是公司制、契约制、有限合伙制并存而以有限合伙制为主,而日本则主要是以公司制的形式组织的。投资的领域也很不一致。美国以高科技投资为主,而欧洲、印度则以传统产业投资为主。再次是退出方式的差异。在美国有发达的二板市场——Nasdaq 股市,场外交易也很活跃,而其他许多国家都是以场外交易为主要退出方式。德国的二板市场就因不成功而关闭。再有就是政府参与的程度不一。在美国,政府参与私募股权投资相对很少,监管也很少。而其他国家政府参与的力度则大些,甚至有专门的优惠政策、政府资金投入(最近法国为国家经济安全而设立的反并购基金)及专门的监管制度与机构。最后是法律对投资者的保护程度不同。英、美、法等国家对股东和债权人的保护最强(LLSV,1997,1998),金融市场也最为发达。这些私募股权投资制度的差异和多样性一方面直接影响私募股权投资的效率与发展状况;另一方面则是除了受经济规模与结构、技术进步等影响外,制度环境的差异则成为私募股权投资制度安排差异的巨大影响因素,并成为私募股权投资发展差异的巨大因素。

二、制度差异的原因

现行投资制度差异的分析是比较金融制度研究的重要内容。而私募股权投资制度的不同,按照新制度经济学的观点,可以归结为制度的起点或历史的不同与制度变迁的过程不同两大原因。制度起点的不同包括经济制度、法律制度、政治制度、金融文化的不同等几个方面。制度变迁的差异则体现在制度变迁的起始时间不同与模式不同、内外动力不同、制度锁定(路径依赖)的程度不同。

私募股权投资是近几十年内兴起的。但这几十年前和这几十年中,不同国家和地区开展私募股权投资的时间起点是不一致的。总的来说,发达国家经历的时间长而发展中国家短。由于制度的变迁是一个时间过程,特别是它依赖相对价格与偏好的变化，以及各种利益集团势力相对强弱的变化，或者说制度变迁具有时滞效应，在不同长短的时间内，各国制度对私募投资的适应性经历学习、移植、创新后调整的时间不一致，必然造成制度变迁的程度不同。比如：在一两年的时间内，中国经济体制的变化是不可能完成的。在计划经济为主的上世纪80年代末到90年代初，我国引入只适用于市场经济的私募股权投资，在短时间内经济体制转型没有完成时，私募股权投资也就有很强的计划经济特征，近几年来一些国内私募基金的成长则说明了经过经济转型后，市场主导的投资能在制度上适应。在印度，种姓制度和议会民主制的结合使得印度在基础设施建设方面遇到拆迁成本很高的问题。这一特征在短时间内难以改变，印度的私募股权投资在基础设施领域的增长速度就不会像中国这么快。美国私募股权投资制度环境被认为是最完善者之一，得益于制度变迁的起始时间早。相对而言，它有足够的试错机会和更正机会，以适应人们的偏好改变、市场相对价的改变以及利益集团的力量的变化。

制度变迁的主体是社会行动集团。按照组织与行为特征来分，有个人、团体、政府三种不同层次的制度创新（或变迁）推动者。按照戴维斯和诺思等人根据制度创新的时序来分，可以分为制度变迁的初级行动集团与次级行动集团。所谓初级行动集团，是指那些能预见到潜在市场经济利益，并认识到只要进行制度创新就能获得这种潜在利益的人。他们是制度创新的决策者、首创者和推动人，至少有一个成员是熊彼特所说的敢于冒风险、有敏锐观察力和组织力的"企业家"。而次级行动集团是指在制度创新的过程中帮助初级行动集团获得经济利益的组织或个人。这个集团可以是政府机构，也可以是民间组织或个人。从制度变迁的模式看，可以分为诱致性制度变迁和强制性制度变迁。虽然以往制度经济学家强调的这些制度变迁是指制度安排的变迁，但实际上，制度环境的变迁也具有对应的两种模式。诱致性制度变迁是来自地方政府和微观主体对潜在利润的追求，改革主体来自基层，程序自下而上，具有边际变化和增量调整的性质。而强制性制度变迁是国家在追求租值最大化和产业最大化目标下通过政策法令去实施的。它以政府为制度变迁的主体，程序是自上而下的激进性质的存量革命。两类变迁最大的区别在于：诱致性制度变迁作为自发性制度变迁过程，面临的主要问题是外部效果、搭便车问题（信息不对称问题）；强制性制度变迁却面临着统治者的有限理性、意识形态刚性、利益集团冲突和社会科学知识局限等问题的困扰。一般而言，在整体性和基础性的制度环境变化方面，由政府作为主体和初级行动集团具有低成本、易推进的优势。在局部性的和次级性的制度安排方面，以市场主体作为初级行动集团和变迁主体则易于推进和实施。更重要的是，这样做让经济效率更有保障。但是在实际的制度变迁中，由于内外变迁动力的差别和行为主体的有限理性，制度变迁主体的角色搭配不一定适当。日本政府曾过度介入私募股权投资制度安排的变迁之中，经济效果并不理想。在我国，由于对并购监管不力，曾导致大量国有资产流失。

稀缺性、竞争、认知、选择、利益分配是制度变迁的内在动力。诺思认为："在稀缺经济和竞争组织环境下，制度和组织的连续交互作用是制度变迁的关键之点……竞争使组织持续不断地在发展技术和知识方面进行投资以求生存。这些技能、知识及组织获取这些技能、知识的方法，将渐进地改变我们的制度。（诺思，1995）"他认为，世界普遍存在着稀缺性资源，需要竞争，而有竞争就有优胜劣汰。而优胜劣汰的过程实际上是市场决策的过程，使得稀缺性资源得到最优配置。同时，人们对竞争的外界认知以后会理性地做出边际选择。于是，经济组织的制度变迁就在这些做出选择的集团的推动下发生了。因为这种选择是有效率的，人们可以从选择新的制度下获得更多的潜在利益。不仅如此，制度变迁的推动力量将是预期收益最大的一方，变动的趋势保证制度安排决定的利益分配方案和分配者之间相对实力分布相称（崔鑫生，李芳，2007）。

在制度变迁的外在动力方面，拉坦认为，"外生性变化（技术、市场规模、相对价格、收入预期、知识流量或者政治和经济游戏规则的变化）使得某些收入的增加成为可能"。而要获得这些潜在收入，就必须克服障碍。"由于某些内在的规模经济、外部性、厌恶风险、市场失败或政治压力等原因，上述可能的所得并不可能在现存的安排结构内实现。所以，那些创新出能够克服这些障碍的制度安排的人或团体才能获得潜在的利润。（拉坦，1996）"

资本是一种稀缺资源，但资本市场的竞争会使得资本的价格下降。在这种情况下，资本的所有者要追求资本的高额回报就有制度创新的动力。他们一方面是制度的需求者，比如与投资有关的法律法规需要由政府来供给；另一方面，他们的思维模式、文化意识会随着投资实践的改变而改变，也就是非正式制度的供给或创新，他们又是制度供给者。从政府的角度看，为投资者和投资机构提供制度首先是一种公共服务。其次，这种制度供给可能带来经济发展和社会进步等诸多有利结果，自然也符合作为政府代言人的政治家自身的利益。当然，制度需求方也可通过他们的利益集团或代言人游说政府供给制度。美国私募股权投资协会于1980年促成通过的《小企业投资激励法》就进一步确立了有限合伙制在美国投资界的地位。他们此前还通过游说国会，促成了放宽养老金进入私募股权投资的限制。可以说，与其他国家相比，美国比较完备的私募股权投资制度的建立是以比较发达的市场竞争体系及众多的商业机会为基础的。

当现行制度能获得经济当事人认为他们通过努力可以获取的利润而现时

或在他们可以预期的时间内不可能获得新的利润时，制度的需求和创新就不再发生，也就是制度均衡的局面即出现。但随着时间的推移，在新的制度下，新的可以获利的机会被当事人认识之后，他们就会进行新一轮的制度创新。但此轮创新的结果会依赖于原来的制度起点和上一轮创新的制度选择，也就是说制度变迁不仅依赖于起点和外界影响，还依赖于中间的状态，而且具有报酬递增和自我强化的机制，即一旦选定某种中间制度，制度发展的方向就不一样——其差距越大，或者说回到另一轨道的成本越来越高。博弈论框架里的制度均衡理论认为，制度是各个经济当事人在各自特定的知识背景和实力条件下的利益分配规则，制度是不连续的变量，在当事人的各种战略选择下实现博弈均衡的可能是多重的。也就是说，经济当事人都能在当时条件下接受的制度不只一种。但实际上，这些不同的均衡或不同的制度即使是在同样的外界条件变化下，对经济当事人也会产生不同的利益变化和利益分配，再次博弈又将产生新的制度和制度选择。制度变迁的这种具有记忆性、惯性或不可逆性的性质在新制度经济学中被称为路径依赖。这一理论显示，有效的路径发展会步入良性发展轨道，而无效的选择将导致人们长期陷入无效的制度。现在很多国家没有二板股票市场，一般被认为是不利于私募股权投资发展的制度缺失。实际的情况是，这些国家都曾开放过二板市场，后因不成功而被迫关闭。但这并不等于他们在未来某些年份或现在不适合再开办二板市场，而只是当时他们制度选择的结果对后来产生了严重的影响，或者反过来说，是后来的制度选择严重依赖于当初的选择。可见，制度虽然重要，但适当的时候选择适当的制度更重要。

三、几点启示

私募股权投资自诞生以来，逐步得到了世界各国的认同。尤其是进入 20 世纪 80 年代以来，随着世界高科技产业的迅猛发展，私募股权投资更是犹如注入了兴奋剂而一发而不可收，从而在全球范围内掀起了私募股权投资发展的狂飙巨浪。目前，世界私募股权投资有几个明显的趋势正在凸显：一是私募资本来源的多元化；二是私募资本投入方式的多元化和投资时期的前移化（投资于企业发展的更早阶段）；三是私募股权投资激励措施的法制化；四是私募股权投资活动的日趋国际化；五是国家主权基金参与的普遍化；六是公众化与大规模化：一些大型私募基金都在计划公开上市，投资规模越来越大。综观世界各个国家和地区私募股权投资发展的经验和教训，我们可以得出如下几点启示：

（一）应对国际经济竞争和挑战需要发展高科技并整合现有产业资源，而发展高科技产业和提高资源效率需要私募股权投资

在以互联网为代表的信息技术普遍应用的基础上，以网络经济为运营方式，以信息（知识）为核心经济资源，由技术创新和与之相适应的制度创新所驱动的全球化经济形态正在成为主流经济形态。信息技术、生物技术等高技术的产业化已成为世界各主要国家新经济增长最为重要的源泉。由于高技术产业具有高投入、高风险和高收益的特点，世界各国采取了私募股权投资的方式促进高技术产业与金融资本相结合。尽管各国由于经济、社会、文化和法律环境等方面存在较大差异，形成了私募股权投资发展的不同模式，如美国模式、欧洲模式、亚洲模式等，但私募股权投资在促进各国高技术产业与金融资本相结合过程中的作用却是共同的。风险投资对 20 世纪三个重要的科学发现（可编程计算机、晶体管和 DNA）的最终商业发展起了至关重要的作用，苹果、微软、思科、雅虎等一大批高技术企业也是在私募股权投资的"孵化"和帮助下才发展壮大并对世界高科技产业发展产生重要影响的。正是有了科学发现、企业家才能和私募股权投资的共同促进，才有了新兴产业的发展壮大和社会制度的重大变革。正是有了私募股权投资，才有了今天世界各国高技术产业化的辉煌成就。也正是有了美国的五次并购浪潮，才成就了美国的巨型企业。私募股权投资是高技术产业的孵化器，也是现有产业发展壮大的有力武器。

（二）市场机制是促进私募股权投资发展和制度变迁的内在机制

我们看到，不同国家和地区私募股权投资发展模式和程度不一，但都遵从了市场机制起主导作用的原则。制度和发展的差异既与发展与制度的起点相关，也与发展和变迁的过程相关，还与人们对商业机会的认识和把握有关。我国完全可以在遵从市场主导的原则下，参考国外成功的经验，吸取失败的教训，根据国情进行制度设计和制定适宜的发展计划。

（三）私募股权投资发展需要政府的积极参与和支持

各国私募股权投资业发展过程中的政府行为证明，在私募资本市场的成长与成熟过程中，政府可以起到无可替代的推动作用，政府导向是至关重要的外部动力。政府不仅是私募股权投资制度的设计者、主体的培育者、市场的管理者，还是直接的投资者。以政府参与程度最低的美国为例，为了促进私募股权投资发展，政府也制定了一整套的政策支持体系，主要包括：（1）政府为私募股权投资的发展提供宽松和稳定的政策环境。联邦政府对技术研究、开发、试验或示范给予支持，减轻工业界的技术风险；对高技术产品的合资制造或对风险企业提供有限反垄断豁免；利用联邦政府的采购政策刺激先进技术市场，减轻风险企业的市场风险等。（2）政府为私募股权投提供必要的、直接的财政支持。美国发展私募股权投资的税收政策有几个方面：一是刺激长期资金投向私募股权投资业，包括养老基金、保险基金和各种金融机构投向私募股权投资的税收优惠；二是鼓励私人投资者投资非上市公司的有关个人所得税和资本所得税的优惠；三是鼓励股权投资而非债务投资的税务政策。（3）培育良好的商业环境和高效运作的市场体系。商业环境包括法制环境、基础设施、市场环境以及生活工作环境等。美国政府认为，健全的商业环境是确保国家经济增长和经济繁荣的最主要因素。美国不仅拥有高效运作的市场体系（资本市场、技术市场、产权市场和人才市场等），而且拥有健全的法律体系。（4）政府的资金可以以适当的方式参与私募股权投资，特别是产业投资基金的发展很重要。

（四）发展私募股权投资需要良好的政治、法律、社会和经济环境及发达的金融市场

高收益是刺激私募股权投资发展的根本动力，而良好的政治、法律、社会和经济环境及发达的金融市场则给予了私募股权投资获得高收益的条件和渠道。各国私募股权投资业发展的经验、教训表明，在私募股权投资活动中，一个有力的支持体系是不可缺少的。（1）稳定的现代政治体系。只有在这样的政治体系中，市场经济体制才有保障，政治才会稳定，政府才能廉洁。（2）健全的法律制度。淡马锡模式的成功很大程度上与新加坡法治环境相关。没有健全的法治制度和普遍的法律精神，国有资产在股权投资中的大量流失是不可避免的，更谈不上保值、增值。（3）创新创业文化。其核心是鼓励创新、容许失败、宽容背叛、专家至上以及敢于冒险。可以说，这种创业文化是新企业源源不断地诞生、高技术企业迅速繁衍的重要前提条件。（4）高效运作的风险资本市场。资本市场是风险资本退出的最重要渠道。风险资本无论从支持风险企业公开上市的一二板市场退出还是通过私募方式退出，都离不开具有足够深度和广度、运作规范有序、结构合理、监管有力的资本市场。（5）多样化的中介服务机构。私募股权投资中介机构是运用各种金融工具为筹集者和投资者服务的专业性机构，包括投资银行、会计师事务所、律师事务所、投资顾问、资产评估机构、技术咨询机构、专业市场调查机构、基金托管人等。与私募股权投资公司的一个主要区别是，中介机构既不代表投资者参与企业管理，也不进行投资，只提供各类专业服务。（6）私募股权投资的自律组织。自律组织是联结政府与私募股权投资机构、联结国内私募股权投资家与外商和外国金融机构，沟通业内信息、规范同业经营行为的全国性行业组织。美国的风险资本协会与所有政府机构及新闻媒介都有工作往来。它通过与政府机构和其他组织积极合作，在很大程度上推动了美国私募股权投资业的发展。

（五）发展私募股权投资的制度设计需要科学稳妥地进行

由于制度选择的路径依赖性强，发展我国私募股权投资市场或产业时，一开始的制度设计要尽可能考虑得长远些、完善些，避免再走以往在发展股票市场、私募股权投资和企业并购上所走过的弯路。我国正处在混合所有制改革时期，情况更加复杂，相关的制度设计更需要参考国外的经验，既大胆创新又慎重科学地进行。

（六）发展私募股权投资需要高素质的投资人才和创业人才

私募股权投资业的成功，离不开科技型企业家（高科技人才）和私募股权投资家（私募股权投资管理人才）的共同努力。特别是在私募股权投资业发展的初期，私募股权投资家更是具有举足轻重的作用。一旦缺乏高素质的私募股权投资管理人才，即便有大量的私募股权投资的资金也无法实现资本的保值、增值。根据美国私募股权投资的经验，从事私募股权投资管理的人才要具备很高的素质，不仅要有极强的风险意识和获取风险收益的耐心，而且要更能把握最新科技的脉搏，从众多不断涌现的新技术中评估、筛选出具有市场潜力的项目进行投资，并对新技术市场的难易程度以及消费者对技术需求作出较为准确的判断。私募股权投资家应该是既懂高新技术又懂企业管理，并具有金融投资经验的复合型人才。创业企业家则应具有强烈的事业心、坚韧性和较强的技术背景等。

本章小结

由于我国私募股权投资发展的后起性，国际上私募股权投资的发展历程和经验为我们提供了很好的参考依据。本章主要介绍了美国和欧洲、亚洲一些国家的私募股权发展状况和制度特征，既有发达国家的情况介绍，也有关于发展中国家的分析。通过分析各个国家和地区私募股权投资发展的模式、制度和程度的差异，我们看到各个国家和地区在私募股权投资发展过程中都遵从了市场机制起主导作用的原则，政府也不同程度地以不同的方式发挥了重要作用。制度和发展的差异既与发展与制度的起点相关，也与发展和变迁的过程相关，还与人们对商业机会的认识和把握有关。通过比较我们也发现，私募股权投资需要政府的积极参与和支持，发展私募股权投资需要良好的政治、法律、社会和经济环境以及发达的金融市场，还需要高素质的投资和创业人才。我国完全可以在遵从市场主导的原则下参考国外成功的经验，吸取失败的教训，根据国情进行制度设计和制定适宜的发展计划。

第四章　我国发展私募股权投资的可行性分析

　　时至今日，我国的私募股权投资不仅规模已经不小，取得的成功案例也已经很多，但局部的、一段时期的或国外的成功并不意味着我国必须发展或必须进一步发展这一市场或产业。事实上，虽然许多行业领导和政府高官都曾经在不同场合强调了我国应该大力发展私募股权投资，但也有相关的管理部门一直坚持不同的意见。由于我国私募股权投资在以往的发展过程中出现过许多乱象，如 PE 腐败、PE 欺诈等，许多人对其发展前景表示怀疑，对业已成立的各类产业基金有过很多批评。一方面，作为私募股权投资重要组成部分的风险投资以政府资本（国有资本）主导的形式经历多年发展后，状况并不乐观。在经济新常态下，混改后的国企对我国国有资本的管理效率使人心存疑虑。另一方面，以民营资本（或市场化资本）为主导的私募股权投资在曾经的管理层并购中的确有过不少掏空国有资产的事例。2006 年的徐工并购案显示，国有资产有可能出现向外资贱卖的现象；在一些特殊的行业和企业，国家经济安全可能会受到影响。此外，我国在始自"十五大"后的现代企业制度改革和资本市场的大力发展过程中，法律和市场的制度缺失仍然十分严重，经济制度改革的推进和目标实现远没有当初人们设想的顺利和成功。特别是在混合所有制改革开启后，一些人对混改最后会不会变成权力者和外资分享国有资产的盛宴表示出更大的担心，而市场化的私募股权投资基金则担心会不会出现投资领域的"国进民退"和不公平竞争现象。因此，我国发展私募股权投资的可行性问题仍是一个需要在理论上认真研究的问题。

　　在第二章中，我们从微观层面论证了私募股权投资市场在"看不见的手"作用下的价值增值机制。从宏观层面来考虑，这种局部的、个体的理性行为未必能转化为社会的或集体的理性行为。私募股权投资行业的恶性竞争可能导致行业利润的普遍下降，投资机构的道德风险（如工作偷懒和非法集资）和逆向选择行为（如投资能力低下导致的投资失误）可能使有限合伙人受损而导致投资不足。我国在 2007 年还出现过竞争 20 倍市盈率项目的私募股权投资，可是到 2008 年下半年，我国二级股票市场中市盈率在五倍左右的股票却为数不少。因此，投资制度和监管制度的建设、不同金融市场之间的替代关系等也都是需要认真研究的课题，而且这些研究对我国很多相关政策的制定也是必不可少的。

第一节　我国资本市场的制度缺失

一、资本市场的构成与功能

资本是企业重要的生产要素。当企业家发现商业机会并想创办企业或扩展现有企业而缺少资本要素时，就成了资本的需求方。而个人消费支出的剩余资金或机构、企业的资产需要寻求保值和增值时，则成为资本的供给方。资本市场在自由交换与自由选择的原则下应运而生。资本的供求双方依据对资金风险的不同要求，对交易利率、期限的不同要求以及自身的其他特征而派生出两种主要的投融资工具——股权投资和债权投资。就发行的方式而言，它们又有公募和私募之分。因此，资本市场就派生了四个子市场：银行信贷市场、债券市场、私募股权市场、股票市场。如果把整个资本市场看作一个系统，这四个市场就构成其子系统。而当我们把资本市场看成一种投融资制度时，这四种市场就构成其四个重要的方面。我们可以把它们总结列表如下：

表 4-1　资本市场的各个子市场

	私募方式	公募方式
股权融资	私募股权	股票市场
债权融资	银行信贷	债券市场

这四个资本子市场的组织形式和运作模式等互不相同但又相互联系。盛立军先生曾把它们总结如下表（盛立军，2003）。相同点则是都由投资者、中介机构、企业家的契约规则构成。当然，在整个市场体系和每一个子市场中，政府及其制定的政策都可以产生很大的影响。此外，实际上在中国还存在规模巨大的影子金融机构和金融市场，金融衍生品市场也有一定规模，需要引起人们足够的重视。

表 4-2　资本市场子系统的比较

	私募股权市场	股票市场	银行信贷	企业债券
资金供应者	机构	个人为主	个人	个人为主
资金管理者	基金经理	个人和基金经理	银行信贷经理	个人和基金经理

	私募股权市场	股票市场	银行信贷	企业债券
资金管理者和资金供应者的募资方式	向机构私募	基金经理向个人私募或者向富人提供理财服务	存款	基金经理向个人公募或者向富人提供理财服务
资金使用者	未上市公司	上市公司	企业	发行债券企业
资金使用者向资金管理者的融资方式	私募	公募	贷款	公募
金融工具	可转换优先股可认股普通股可转换债券	普通股	债券	债券、可转换债券
中介机构	私募融资顾问	证券公司	银行	证券公司
资金供应或管理者对公司治理的作用	强	较弱	弱	弱
发挥治理作用的阶段	企业发展早期	企业上市后	在企业贷款期间	在企业债券到期前
发挥治理作用的手段	通过董事会投票	"用脚投票"或通过股东大会投票	还本付息压力、在银行的信用状况和额度	还本付息压力、债券流通和发行价格

企业生命周期理论认为,企业发展一般应经历初创阶段、成长阶段、成熟阶段、衰退阶段,每一阶段还可分为若干子阶段。各个阶段的融资规模、风险大小、融资模式各有特征,如表4-3所示。

表4-3 企业发展阶段与融资特点

企业所处发展阶段	经营风险水平	财务风险水平	对资金的需求量	融资战略的类型	融资方式	主要资金来源
初创阶段	最高	尽可能低	大	稳健型	股东投入资本	风投/私募
成长阶段	低	高	增大	扩张型	吸收投资	权益投资者
成熟阶段	中等	中等	稳定、稳中下降	防御收缩型	大规模举债	债务资金
衰退阶段	低	高	少	高负债融资	举债	债务资金

我们可以看到，只有资本市场的四个子市场协调发展才能满足不同企业和不同投资者的需要（仍然不够，因此有大量的影子金融机构和影子金融市场出现）。实际上，资本市场整体功能的有效发挥也需要各个子市场协调发展。资本市场的四大功能是企业融资、转换机制、资源配置和分散风险。企业融资是资本市场产生和发展的基础。没有企业融资的需要，也就没有资本市场存在和发展的必要。资本市场的其他几大功能是资本市场对实际经济影响的反应，其中转换机制功能决定着其他功能作用的发挥。没有企业机制的根本转换，企业就不能按照市场原则和市场要求来筹资和投资，资金的价格机制就会扭曲，资源的优化配置就缺乏必要的基础，分散风险的活动也缺乏有效的参照物。同时，资本市场的各个子系统必须协调和均衡发展，才能实现资本市场的这四大功能，确保企业在融资的同时完善公司治理机制，确保资金在资本市场各个系统的合理配置，在分散投资者风险的同时达到资金配置的效率和生产性（Productivity）效益。

从制度经济学的角度看，四类资本市场的交易成本相对于不同的交易主体来说是不相同的，处于不同发展阶段的企业及其投融资模式的选择体现了双方节省交易成本的原则。近几十年来有关企业融资的研究表明，在一定条件下，这些资本市场制度又具有不完全的替代性。就同一企业、同一阶段而言，同时采用几种融资模式也是可行的。

二、信息不对称与资本市场的效率

一个有效的资本市场在其构成和功能上既要满足资本供求双方的自愿有效交易的需要，又要能使资本低成本地转化为有效促进和激励企业创立、成长和发展的资源。资本市场的效率通常可以分为内部效率与外部效率。内部效率是指资本市场交易运行的有效性，反映了市场组织和服务功能的效率，可以用买卖双方完成交易的时间和交易费用的多少来衡量。如果这两者都很大，就会影响到投资者根据市场信息来进行决策的反应速度和能力，进而影响到资本市场功能的实现，即外部效率。外部效率是指资本市场资金分配的效率。市场上的证券价格根据有关信息做出反应，反映了资本市场调节和分配资金的效率。但资本市场与生俱来的信息不对称与人们的机会主义行为，使得资本市场的功能一般达不到有效的状态。

在现代资本市场中，参与交易的主体通常分为投资者、投资家和企业家。由于工作性质、业务范围、社会网络、知识水平、分析判断能力等诸多因素的影响，不同行为主体事关利益分配的市场信息在数量、质量、及时性和范围等方面是很不相同的。具有信息优势的一方在交易中处于主动和有利的地位，可能在完成任务的能力、道德状况、风险偏好等方面采取机会主义行为而侵害处于信息劣势的交易方的权益。在现代信息经济学中，前者被称为代理人，后者则被称为委托人。由于委托人的有限理性和代理人的机会主义行为，在信息不对称的条件下，委托人要了解和监督代理人的行为是要花费成本的。委托代理理论要研究的主要问题是，为了使交易双方的利益得到协调，委托人应如何设计一种契约机制并授权给代理人从事某种活动，并要求代理人为委托人的利益行动。也就是说，这种契约机制就是要促使代理人在采取适当的行为最大限度地实现委托人效用的同时，使自己的效用也得以最大化。有关各类资本市场的制度安排问题都涉及信息不对称条件下的委托代理关系问题。虽然关于信贷市场、债券市场及股票市场的研究文献堆积如山，但这一问题依然是有关提高资本市场效率和进行制度建设的核心问题。特别是在中国，这类问题又有其特殊性和复杂性。关于私募股权投资中委托代理问题的研究，我们将在下一章中进行。

三、我国投资者的构成与行为特征

资本市场的投资者通常分为个人投资者和机构投资者。从资本市场的构成看，又可分为在四类子资本市场上的个人投资者和机构投资者。在我国信贷市场上，由于利率主要由政府控制，居民存款只是一种安全和消极的投资，我国企业债券市场的投资波动也很小，对此二类市场而言，投资者构成及其行为特征都不重要。私募股权投资的特征与二级市场上股票投资者的特征有一定程度的类似，考察股票市场投资者的构成和行为特征有助于理解私募股权投资市场的一系列问题。

2001 年 6 月以前，中国股票市场上的投资者以个人投资者为主，无论开户数还是交易额都是以广大中小投资者占多数，其中不乏失业下岗人员。经过三年的努力，通过允许保险资金、国有企业资金、上市公司资金入市并大力发展开放式基金，机构投资者的市场份额很快就已超过了一半。但与美国相比，机构投资者的比例还是不高。特别是在 2007 年 10 月中国股市大势走熊后，许多中小投资者把资金从开放式基金中赎回，降低了机构投资者的持股比例。

广大中小投资者往往是在一波大的行情中以跟进的方式进入股市的。我国股民目前的开户数已达近亿户。他们主要是在 1996 年至 1997 年的行情、2000 年的行情、2005 年至 2007 年及 2014 年至 2015 年的行情中进入股市的。从他们进入股市的时机我们就可以看到其跟风、从众的行为特征。这些投资者的特征是单个资金少，交易频繁（换手率平均每年高达 400%），企业和市场的研究能力差，信息来源少，无力也无心对企业的治理与业绩施加影响。他们关心的只是股价的波动，绝大多数都是短线投资，投机气氛很浓。我国发展机构投资者的目的在于健康稳定地推进股市的发展。机构投资者作为集合理财的方式，具有资金庞大、研究能力强、信息渠道广、投资方式以长线为主的特点。我国的机构投资者在2001年以前最明显的特征是做庄操纵股价；在2001年后由于这方面法规的完善而有所收敛，但这些机构仍然是以传统国有企业的运作模式在运行，不仅激励机制不健全，而且投资策略和水平有欠缺。他们同样不关心企业的业绩，对企业治理的影响甚微，对股市效率改进的影响也很小。

在过去几十年里发展起来的行为金融学认为，投资者除了在信息不对称的条件下不能以长线的方式进行价值投资外，在不确定性条件下，投资者还会由于其有限理性、认知偏差以及信念误导而固执己见或盲目跟风，凭直觉进行投资，不愿意花太多的精力从过去的失败中吸取教训，从而导致理性决策受到限制，具体表现为股票市场上出现的许多异常现象。比如：同类企业在业绩相差不大但炒作程度不同时，会出现股价相差很大而严重违背议价定律的现象；股市中的日历效应与市值效应很常见等。个体的决策失误使得一些能明确认识或估测股价的机构投资者也只能随大流，导致集体的非理性行为。他们也把短期结果看得很重，心理上容易把短期结果看成长期趋势。所以，投资者的机会主义行为与非理性行为相结合，进一步加大了股价波动的幅度，提高了股市交易的成本，降低了股票市场资源配置的功能。

中国股市的特征给许多违法乱纪者造成了可乘之机。以往中国股市常常是内幕消息、各种概念满天飞，上市公司和会计师事务所造假严重。2016年，中国证监会开始重点整顿我国证券市场违法乱纪行为，情况有所好转，但还是差强人意。

四、我国资本市场的制度缺陷

从构成看，资本市场的制度有市场组织制度、各类正式法规及资本市场文化等。从来源看，有借鉴或移植西方发达国家的资本市场制度、中国特定经济体系遗留或继承下来的制度，以及正在研究或创新的制度。从时间尺度看，有着眼于经济和社会长期发展的制度、处理一段时期特殊经济问题的过渡式制度，以及解决资本市场的偶发现象的暂时制度。综合这些方面的考虑，中国资本市场的制度缺陷可以分为两大类：各国资本市场共有的制度缺陷和我国资本市场特有的制度缺陷。

各国资本市场运作共有的制度缺陷，主要表现为以下几种形式。1. 由于中介机构的经营原则造成的制度缺陷。银行是企业资金的重要来源，其经营原则是安全性、流动性和收益率，使得银行在对企业融资时比较保守。创业企业的失败率过高，银行的经营者对其融资要求望而却步。由于银行在金融体系中占有重要地位，各国都对银行采取了较为严格的管制措施，使得银行不太可能对技术风险比较大的项目进行融资。除非创业家所从事的是高技术含量的、成长性较好的项目，或者政府采取某种形式的担保，使得企业的违约给银行造成的损失能得到部分补偿，否则，创业企业通过信贷融资将更加困难。2. 政府对公开资本市场的管制为企业在资本市场的融资设置了较高的门槛（较高的净有形资产和较长的经营年限等）。政府的管制也可能造成资本市场缺乏效率。比如：资本市场中介机构的进入门槛过高，造成了资本市场某种形式的垄断，从而使企业为融资付出了过高的成本。创业企业以人力资本为核心，公开披露信息可能意味着技术秘密的泄露，从而可能为创业企业的潜在竞争对手提供发展机会。这也是创业家不能和不愿意从公开资本市场获得资金的一个重要原因。此外，中国企业的纳税行为很不规范，企业逃税很普遍。一旦上市，企业逃税变得更加困难。企业也可能因此而不愿意通过公开上市融资。3. 中介机构追求规模经济也造成了创业企业的融资困难。创业企业的具体情况千差万别，中介机构在处理这些业务关系时的成本远比成熟企业要大。当然，西方国家也存在由银行为创业企业融资的情况，目的是为了培养未来的客户。但成功的不多，其竞争能力远不如专业化的风险投资基金。4. 交易制度造成的制度缺陷。个人或短线投资者投机性强，不关心也不能关心所投资的上市公司的治理。机构投资者也一样，外部激励和外部约束机制的问题总不能完全有效地解决。中国资本市场除以上共有的制度缺陷，还存在以下特有的制度缺陷。

（一）股票市场制度的缺陷

刘煜松（2005）认为，中国股市存在五大制度缺陷，分别是产权制度缺陷、股权分配问题、监管制度缺陷、政府干预机制的缺陷，以及交易制度的缺陷。我们认为，把产权制度缺陷归为企业制度的不完善更合理一些。因此，股市的缺陷主要可从四个方面来分析。

首先，我国的监管制度在股票发行上市、信息披露、独立董事制度方面都不够完善。在上世纪 90 年代，我国股市建立的目标定位为替国有企业解困。因此，上市资格必须经过严格审批，实际的结果是把上市公司数量当成指标分配给各个省市或部委。尽管上市要求企业符合一定的条件，但实际上是以一种非市场化的手段在操作。2001 年 4 月新股发行方式从"审批制"改为国际通用的"核准制"，但核准制的具体实施方式依然是具有较浓计划色彩的通道制。发审委的制度约束不健全，寻租、公关、编制虚假财务报告的现象仍大量存在。特别是在中小板市场上，民营企业上市依然很困难，从 2008 年上半年武汉市政府实行一家公司上市成功、政府奖励 500 万元的政策就可见一斑。与股票交易相关的信息主要来源于上市公司本身，其次是政府相关部门和证券研究机构。尽管这些方面的信息披露制度近年来有很大改进，但上市公司信息披露不及时、不完整、不充分，甚至提前泄漏、出尔反尔的现象还是大量存在。证券研究机构还是在不负责任地乱发评论。对此类违法违纪行为，监管部门的处罚细节不完整，处罚力度不大，在政府部门的信息出现泄漏时更是没有规则可以约束。在独立董事制度方面，不仅聘请的许多独立董事只是上市公司高管的关系户，且大多是名人或有权有势的人，难以履行职责；一些专业人士则把独立董事当成抓收入的机会，更不敢得罪上市公司；还有很多独立董事根本不懂企业运作，缺乏财经知识。因此，独立董事在目前基本上只是花瓶，针对其筛选、约束与激励机制没有建立起来。监管制度的最大缺陷在于监管不严，监管滞后，处罚力度远远不够。因此，中国股市往往被人称为关系市、政策市、情感市以及赌博的场所。姚刚事件正是在这样的背景下发生的。

中国股市曾经存在流通股和非流通股之分，而且非流通股的比例非常之大，在2007年以前达到三分之二。近年来，股权分置改革给市场带来了很大压力，大小非解禁常常成为股市大跌的主要力量之一。但在目前的上市企业中，一两年内暂时不能流通的股份占比仍然过大。股权分配扭曲了我国股市的真实供求关系，制度性地提高了股价，导致非流通股股东对流通股股东利益侵占的制度化、合法化，并使得控制权市场无法形成，市场约束机制难起作用。股权分置问题已经严重影响了市场行情的演变，增强了市场的不确定性和投机性。

我国政府对股市的干预机制也存在明显的缺陷。首先，主要表现在政府干预面广、干预量多，从股票的发行、交易到再融资或退市，政府都在管。其次，政府常常直接调控行情。近十几年来，交易印花税的上下调整最为明显，但调控的效率却不明显。长久来看，只是加大了短期的暴涨暴跌。因此，许多投资者不研究企业而专门赌政策的变化。再次是政出多门。相关的财经部门常常对同一问题表态不一致，使得投资者无所适从。

在交易制度方面，我国股市的缺陷主要是缺乏做空机制，使得市场单边运行，缺乏避险工具。由于没有做空机制，股市只有上涨才能赚钱，在一定程度上加大了股市的泡沫。

（二）企业产权制度的缺陷

我国股票市场建立后的十年中，上市企业也几乎全是所谓改制的国有企业。国有企业的特点是产权制度残缺，约束机制软化，激励措施简单。企业既受政府父爱主义的保护，又对社会承担了许多责任，经济效率无法核算。在经历了多年的产权制度改革、市场机制建设以及股票市场发展后，尽管在中小板和创业板上市的企业中民营企业占了大多数，但国有企业依然主导着股票市场。这些上市国有企业的性质和治理状况并没有根本改变，特别是绝大多数证券公司、基金管理公司和机构投资者都是国有或国有控股机构。即使是居民资金占绝大多数的机构投资者，也仍然采取了国有控股企业运作的形式。这些情况造成了以下一系列问题：（1）政府监管难以做到公正。由于政府既是大股东又是监管者，必然存在监管不到位、不公正的问题。有些上市企业的行政级别比监管部门还高，监管往往只能流于形式。（2）上市公司治理效率低下。国有控股的市场主体沿袭了国有企业的许多弊端，国有企业的负责人与政府领导及全体国民有很长的委托代理链条。在每一层委托代理关系中存在的信息不对称、道德风险和逆向选择等问题比产权明晰的西方国家更为严重。证券市场参与主体（上市公司、券商、机构投资者）的法人治理结构不规范或只有形式上的规范。其后果是大股东和企业高管侵吞公司财产，企业生产效率低下，老鼠仓频频出现。企业控制权牢牢掌握在政府手中，一些有能力的人难以担当重任，违法乱纪、消极怠工者得不到应有惩处。（3）产权制度改革滞后导致公司上市前必须先改制，符合上市条件的国有企业又实在太少，由此出现了捆绑上市、包装上市、伪装上市、部分上市等现象。而部分上市又使上市公司缺乏独立完整的生产经营体系，使上市公司与大股东之间存在大量的关联交易，独立性差，甚至成为上市公司大股东侵占股份公司权益、操纵股份公司利润的重要原因。所以，产权制度问题不仅使得进入股市的企业质量不高，更使企业进入股市后质量得不到保障。

（三）资本市场体系不完整

资本市场中的资金需求者、供给者以及中介机构要实现合作剩余，必须尽量使企业价值最大化。但在此过程中，这些利益主体之间及其与企业管理层之间是充满利益冲突的契约关系。半个多世纪以前，Modigliani 和 Miller 在一系列严格的假定条件下证明企业的价值与融资结构无关，但后来 Jensen 和 Meckling 在他们的著名论文中否定了这一观点。他们深入地分析了现代股份公司中存在的两种典型的利益冲突和代理关系：管理者与股东之间的代理关系和股东与债权人之间的代理关系。他们认为，两类代理关系对应两类代理成本，而这两类成本具有替代变化的关系，公司价值最大化的条件是两类成本之和最小。考虑到融资者对资产投资项目的专用性，Willianmson 等认为，股权和债权融资的交易成本是不同的，它们不仅是两种基本的融资手段，而且是重要的公司治理手段。

不同的企业在要融资时面临着不同的初始条件，如企业规模、现金流及盈利状况、项目发展前景、融资渠道等。企业通过资本市场进行融资的代理成本和交易成本是各不相同的，不同的融资市场或融资制度之间具有不完全的替代关系（周业安，2006）。不仅信贷市场与证券市场之间，而且债券市场与股票市场之间、公募融资与私募融资之间都应能很好地流通、转换及选择。在一个健全的资本市场体系中，企业可以根据自身特点选择一种或几种融资方式，并可在适当的时候进行转化，在每种方式融资的数量、时间、成本上尽量优化。

一个完整的股票市场是一个多层次的资本市场，即一个国家的企业能够在不同的发展阶段都能够找到适合自己的资本需求的资本市场的结构安排。多层次资本市场体系针对质量、规模、风险程度不同的企业，为满足多样化市场主体的资本要求而建立起来的分层次的市场体系具体说来包括以下几个方面：（1）主板市场，即证券交易所市场，是指在有组织的交易所进行集中竞价交易的市场，主要为大型、成熟企业的融资和转让提供服务。（2）二板市场，又称创业板市场，指与主板市场相对应，在主板之外专为处于幼稚阶段中后期和产业化阶段初期的中小企业及高科技企业提供资金融通的股票市场。此市场还可解决这些企业的资产价值（包括知识产权）评价、风险分散和创业投资的股权交易问题。（3）三板市场（场外市场），包括柜台市场和场外交易市场，主要解决企业发展过程中处于初创阶段中后期和幼稚阶段初期的中小企业在筹集资本性资金方面的问题，以及这些企业的资产价值（包括知识产权）评价、风险分散和风险投资的股权交易问题。

我国股票市场已具有较大的规模。在 2007 年的峰值时，沪深两市总市值曾超过我国年 GDP 总量。尽管我国多层次资本市场已基本建立起来，但企业上市还是实行审批制，企业上市依然不容易。总的来说，四类资本市场本身的建设还是不完善，各市场之间的联通性不强，使得企业融资选择的余地很小，很难做到融资结构优化。

在 2007 年 8 月以前，中国企业债券的发行情况是，一般只有国家和地方认可的重点建设项目才有可能允许发行企业债券筹资，而且必须经过有关部门严格的审批。2007 年 8 月中国证监会颁发的《公司债券发行试点办法》开始实施，这是我国企业债券发行制度建设的起点。然而，尽管实行的是核准制发行和市场定价，但发行条件限制在规模大、业绩较好的上市公司。非上市公司和广大中小企业仍然不能通过债券市场融资。上市发行的门槛高，但监管措施还没有跟进，债券到期还本付息的保障机制建设还没有到位，二级市场的交易网络不完善，尚没有专门服务于企业债券市场的交易商和做市商。从发达国家的经验来看，债券市场的规模是股市融资规模的八九倍。因此，大力发展中国的企业债券并完善其制度已成为近几年来金融界的共识。

信贷市场一直是企业融资的最大市场。相对于股票和债券发行，银行信贷的手续简单便利。我国银行业的改革近十年来取得了很大的成效，但银行业庞大的金融资产与其单一的市场渠道已很不相称，资金的效率很难提高。

分业经营是我国金融制度的一项重要原则，目的是防止银行业的信用危机，降低经营风险。银行经营的原则是安全第一，在对企业的融资业务上表现得比较保守。而混业经营的好处是具有范围经济效应和协调效用。我国银行业目前的业务收入90%以上是存贷业务上的利差，但在发达国家里这一比例要低很多，而且中间业务的比重上升很快。银行业必须通过内部产品和结构的改革，寻求分业与混业经营的最佳切入点，通过全球化和向其他金融领域的扩展，特别是证券业务和私募股权投资的发展，改善经营状况，寻求风险与收益的平衡点。我国银行与此相关的制度建设跟不上形势的发展。在2008年的金融危机中，美国几个大的投资银行被商业银行兼并，使得这方面的关系变得更加复杂。

目前，我国在法规建设上有很大的推进，但仍然没有私募的概念，私募合法与否没有统一的标准，并且政出多门。在已出台的制度中，投资人资格认定、机构设立与额度审批等均未成规，监管制度未曾确立，缺乏特定私募股权投资基金的管理办法、实施细节及配套措施。国外私募股权基金的资金来源绝大部分是机构投资者，养老基金、保险基金及银行占60%以上。它们消息灵通、投资技术高超，能为私募股权投资基金提供稳定的资金。而我国对养老基金、保险公司、银行等大型机构投资者从事私募股权投资通常是限制的，退出渠道也不畅通。在私募股权投资基金这一新的金融行业中，普通合伙人的资格认定制度很重要，却至今仍然没有设立。

总之，我国资本市场的不完善体现在市场体系的构建不完整、相关法律法规的制度不充分、各个资本市场之间的关联性被不当地隔离，以及相关人才储备的不足等方面，使效率难以提高和实现，公司治理结构难以得到进一步有效的改进，金融体系抗风险和可持续发展的能力差强人意，与国外同业的竞争力难以提高。

五、我国发展私募股权投资的必要性

2006年前后，我国社会各界在对私募股权投资认识的问题上意见分歧很大。前面我们只部分讨论了私募股权投资自身的优势和对资本市场及企业的正面作用，但任何投资工具都是一柄双刃剑，任何市场都有不完美之处。金融投资工具的本性决定了私募资本的投机性。特别是在新形势下把私募股权投资当成国企改革的重器来运用时，还可能出现新的问题。或者说，私募股权投资可以引发以下一些负面的作用：（1）它可能利用目标企业缺乏国际资本市场运作经验的弱点，以低廉的价格获取目标企业的股权；（2）在对目标企业重组过程中，加大成本削减压力，大量裁员，从而引发社会动荡；（3）许多私募股权投资入主中小企业后效益并没有得到改善；（4）以非法手

段集资，破坏一国的金融市场秩序的稳定；（5）收购东道国敏感性行业的企业，威胁其国家经济安全；（6）外资私募资本可能与外资跨国企业合谋，以传递接力棒方式有计划地收购东道国关键行业的关键企业，并把它并入其全球产业链条中；（7）在我国国内发展私募股权投资基金，还可能导致贱卖国有股权和滋生腐败；（8）当国有资本主导私募股权投资产业时，不仅国有资本的效率难以提高，还可能引发"国进民退"和不公平竞争的现象。

私募股权投资是舶来品，适宜于国外发展的市场和产业在中国会不会水土不服、中国有没有必要着力发展私募股权投资，是一个重要的战略认识问题。实际上，把负面因素看得过重，可能会防碍私募股权投资利用有利时机快速发展而错失良机；而对负面因素认识不够，则可能导致这一产业的混乱局面，最后不得不草草收场。对此，我国在以往的企业并购和风险投资发展中是有深刻教训的，特别是以往一些强调中国特色的制度和方案最后都只能以失败告终。私募股权资本参与国有企业混合所有制改革，最终能不能实现双赢的结局具有很大的不确定性。因此，相关的政府部门及主管官员中有相当一部分人仍然并不看好这一产业的发展，以致许多政策难以出台。

也是在 2006 年前后，以原中国人民银行副行长吴晓灵为代表的一派则力主加快发展中国的私募股权投资。近二十年来，中央也一直强调要建立多层次的资本市场，推进金融改革。在第二章里，我们已经论证了私募股权投资的产生、发展和不断壮大，有其符合经济规律的内在必然性。遵照按经济规律办事的原则，只要我们对相关的负面作用通过政府进行有效的预防和监管，积极稳妥地推进私募股权投资的发展就应当成为我国金融制度创新和金融产业发展的一个重要的方向。因为私募股权投资不仅能利用自身的比较优势和不可替代的金融功能，克服资本市场共有的缺陷和短板，而且在中国现阶段特殊的经济社会环境中，还可以发挥其特有的功能，为中国进一步的经济改革和发展做出巨大的贡献。或者说，私募股权投资具有以下一些正面的作用：（1）满足企业融资方式和创新需求，促进中小企业规模化发展；（2）促进企业自主创新，发展高新技术产业；（3）有助于促进我国产业结构的调整；（4）满足国家经济安全和经济发展的需要，提高我国企业的国际竞争力；（5）有助于深化金融改革，防范金融系统风险；（6）有助于全面提升我国企业，特别是国有企业的整体素质，完善公司的治理结构。所有这些，许多作者已有不少的论述和实证研究，我们在后面还会讨论。实际上，近十几年来我国私募股权投资在绕过许多法律障碍的条件下发展很快。到 2016 年年底，全国注册的各类私募股权投资机构已超过一万家，融资规模超过一万亿，管理资本总量约为 6 万亿人民币，中国私募股权投资俨然发展成了庞大的产业和金融市场，位列全球第二。从结果和表面上看，"促进派"暂时战胜了"悲观派"。

现在的情况是，2016 年下半年起，一些省份的工商管理部门已经不允许注册带有"金融""投资""证券""资本""基金"等字样的公司，不少已成立的这类公司被关闭。2015 年，泽熙投资被关闭，负责人徐翔锒铛入狱。此前的 2012 年，天津私募股权投资欺诈案使许多投资者血本无归，造成了不良的社会影响。私募股权投资过后的一些上市公司不是濒临破产（如无锡尚德）就是进入 ST（如 ST 锐电）。至于在中国私募股权发展的大潮中有多少人发了财，现在未见有统计结果。只是在 2017 年 4 月以前，人们总结出中国最好的投资是"在北京买房"，而最差的投资是"创业"和"炒股"。所以，"悲观派"的意见又开始占上风。

其实，更为重要的是中国的经济发展进入了新常态。改革开放以来，中国经济以年均 10% 左右的增长速度，在较短时间内实现了由低收入国家向中等收入国家的转变。但是，中国在对发达国家的追赶过程中付出了高污染、高耗能以及牺牲部分居民福利的代价。目前，广大人民群众对生活质量的诉求日益迫切，倘若继续把发展简单化为增加生产总值，一味追求生产总值的增长而忽视持续健康发展，忽视居民福利乃至生存环境，这样的增长模式不仅难以持续，最终还会失去民心。中国经济新常态，是从追求增长速度向追求发展的稳定性、持续性和全面性战略思维的转变，本质上是发展方式的转变。中国经济新常态的实质，是经济增长形态的跳跃。经济增长表面上表现为要素的积累和投入的增长，但背后是资源优化配置、产业结构持续演进的动态调整过程。

当前，从生产资源的产业配置来看，一方面，钢铁、水泥等行业产能严重过剩，占用了大量生产资源，集聚了巨大的经济风险；另一方面，养老、医疗、教育和高新技术等行业社会力量进入不足、竞争不充分，导致社会资源严重错配，影响了整个经济的效率。以前，中国主要是依靠投资拉动增长，高投资、高增长是经济增长的一般形态，经济发展过程中计划经济的色彩很浓。在过去的十几年里，房地产在许多地方都是政府依赖和支持的支柱产业，一波又一波的房地产热产生的后果是积累了大量的房地产库存。企业和政府也因过度投资而大量举债，以致我国金融系统的潜在风险大幅提高。所以，2016 年以来，以"三去一降一补"为主要内容的"供给侧改革"成为中国经济政策的重头戏。

今后，我国需要依靠创新驱动经济增长，"经济结构不断优化升级"是经济增长的一般形态。所以，新常态的实质是旧增长形态到新增长形态的跳跃，是经济增长的低级形态到高级形态的跳跃，是经济增长的动力机制过于单一、经济发展不稳定、不全面、不可持续的形态向经济增长动力多元化，经济发展稳定、全面和可持续的形态的跳跃，是半计划、半市场的资源配置方式向市场机制发挥决定性作用和政府发挥更好作用的方式的转变。更具体地说，中国经济新常态具有以下特征：（1）增长速度由高速向中高速转换；（2）发展方式由规模速度型粗放增长向质量效率型集约增长转变；（3）增长动力由要素驱动向创新驱动转换；（4）产业结构由中低端向中高端转换；（5）资源配置由市场起基础性作用向起决定性作用转换；（6）经济福祉由非均衡型向包容共享型转换。

新常态既是机遇，也是挑战。我国目前处于增长速度换挡期、结构调整阵痛期和前期刺激政策消化期的"三期叠加"阶段，既受到国际经济形势的不确定性影响，也受累于自身的体制性问题。要化解短期困难，为改革赢得时间、空间，就必须在科学认识新常态的基础上积极适应新常态。正如2014年7月29日中央政治局会议所强调的，新常态下保持合理发展速度必须遵循"三个规律"：遵循经济规律的科学发展、遵循自然规律的可持续发展、遵循社会规律的包容性发展。

从经济形态转换的特征我们可以看到，私募股权投资依然能发挥积极的作用。股权投资对于"供给侧改革"中的"去杠杆"尤其重要，对混合所有制改革更是非常重要。因此，在新时期和新的经济条件下，我国不是要不要发展私募股权投资的问题，而是如何优化私募股权投资发展的问题。或者说，我国的私募股权投资发展也需要进入新常态。这个新常态的特征是中高回报、核心价值创造、公平竞争、投资队伍专业化。下一章的论述将表明，对于新形势下私募股权投资可能引发的负面性问题，我们需要系统性的改革，以政治和法律的新常态来应对。

第二节　我国发展私募股权投资具备的条件

回顾我国私募股权投资的发展历程不难发现，以往私募股权的发展是在一系列有利的条件下实现的。这些条件主要包括以经济建设为中心的国家发展理念，以市场经济和对外开放为政策导向的发展手段，以政治稳定和法制建设为根本保障的制度环境。在经济新常态的条件下，创新和改革是时代的主题，不仅原有的有利条件能更好地发挥作用，我国私募股权投资的发展还面临着更多的有利条件。以"一带一路"和自由贸易区建设为代表的发展战略掀起了中国新一轮对外开放的大潮。中国共产党十八届三中全会和四中全会分别做出的关于深化经济体制改革和推进法治建设的决议，是我国私募股权投资发展的重要制度保障，是最大的有利条件。外资与民资在中国的体量已经够大，在政治和法律环境不利的条件下它们可以用脚投票，中国政治从总体上"往左转"的可能性不大，司法改革也只能往有利于经济发展的方向进行。如果混合所制改革能顺利推进，我国私募股权投资的系统性风险不大。从经济的角度看，我国私募股权投资在未来的发展过程中还具备以下几个方面的有利条件：

第一，我国私募股权投资机会大幅增加。按照第二章论述的企业理论，私募股权投资基金作为企业，它的出现主要不是由于它相对于其他各类投资而言交易成本更少（尽管它的确能节约这方面的成本），而是由于商业机会的出现和商业利润空间被打开。更何况私募股权投资这种投融资模式在本质上又是一个价值创造和促进价值创造的过程。首先，在经历了三十多年经济高速发展后，我国出现了成千上万的中小企业，融资需求和融资特征为私募股权投资的发展提供了极大的机会。为了稳定经济发展和增进就业，我国于2015年6月出台了《关于大力推进大众创业万众创新若干政策措施的意见》，创新创业文化日渐得到普及。其次，中国国有企业的改革尚需进一步推进。国企的混合所有制改革和资产证券化为私募投资提供了新的发展机会。第三，我国科技进步很快。人们的观念创新、工作方式创新、产品服务创新、商业模式创新、企业组织创新等都产生新的企业或产业，但产业化水平的跟进也需要投资推动。第四，我国的城市化进程中有大量的基础设施项目，房地产项目的开发也缺少合适的融资渠道。总之，中国大量的商业机会给私募股权投资提供了最为主要的发展条件。

第二，资金供应大幅增加。近十几年来，我国机构投资者的队伍发展很快，社保基金、养老基金、企业年金的规模已相当巨大，保险行业的可投资资金充足，2016年已达3万亿元人民币。随着国有企业效益的提高和民营企业的发展，许多国有企业和民营企业都具有大规模投资金融领域的实力。自改革开放以来，我国在沿海发达地区和内地的大城市出现了一大批富有阶层，具有相当的实力进行高风险的投资。由于多年持续的经济高速增长，中央政府和不少地方政府财政收入增长很快，政府也有财力进行直接的股权投资，或成立"基金的基金"，引导和支持创业投资和私募股权投资的发展。由于多年外向型经济的发展，2017年初，我国外汇储备量再次达到3万亿美元，国家主权财富基金的规模可达到万亿美元的量级。自2006年以来，外国私募股权投资基金十分看好中国的投资机会，在中国投资的规模总在不断创出新高。

第三，我国发展私募股权投资的制度环境已经有了很大的改善。国内政治稳定，国家政策对发展私募股权投资持支持和鼓励的态度。自加入WTO以来，金融业已开始全面对外开放，国际上关于私募股权投资的规则、制度和文化逐步被引入和接受。科学发展观的思想贯彻到投资领域，要求有效地利用金融资源。我国金融系统的现实状况是，各种融资渠道以银行贷款的间接融资为主，而银行的中长期贷款又主要投向基础设施行业和房地产业。2016年，我国社会融资规模增量为 17.8 万亿元，贷款增加到 12.65 万亿元，直接融资的比重仍然不高。党的十七大报告提出了"优化资本结构、多渠道提高直接融资比重"的战略方针。目前，国家在政策层面对扩大金融体系中的直接融资比重、发展私募股权投资这一直接融资渠道，持鼓励和支持的积极态度。中国多年来一直在探讨私募股权投资领域的立法。2005 年以来，一些和私募股权投资密切相关的法律法规相继出台，包括《中华人民共和国合伙企业法》《外国投资者对上市公司战略投资管理办法》《关于外国投资者并购境内企业的规定》《上市公司收购管理办法》《首次公开发行股票并在创业板上市管理暂行办法》以及有关新三板的许多文件等，都体现了国务院以及各部委对发展私募股权投资的鼓励。笔者认为，在各级政府及相关部门的支持下，与私募股权投资有关的配套法律法规将继续出台和完善，试点企业的数量将越来越多，范围越来越广，我国私募股权投资也将再次迎来难得的发展契机。

第四，我国在以往私募股权投资的发展过程中积累了较多的经验和教训。我国的风险投资是从上世纪 80 年代中期起为解决科技成果产业化而实行的。到 2006 年，全国创业风险投资机构总数达 345 家，累计投资项目 4592 项，高新技术企业投资项目达 2601 项，总投资额达到 3410.8 亿元（中国科学技术促进发展研究中心，2007）。由于创业风险投资的运作方式和机制与私募股权投资有很大部分相同，可以说我国私募股投资的运作有了较长的准备期，特别是原来政府主导型风险投资的不成功从反面说明了我们在发展私募股权投资时要遵从市场主导的原则，充分发挥市场机制的作用。在此后近十年的发展中，人们从实践中得出了一个重要结论：私募股权投资需要严加监管。

第五，私募股权投资的退出渠道得到了很大的改进。一是股权分置改革为私募股权投资提供了退出渠道。在私募股权投资的退出途径中，IPO 的方式是最为常见也是收益最高的方式，但国内股权分置的状况导致了私募股权投资项目在国内的证券市场退出渠道不畅。私募股权投资的企业如果在大陆上市，私募股权投资基金只能作为非流通股股东，持有的股份无法在市场出售。很多私募股权投资更像财务性投资，只能通过固定分红来实现投资回报，难以获得满意的资本利得回报。在这种情况下，私募股权投资的企业纷纷选择到中国香港和美国上市，令国内优质上市资源流失。据统计，2007 年底中国在美国上市公司（包括 ADB 方式）的总市值与纽交所总市值已达 10%，包括新浪、网易、百度、搜狐、盛大网络、迈瑞医疗、新东方、如家、携程等一大批优秀的公司。2005 年 4 月 29 日，中国证监会启动股权分置改革试点工作。到 2007 年初，95%的 A 股上市公司已经完成股改，股权分置改革基本完成。股权分置改革实现了中国证券市场的全流通，非流通股股东向流通股股东支付一定的股改对价后，在禁售期满后可以按一定比例减持股票，使得长期困扰中国股票市场的一大问题得以解决。2006 年 5 月 18 日，中国证监会对新上市公司实行了新老划断。新的公司上市前原股东的股票在承诺的禁售期满后即可上市流通。股权分置改革完成后，私募股权基金投资的企业完全可以选择在国内 IPO，禁售期满（通常是一年）就可以通过减持变现来获得投资的资本增值，然后继续投入更多项目。此外，从 A 股市场的供需状况来看，偏高的市场估值水平体现了投资者高涨的证券投资需求。这需要通过增加证券的供给来满足。加快推进私募股权投资的发展有利于为 A 股提供更多的优质上市公司，从而平抑偏高的估值水平，降低股票市场的风险。从另一方面来看，私募股权投资基金的投资不仅仅限于非上市公司，对于上市公司的收购和改造也占有较高的比重。股权分置改革同样也为私募股权投资基金作为收购方，打开了更为广阔的渠道。私募股权投资在对上市公司收购并进行重组以后，也可以通过证券市场减持股票，获得更高的股权增值收益。二是经过多年的努力和探索，我国在创业板制度和新三板制度的建设上取得了最后的成功，资本市场的多层次体系初步形成。目前，我国未上市股份公司数量远远多于上市公司数量。在大众创业热潮的推动下，我国新的中小微企业会更多。美国资本市场中的股权交易主要是场外交易，以后我国私募股权投资退出主要也将采取这一形式。为了满足未上市公司股权交易的需求，我国先在北京等地建立了区域性的场外证券交易市场，如天津滨海新区股权托管交易市场、上海浦东张江股权交易信息公示市场、华南国际技术产权交易中心、中关村股权报价转让系统、西安中联产权报价系统等。2008 年 3 月，国务院批准天津设立 OTC 市场。最终，新三板（全国中小企业股权转让系统）于 2013 年 12 月 31 日起面向全国接收企业挂牌申请。

第六，私募股权投资家队伍数量大增和专业化程度在不断提高。投资家作为私募资本的经营者和职业经纪人，承担着融资、项目筛选、投资管理、谈判、监管咨询等整个投融资过程的责任，是决定私募资本供给者是否获利、获利大小的关键人物。国外私募股权投资的运作经验表明，有一个多层次、高素质的投资家群体，是私募股权投资顺畅发展与成功的关键所在。目前，我国这方面的人才有三大来源：一是原来从事创业投资和私募投资的投资家，包括本土和海归的，特别是 2008 年华尔街不景气时，大批在华尔街长期从事投资的专家回国发展，促进了国内人才队伍的建设。二是来自金融机构，包括银行和证券公司的财经专家。他们具有丰富的金融和财务知识及资本运作经验，了解投资的基本规则和风险控制。三是通过招聘、选拔来的社会各个领域的人才，特别是行业精英。这些人具备投资家的主要素质，通过培训即可成才。我国高校还有大量接受了系统现代经济学和金融学训练的新一代大学生和研究生，可以成为我国私募股权投资和发展的后备人才队伍。近些年来，高学历的留学回国人员数量增加很快，不少是投资人才。只要下力气抓人才的引进和培训、选拔，高水平的专业化投资队伍就能在实践中成长起来。

随着我国投资者投资理性的不断改善、政府管理经济能力的不断提升，以及反腐肃贪的不断推进，在新常态下，中国私募股权投资不仅有更大的发展空间，而且会发挥更大的效力，产生更加积极的效果。因此，我们应该坚定发展私募股权投资的信心。

第三节　我国发展私募股权投资的经济后果分析

对我国的政策制定者和市场参与者来说，把握私募股权投资的发展方向和发展路径是十分重要的。我们必须从长期和短期、宏观和微观、国际和国内等视角来研究发展私募股权投资可能产生的经济后果。这要求人们对发展私募股权投资的各种经济后果有一个适当的估计，并尽力设计合理制度、创造有利条件、实现各种可能的有利结果，尽量提前准备，回避或减少各种不利结果的出现。

一、私募股权投资的微观效果

企业的目的是实现经济上的合作剩余。这种剩余的大小一方面取决于企业组织的管理效率，也就是在多大程度上可以减少交易成本；另一方面则是这一组织的生产效率，也就是企业所用技术的先进程度和技术改进的快慢程度。私募股权投资在这两方面都有积极的作用。此外，它还将促进金融机构运作效率的提高。

从"看不见的手"这一原理来说，私募股权投资基金通过项目筛选后达成与被投资企业的合作。这一发生在自愿选择基础上的交易行为本身就意味社会财富的增加，意味着投资者、投资家和企业家合作剩余已开始产生。当然，如果实施机制不当，这种剩余也会被消耗掉。私募股权投资的激励制度和风险控制制度较好地解决了投融资过程中的逆向选择与道德风险问题，投资基金的有限合伙制和声誉机制保证了对投资家的激励和约束，各种证券设计方案保证了对企业家的有效激励和对投资者的保护，退出机制或"为卖而买"、为把公司公众化而先通过并购进行的私有化提供了对市场参与者强大的产权方面的冲击力，而中长期投资的期限特征保证了企业家有各种改错和巩固盈利的机会。分阶段投资、组合投资和联合投资模式较好地保障了对企业家和投资家的激励，控制了风险，利用了各方面的资源。

私募股权投资基金对企业效率的影响是通过对目标公司的公司治理的改

进并提供增值服务来实现的。对于非上市公司，特别是创新企业，往往有股权比较单一、股本较小、股权结构不理想、债权人比较单一、偿债能力差等问题。这在不同程度上阻碍了公司的发展，也减缓了公司上市的进程。许多拟上市公司由于股权过度分散、内部人控制现象严重、企业短期行为严重、激励机制不合理、公司效率下降，私募股权投资基金主动介入有利于形成稳定的所有者与经营者之间的关系。这种稳定的经营关系就是关系型投资，即私募股权投资基金进行中长期投资，通过企业融资结构的改变而改变企业治理结构，通过各种金融契约强化对经营管理者的选择、淘汰和监管，提高董事会的独立性和运行绩效，促进企业决策的科学化，并致力于与公司管理者的沟通，提供增值服务，拓展企业市场网络，提升企业价值。私募股权投资基金与企业形成这种特点的关系，是促进企业效率长期提高的有效途径。

第一，通过金融契约对所投资的企业进行监管。私募股权投资基金不是简单的传统意义上的机构投资者，而是能够参与企业经营发展并献计献策的股东，涉及控制权（Control Right）和现金流权（Cash Flow Right）。在对企业进行动态管理过程中，以现金流权表示的业绩显著时，企业自身拥有的控制权将加强，否则，将让渡控制权给私募股权投资基金。私募股权投资基金对企业控制力的大小与企业业绩成负相关关系。当企业业绩下滑时，私募股权投资基金对企业的控制力增大；当企业业绩上升时，私募股权投资基金对企业控制力减少。这种控制力的变化反映在私募股权投资基金对企业的现金流权和投票权（Vote Right）的分布上，如表4-4和表4-5所示。

表4-4 现金流权分布   单位:%

主要股东	比例均值变化范围 （所有轮投资）	比例均值变化范围 （第一轮投资）
风险投资基金	46.7~55.5	40.4~53
创始人	31.1~24.3	39.5~29.6
其他	22.2~20.2	20.31~17.4

资料来源：齐绍洲、罗威：《风险投资基金与企业治理结构》，载《证券市场导报》，2006年10月19日

表4-5 投票权分布   单位:%

主要股东	比例均值变化范围 （所有轮投资）	比例均值变化范围 （第一轮投资）
风险投资基金	53.6~62.3	46.3~58.9
创始人	33.7~24.5	42.9~29.8
其他	12.6~13.1	10.9~11.3
风险投资基金的实际控制权	52.8~68.9	40.8~61.2

主要股东	比例均值变化范围 （所有轮投资）	比例均值变化范围 （第一轮投资）
创始人的实际控制权	23.6~12.3	37.8~21.4

资料来源：齐绍洲、罗威：《风险投资基金与企业治理结构》，载《证券市场导报》，2006年10月19日

在表4-4中，私募股权投资基金的现金流权在所有股东中所占比例的均值在46.7%—55.5%之间波动。私募股权投资基金的最小现金流权的比例均值意味着风险企业的管理水平或业绩在该投资阶段达到了标准；当私募股权投资基金的现金流权的比例均值达到最大时，表明该阶段内企业业绩未达标。从表4-4和表4-5中可以看到，在企业的生命周期中，私募股权投资基金行使的是有区别的股权。另外，随着企业的成长，对资金的需求会增加，私募股权投资基金在追加投资中将会获得对企业更大的控制权。由此可知，企业对融资需求的增加，企业业绩的下降，都会使私募股权投资基金获得或增加对企业的完全控制权。随着企业业绩的好转，控制权又会重新回到被投资企业的企业家或项目管理者手中。

第二，私募股权投资基金通过分阶段投资对企业进行监管。一般而言，私募股权投资基金并非一次性完成投资，其投资的轮数与企业的生命周期密切相关。当企业业绩开始下降或投资项目的净现值为负时，私募股权投资基金的分阶段投资方式使其保留了中途放弃投资的权利，同时成为激励企业家和项目管理者的动力，使之更加努力工作。这实际上使得私募股权投资基金获得了一个有价值期权。相反，当企业业绩上升、投资项目净现值不断增加时，等量资本所能购买的股份有所下降，私募股权投资基金在追加投资过程中对企业家和项目管理者的股份稀释有所降低，被投资股东可获得额外的资本收益，包括资本利得和股利收益。

第三，私募股权投资基金通过联系管理者加强对企业的监管。通常，私募股权投资基金会通过和企业管理层的密切接触和交流，加深对企业的了解。特别是在企业的成长期，私募股权投资基金往往会雇佣和挑选管理团队、改进企业资本结构和制定商业计划。与管理者的交流成为私募股权投资基金决策的重要客观依据。在学术研究中，有的学者以私募股权投资基金与管理层接触的时间长短来衡量这种监管力度，且认为时间长短与私募股权投资基金对其所投行业的熟悉程度有关，但与私募股权投资基金持股数无关。表4-6列示了不同国家私募股权投资基金经理每年与企业管理者接触的时间。由此可以看出，美国作为私募股权投资基金发达国家之一，其成功原因之一源于美国私募股权投资基金经理对企业管理者的接触和交流（Communication）的重视。

表 4-6　私募股权投资基金经理与企业管理层接触时间　　　　　　　　单位：天

国别	荷兰	英国	法国	美国
时间	75	154	79	194

资料来源：Research Database（Sapienza, Manigart and Vemeir）（1966）

如果说私募股权投资通过改善公司治理可以改变成本函数以提高企业效率的话，它对企业技术进步的促进则是通过提高企业的生产函数而提高效益的。经济学意义上的技术进步，是指通过技术创新、技术吸收等使企业生产函数右移（提高）。技术是企业重要的生产要素，它的获得只有通过自主（合作）研发或购买获得，而这不仅需要大量投资，而且是风险大、周期长、收益高度不确定的活动。但是当一项技术创新投入产生经济效果后，成本就沉淀下来，而产出继续增长。企业的利润最大化模型是：

$$Max\ \pi = p \times f(K,\ L,\ t) - C(K,\ L) \tag{4-1}$$
$$st.\quad \omega_1 K + \omega_2 L = C$$

当生产函数 $f(K,\ L,\ t) = Ae^{rt}F(K,\ L)$ 时，可以很容易地证明，π 会同步增长。即：

$$\pi(t) = e^{rt}\pi(0) \tag{4-2}$$

只要有持续的 R&D 投入和稳定的科技队伍，企业就可依靠技术进步保持其核心竞争力。但这通常是对现金流较好的大型企业而言才能成立。对此，私募资本的介入可以进一步扩大科研成果的市场范围和经济效果，也具有能力进一步促进企业的科研与产品开发，以便在退出时获得溢价。对大量科技型中小企业而言，尽管它们具有激励创新的体制优势，而且现代科学技术，特别是互联网技术的发展为其充分利用人力资本、智力、知识、信息进行科技创新创造了新的条件和环境，但科技型中小企业首先往往是作为技术商业化与产业化经营的孵化器和"二传手"而出现的。私募资本的介入主要是解决了企业科技成果转化环节中的资金瓶颈问题——不仅提高了科技成果转化率，而且缩短了转化周期，特别是通过技术入股的方式极大地调动了企业科技人员发明创造的积极性，也调动了科研机构与企业合作的积极性。因此，私募股权投资在企业技术创新与进步上发挥了十分重要的作用。

私募股权投资还可以提高金融机构的运作效率。银行、非银行金融机构、大型企业投资部门都可以以附属的私募股权投资基金形式或以有限合伙人的身份参与私募股权投资，特别是投资银行。一方面，他们资金来源渠道广、数量大，比专业化的社会投资机构较容易解决融资过程中的信息不对称问题。尤其是对 LBO 项目，他们更是擅长。另一方面，这些机构的专业人员具有丰富的金融和财务知识及资本运作的经验和渠道，也了解投资的基本规则和风险控制。在混业经营允许的条件下，银行等机构进行私募投资可以把部分收益低、风险小的资金转移到收益高、风险大的项目上去，实现金融业的范围经济和规模经济。比如：银行在经济低潮时，把难以贷出的资金进行股权投资，在经济回升时可以得到很高的回报。在通常条件下，银行可以提高资金周转速度和使用效率，来减少实际货币需求，节约大量流通费用。运作效率的提高使得金融业的信用创造能力得以充分发挥，从而引起资金流量和资产存量急速增长，提高金融机构经营活动的规模报酬，降低平均成本，使金融机构的盈利增加，效率提高。当然，金融机构参与私募股权投资也加大了金融风险。各主要发达国家的银行和非银行金融机构、大型企业的投资部门都加入了私募股权投资并且不乏成功案例，就充分说明私募股权投资对金融机构效率提高的重要作用。

二、私募股权投资的产业经济效果

所谓"产业经济效果"，在此特指私募股权投资发展所带来的产业组织效率的变化、各产业市场结构的变化以及资本市场的发展。产业经济是介于整个经济（宏观）与单个企业（微观）之间的经济研究范围。私募股权投资直接作用于各个产业中的各个企业，彼此的兴衰或增长速度的不一导致各个产业的市场竞争程度不一样，并最终导致各个产业在整个经济中结构比例的变化。在这些变化中，资本市场发挥着重要的资源配置作用，并推动着中小企业发展。

（一）产业结构效果

产业经济学中，产业结构一般是指不同产业在国民经济中所占的比重。按照产业划分标准，可以将整个经济分为第一产业（农业，包括林业、牧业、渔业等）、第二产业（采矿业，制造业，电力、燃气及水的生产和供应业，建筑业等）及第三产业（交通运输及服务性行业），或依经济中主导要素分为劳动密集型、资本密集型、知识密集型产业等。每一种分类还可以细分。但不管怎样分，通常一个产业都是指产品或服务在一定范围内具有同质性的企业群体。结构主义经济学家认为，在经济发展的不同时期，一个国家或地区总是有为数不多的主导产业引导经济的发展，并对其他产业产生关联和扩散效应。从长远一点看，产业结构总是在关联中变化。

从静态的观点看，一个国家的产业结构主要取决于生产要素禀赋、技术水平、政策因素及投资需求等几个方面。传统和现代国际贸易理论从绝对优势、比较优势、禀赋因素、市场特性等方面能给出一个国家或地区产业结构的合理分布状况。但技术和市场的变化，或国家经济发展战略，政治、战争等因素的改变会引发一国产业结构的变化。私募股权投资对产业结构的影响也是十分显著的。美国信息产业的发展与风险投资密切相关，并与资本市场产生了良性互动（胡海峰，2005）。

产业结构优化是经济发展的内在要求和必然结果。在产业经济学中，产业结构优化是指通过资源的优化配置，以改变产业间的供给和需求结构，使产业结构适应并带动经济增长的过程。它主要包括两个方面：一是产业结构高度化，即产业结构的发展顺着劳动密集型、资本密集型、技术（知识）密集型产业分别占优势地位顺向递进方向演进，或产业重心逐渐从第一产业向第二产业到第三产业转移，即所谓的"产业结构升级"。二是产业结构的合理化，即产业与产业之间协调能力的加强和关联水平的提高（苏东水，2000）。技术创新是产业结构升级的先决条件。人类历史上的三次产业革命无一例外都是技术进步的结果。管理创新和金融创新是促使资源在不同产业间优化配置的先决条件。近代以来，现代企业制度的推广和资本市场的发展在优化资源配置和推动各个产业合理发展中发挥了十分重要的作用。

技术创新难以转化为现实生产力，不同产业间资源供需不平衡、使用效率低下、现存企业交易成本过高等均成为私募股权投资基金成立并发展壮大的商业机会和有利条件。因此，私募股权投资基金的使命、目标与产业结构优化的内涵是一致的。不同种类的私募股权投资基金在不同的方面或以不同的方式影响着产业结构的变化。风险投资基金通过投资培育高新技术，促进科技成果市场化和产业化，加速创新制度演进，培育和壮大新兴产业。比如：互联网产业几乎都是在风险投资的推动下发展起来的。新产业的出现不仅改变了原有产业布局，而且带动了原有产业的发展，资源的组织方式也发生了变化。在美国，风险投资基金明显加快了产业结构转换的速度。收购基金通过杠杆融资，不仅改善了企业的治理结构，而且为企业进行产业整合提供资金，使企业有更多的资金收购上下游相关产业的企业，从而促进本产业的发展壮大，特别是跨国并购使产业结构的优化在全球进行。蒙牛乳业的发展，就是我国产业结构适应需求结构发展的典型案例。

在同一经济时代，不同产业的发展状况不尽相同。政府为了加速产业发展，解决因某些产业的欠发达而制约另一些产业发展的问题，或实现某些产业或地区的快速赶超，必然会选择一些主导产业或战略产业实行倾斜发展或不均衡发展。为此，政府会设立股权投资基金引导民间资本进入某些特定的领域，在政策的扶持下优先发展壮大这些产业。中国的渤海产业投资基金、山西煤电基金，澳大利亚的基础设施投资基金等都具有这一功能。当一个社会的消费结构变化巨大时，专业化的投资基金也会为适应需求结构的变化而出现，如房地产投资基金。这些特定的投资基金的运作结果会导致这些产业的发展壮大，导致产业结构的进一步优化。从实践上看，这些基金都获得了显著的投资回报，并产生了良好的产业发展效果。

（二）市场结构效果

在现行产业组织理论的哈佛范式，即结构—行为—绩效分析中，市场结构是决定产业组织竞争性质和垄断程度的基本因素。所谓市场结构，是指产业内企业的市场联系特征，即构成产业市场的卖者（企业）之间、买者之间，以及买者和卖者之间的商品交易关系的地位和特征。市场结构主要包括以下三个要素：市场份额、市场集中度和进入壁垒。前两个因素主要刻画特定市场中企业间相互关系特定市场的规模、数量分布特征，后一个要素主要刻画市场中企业与市场外潜在竞争企业的关系。

（1）市场份额和市场集中度。在市场结构中，市场份额和市场集中度是两个互相联系的要素。市场份额指的是某企业销售额在同一市场全部销售额中所占的比例。一般说来，某市场中企业越多，单个企业所占比重越低，该市场的竞争程度越高。市场集中度是指某一特定市场中少数几个最大企业（如前 4 或前 8）所占的市场份额。一般而言，集中度越高，大企业的市场支配势力越大，市场竞争程度越低。目前衡量一个市场集中度的高低可以使用 CR_n 指标和 HHI 指数。CR_n 指数是某产业的前几位企业所占市场份额之和，计算公式为：

$$CR_n = \sum_{i=1}^{n} S_i \qquad (4-3)$$

其中，S_i 为第 i 个企业的市场份额，n 为企业数目。

HHI 指数，即赫芬岱尔指数，是 O. C. Herfindahl 和 A. O. Hrschman 于 1964 年提出的。计算公式为：

$$HHI = \sum_{i=1}^{n} S_i^2 \qquad (4-4)$$

显然，HHI 小于 CR_n。当市场上只有一个完全垄断者时，HHI 为 CR_n 的平方。HHI 指数比简单的 CR_n 指数包容了更多的企业规模分布的信息，在实际应用中，特别在美国 1992 年颁布的企业兼并准则中，得到了特别的重视。

市场集中度的高低，主要取决于市场容量和企业规模。一般情况下，市场规模越大，企业的扩展余地越大，企业越易进入，大企业所占份额也就可能越小。反之，市场越小，竞争程度越高，企业扩张的空间越小，企业越难进入，大企业所占份额相对越高。当企业规模不变时，市场容量的扩大必然会降低市场集中；在经济增长、企业规模不断扩大、企业并购活跃和大企业不断膨胀时，市场容量的扩大能在一定程度上抵消这些因素引起的市场集中化。

（2）进入壁垒。进入壁垒是一种影响资源在产业组织中配置的重要市场结构因素。所谓"进入"，是指一个企业开始生产某一特定市场上原有产品的充分替代品。人们对进入壁垒的理解分歧较多，但在进入壁垒能阻碍资源的自由流动上已达成共识。产业组织理论的创始人之一贝恩把进入壁垒定义为"使潜在进入者处于与已存厂商相比不利竞争地位和使已存厂商能长期获取常态利润的因素"。他的定义仅涉及经济因素，没有考虑技术和法律的因素。而斯蒂格勒的定义则更窄。他认为，进入壁垒是一种（在某些或某个产出水平上的）生产成本，是打算进入某一产业的新厂商必要的负担，而已在该产业内的厂商则无需再有这一负担。不难看出，这个定义侧重于原有企业与潜在企业之间在需求和成本条件方面的不平等。根据这个定义，现有企业对潜在进入企业的任何优势都是进入壁垒和长期垄断利润。由此推论，如果原有企业和进入企业在市场上面临同样成本和需求条件时，就不存在进入壁垒了。正是在这个意义上，在任何既定的产出水平上，若现有企业和潜在进入企业具有相同成本条件、规模经济，就不构成进入壁垒。

资本集中和股票市场的大发展，使得为了创办企业和扩大企业规模而购买一定生产要素成为可能。更为重要的是，购买整个企业即兼并也成为可能。兼并可获得现成企业的现成要素、现成企业组织，对其进行调整后为我所用。兼并改变了企业组织结构，从而改变着市场结构。兼并最直接的表现是减少现有企业个数。但从适度竞争角度分析，兼并对市场结构的优化意义也较明显。过于垄断会导致自满自足和减少创新活动；过多的竞争则会挫伤创新的积极性，因为创新者并不能从创新中得到足够的报酬。经济学家鲍莫尔提出可竞争市场理论：不要太多的企业，只要存在潜在的进入压力，即存在一个可竞争的市场结构就能有好的市场绩效。对于这种潜在的进入压力，可以理解为一种机会竞争。一定程度的机会竞争替代实际存在的厂商间竞争，既保护了竞争，又有益于减少生产能力过剩造成的浪费。同时，如果进入较为自由，对已形成的垄断也可通过一体化生产加以抑制，也避免了过度竞争的浪费。兼并和集中并不总是低效率的，对其合理性的判断是看资源配置效率是否受到损害，而不是片面地看是否有损竞争。企业兼并是追求利润最大化的个体理性行为，在此可以用"希克斯效率"原则——以赢家赢的比输家输的多来分析兼并：兼并行为若利于整个行业的企业规模和结构合理化、市场绩效提高和产业结构更新，即使损害了一部分企业的利益，兼并也是有效率的。

目前，我国市场结构的特征主要表现为三个方面：（1）产业中企业规模水平低。从全社会来看，大中型企业所占比重偏低，小企业所占比重过大。多数行业基本趋势是企业平均规模在增加。但与经济规模相比，企业平均规模依然偏小，大量未达到最小经济规模的企业提供工业行业的多数产品，反映出我国工业企业规模低下。近二十年的城镇化过程和创业大潮进一步加剧了分散化、小型化局面。这一方面激化了企业规模结构失衡状态，另一方面在市场还不发达和信息传递与处理也欠发达的环境中，不适当地增加了交易范围和交易次数，导致交易费用不经济。（2）产业集中度低。中国的市场结构分布差异小、分散化、小型化问题十分突出。过度分散的竞争是中国产业组织结构的显著特征。通常较大企业的良好经济效益成为工业集中的动机。具有较高收益率的大企业比小企业向社会提供更多的财富。产业集中度越高，大企业拥有的资源越多，整个产业经济效益就越高。我国整体产业集中度低，全部39个工业行业中仅石油、天然气、采掘业的前四位集中度超过50%，大部分（64%）行业的前四位集中度低于10%。而在市场经济较为发达的国家，大多数制造业活动是在拥有大量买主下的少数制造商和松散控制的市场中进行的。过低的产业集中度证明产业内资源配置过散，必然影响经济效益。（3）产业的行政垄断色彩较浓。尽管经过三十多年的经济体制改革，我国对各行业的行政垄断已放开很多，但实际上行政垄断仍在顽强地起作用。①地方行业保护主义仍很严重。为了片面追求经济指标的增长，无论本地区的企业经营是否具有比较优势，地方政府都会将它们的保护伞张开，使本地的地方国营以及所有地方其他类型的企业得到保护。②行政部门间的利益争夺也是一个不争的事实。产业的政企同盟造成新企业进入困难、老企业退出不便和产业组织结构僵化，以致调整颇费周折。③政企不分的现象比比皆是。第一，政府完全拥有具有自然垄断性质的公共事业（如城市供电、燃气、地铁等）或产业（如邮电、广播电视、铁路航空等）。第二，政府独资或大部分控股各种竞争性产业。行政垄断存在的结果是：一方面，政府需要将有限的财政资源用以补贴众多长期亏损的国营企业，以支持代理成本甚是高昂的国有大型、特大型企业集团，无法提供更令人满意的公共服务。另一方面，行政垄断使政府部门难以公平地对待所有竞争者。这些竞争者兼裁判的垄断者难免会对市场的新进入者及非国有企业采取歧视态度，并且置消费者权益于不顾，造成资源的大量浪费。中国现阶段的市场结构正忍受着行政性垄断与市场集中度低的双重折磨。

在市场结构方面，私募股权投资将产生以下直接效果。

（1）扩大企业规模，提高产业集中度。股权投资与企业兼并是市场经济的必然产物。要发展市场经济，提高产业的竞争力，特别是提高产业的国际竞争力，就必然出现促进产业集中的企业兼并和股权投资。虽然促使大企业生成和资本集中的路不止一条，横向联合，行政性关、停、并、转，以及政府自己组建大企业可能都会达到目标，但是均不能替代兼并和私募股权投资所能起到的作用。对于中国来说，改革的目标之一是把企业推向市场，而私募股权投资可以被认为是企业交易市场行为的最高形式。因为企业和股权投资首先是一种市场交换活动。它的实质是，在公开市场上对企业的控制权进行的交换活动，交换的主要内容是由各种生产要素构成的整体商品——企业。

既然企业本身已进入市场参与交易，在市场竞争中买卖别的企业或被别的企业买卖，真正地感受到市场竞争的巨大压力会增强企业的危机感和紧迫感。同时，竞争中实现的企业并购和股权投资显然加速了产业的集中速度，是大企业成长的过程。

（2）减少行业内部过度竞争，抑制行政性垄断。过度竞争与合理竞争是处在不同层次的竞争，二者产生的经济效果截然不同。过度竞争状态下的企业不具有生命周期，闲置的资源不退出该行业，还要耗费大量的财政补贴。现有大中小企业在过度竞争市场结构状态下作为"全能企业"共同参与竞争。一是源于我国曾经有过的需求急剧膨胀下的卖方市场；二是地方保护主义；三是相对于中小企业，我国大企业本身的竞争优势不明显。不同规模企业（大中小企业）在企业总数中的比例关系反映着规模经济利用和技术进步状况。多数产业内合理的产业组织状态应该是：建立竞争性的并有分层竞争和协作相结合的市场结构，在大企业作用增强的同时，中小企业仍然有着广阔的发展空间。兼并和股权投资有助于减少行业内过度竞争，形成合理分层的市场竞争结构。兼并促使大中小企业关系重新组合。在与大企业的联合中，中小企业由"小而全"整机整车生产企业转为"小而专"的零部件生产企业；企业集团通过兼并或控股对方对其核心层进行充实。集团内企业间的竞争是中小企业围绕骨干企业在产品质量、交货时间及价格方面的竞争，已不是大小企业间的竞争，从而形成分层竞争结构。企业兼并和企业集团的发展互为推动，可以促进我国市场结构合理化进程。所有这些，也应该是供给侧改革的重要内容。与此同时，私募股权投资机制也发挥着抑制行政性垄断的作用。兼并一直被认为是有碍竞争的，因此通常在国外的反垄断法中都有专门针对兼并行为的章节。有关处理兼并的规定属事前防范，主要是因为事后处理不仅有延时性而且判定成本较高。从目前发展的趋势看，各国的政策和法律都为了提高综合国力而对兼并行为趋向宽容。对于带来经济结构有效率的重组、推动经济增长的兼并，法律也因无法扭转资本集中及积聚规律而视其为合理。在我国市场结构势力中，更为强大的是区别于市场垄断的行政性垄断。这种垄断势力的侵入使市场发生变异，在市场运行中不断被营造、复制，并计划出非市场因素，扭曲市场本应具有的资源配置功能。行政性垄断是造成我国市场竞争不足的原因之一。跨区、跨业的兼并有利于打破行政力量对市场的分割，促成全国统一市场的形成并使行政性市场垄断失去根基。同时，规范化的兼并和股权投资均应在平等自愿、互利有偿的原则下依照市场规则进行，任何行政干预行为都是非市场行为。伴随着私募股权投资市场的发展，行政力量的作用在各个产业的影响将被削弱，行政垄断将逐步降低。私募股权投资行为将成为抑制行政性垄断、发展一定程度的经济性垄断的有效途径。

（3）外资并购的两重效果。自 2005 年以来，我国私募股权投资中的并购市场活力突然爆发，各种收购兼并活动风起云涌，外资并购更是独领风骚。外资进行并购投资，从总体上有利于产业结构的合理化。一方面，对于一些过分竞争的行业并购可以减少企业数目，增强企业实力，提高产业集中度。我国的汽车行业厂商数目多，单个规模小，并购有利于提高竞争力。另一方面，对于一些垄断性行业，并购可以增加竞争企业的数目，降低产业集中度。并购后，电信行业将打破价格垄断，降低目前过高的市场集中度。此外，外资并购能够发现被低估的优秀上市公司的价值，有利于改善上市公司治理结构，有利于一部分国有企业脱困问题的解决，有利于企业的技术外溢，有利于加速技术在企业间的流动，有利于企业的劳动者待遇和技能的提高，有利于推进我国科研机构和中介机构的市场化，等等。1982 年全中国所有汽车厂生产的小轿车的总产量为 1000 多辆，通过外资并购，以市场换技术，2005 年一年的产量就达到 300 多万辆。正是因为外资的进入，使得我国汽车企业获得了先进技术，提高了生产效率，最终得到发展和壮大。中国上市公司平均 ROA（总资产收益率）仅 1% 左右，ROE（净资产收益率）只有 2% 多一点，很多公司只有百分之零点几。相比之下，美国上市公司平均 ROA 为 7.5%，ROE 是 20% 多。可以看出，中国的很多公司坐拥太多资产，但没有创造什么价值。其中有两个很重要的原因：一个是在商业模式上没有很大的变化，另一个是中国的资本市场没有对企业发挥应有的激励作用。凯雷、华平等进入中国，对中国企业的资产进行有效整合，使得资产的使用效率得以大幅度提高，使企业的盈利模式也发生了根本性的改变。

三、宏观经济效果

私募股权投资对微观实体经济效率和产业发展的影响，最终将在宏观经济上表现出来。这种表现主要体现在它对经济增长、就业水平和宏观经济运行的稳定性上。

（一）私募股权投资与经济发展

金融工具或金融制度安排与经济增长的关系十分复杂，许多著名的学者都对此进行了深入的探索。在新古典主义框架中，实体经济的发展与金融体系是分离的，或者说金融体系对经济发展不产生影响。20 世纪 30 年代的世界性经济大危机和随后凯恩斯主义的盛行，使得金融部门被当成了执行干预主义政策而进行大量投融资的工具，金融制度安排与经济增长之间关系的研究就受到广泛的重视。时至今日，到底是经济增长促进了金融制度变迁和金融工具创新还是金融创新促进了经济增长，尚无明确的实证研究结论。只是自麦金农（1995）等人提出金融深化理论以来，人们不再简单地认可金融与经济的所谓从属关系，而是强调金融与经济发展之间存在着相互刺激、相互影响的关系。如果把某种金融制度安排或金融工具外生地从发达国家引入，这一制度安排或金融工具对本国经济发展的影响就有确定性的结论。

根据罗默（Romor，1989）、卢卡斯（Lucas，1988）的内生经济增长理论，我们引入一个最简单的内生增长模型——AK 模型。它说明了产出与资本之间的一种线性关系。假定产出为：

$$y = A(t)K(t) \qquad (4-5)$$

其中，K（t）为广义资本存量，而反映技术水平的因子为：

$$A(t) = A_0 e^{ut} \qquad (4-6)$$

那么，我们可以证明，经济增长率为：

$$\frac{\Delta y}{y} = u\Delta t + \varphi s - a \qquad (4-7)$$

式中 a 为资本的折旧率，s 为储蓄率，φ 为储蓄向投资的转换率，u 为常数。我们可以把 φ 分为由银行信贷、公募发行股票或债券引起并内生决定的储蓄向投资的转化率 φ_{NPE} 和外生决定的 φ_{PE}，即通过私募股权投资产生的储蓄向投资的转换率之和，即：

$$\varphi = \varphi_{NPE} + \varphi_{PE} \qquad (4-8)$$

那么，私募股权投资对经济发展的作用就是显然易见的。

由技术进步引发的经济增长是与时间成正比增加的。实际上，也可以分为由经济系统和除私募股权投资以外的金融制度共同决定的部分和由于私募股权投资促进技术进步引起的因素之和，即：

$$u = u_{NPE} + u_{PE} \qquad (4-9)$$

也就是说，私募股权投资还通过促进技术进步而促进了经济发展。所以，私募股权投资不仅通过疏通投融资渠道增加了要素的投入从而起到增加产出的作用，也会通过提高要素的使用效率而增加产出，还可以通过促进金融业的发展而增加产出。

（二）私募股权投资对就业的影响

实际上，就业问题是一个比经济增长更为重要的宏观经济问题。著名的奥肯定律表明，经济增长与就业率的提升之间是正向变化关系。如果说私募股权投资促进了经济增长，自然也促进了就业率的提高。

从机理来分析，我们可以就各类私募股权投资基金分开来进行。首先，作为促进科技进步的风险投资基金，对就业的影响与科技进步本身对就业的影响是一致的。科技进步对就业的影响是双重的。从短期来看，技术进步会减少就业，但从长期来看，新产业的发展又会提供更多的就业（高杰，

2008）。就历史和美国的情况而言，风险投资极大地促进了就业（马军伟，李永周，2005）。其次，LBO（并购）基金也对就业产生了巨大的影响。LBO收购给被收购企业员工带来了失业的危机感。实际上，LBO对被收购企业就业岗位的影响不仅与被收购企业存在的问题有关，而且与收购发生时所处的整个经济景气状况有关。如果被收购企业是因为严重冗员而导致利润和效率上不去，新的投资方入主后肯定会在短期内实行严厉的裁员政策，只有等到效率提高和企业有能力扩大再生产时才会增加就业岗位。外资在并购中国国有企业时，就会出现员工失业。如果投资方入主时经济景气，投资方可以重新调整企业内的分工，扩大生产，以解决冗员问题。如果被收购企业是市场拓展不得力或产品质量有问题，投资方可以不用裁员就能解决这些问题；等到这些问题逐步解决时，还会增加企业的就业岗位。因此，杠杆收购的就业效应短期呈现出不确定性。但就长期而言，它将促进就业率的提高。这与风险投资和科技进步一样，呈现出J曲线效应，即表现为先降后升的特征。欧洲创业投资资本协会（EVCA）和欧洲一所大学进行的一项研究发现，2000年至2004年，创投资本通过全资收购方式所并购的企业共为欧洲创造了42万个就业机会，就业增长率远高于同期欧盟就业增长率0.7%的水平，达到2.4%。第三，就各类产业投资基金和房地产投资基金而言，因为它们是促进某个产业发展壮大或解决企业融资难问题的，投资的介入都需配备一定数量的劳动力投入，这两类基金会一开始就增加就业机会。实际上，私募股权投资基金在促进某种特定产业发展时，往往会带动相关产业的发展并进一步创造就业岗位。

（三）私募股权投资与宏观经济运行的稳定性

宏观经济稳定是指社会经济总量和结构的短期均衡。从收入决定的简单凯恩斯模型可知，国民储蓄全部有效转化为投资，是国民经济总供给和总需求处于均衡状态的首要条件。从指标上看，宏观经济稳定表现为GDP增长率、失业率、资本市场指数等不出现大起大落，人民生活水平稳步提高，国家政治稳定，宏观经济政策具有连续性和相对稳定性。

私募股权投资与任何其他投资一样，是在不确定性和充满风险的条件下进行的资本运动。一方面，外部宏观经济环境的状况会影响投资的多少、方向、地区；另一方面，私募股权投资的进退会影响总投资的稳定性。当宏观经济环境恶化时（如2007年美国次贷危机发生以后的几年），私募股权投资的风险会加大，特别是此时在金融业、房地产业、能源产业等的投资机会减少，风险更大。理性的投资家会十分谨慎，常常减少投资或持币观望。投资的减少首先会加剧危机，但当危机深化到一定程度时银行不敢轻易放款，私募股权投资能起到雪中送炭的作用，会促使整个经济较早复苏。正如黑石创始人兼 CEO 史蒂芬·施瓦茨曼（Stephen Schwarzman）所言，此时，对私募股权投资也正是播种和黄金遍地的时候。当经济高涨时，特别是资本市场和房地产市场存在较大泡沫时，通过 IPO 退出的投资在此时退出有抑制泡沫扩大的效果。

从私募股权投资的投资策略或方式看，它可以缓解经济和金融危机。专家投资的特性可以克服非理性行为和噪声交易。私募股权投资是长期投资，不会像对冲基金、金融衍生产品等投资工具一样造成短期的市场波动；它还采用分阶段投资和组合投资分散投资风险。虽然在 LBO 中，高杠杆率加大了金融体系的风险，但如果监控得当，这种风险可以控制在一定范围内。当整个资本市场中私募股权投资的比例提高后，整个经济体系的金融杠杆会下降，金融危机发生的概率会下降。此外，私募股权投资的进退与其余投资的进退在时间上一定程度的交叉将起到稳定金融系统和整个宏观经济的作用。

本章小结

本章结合时代背景和市场机制，对我国为何要进一步发展私募股权投资进行了理论分析。我国资本市场的缺陷和经济发展、经济改革的内在要求表明，发展私募股权投资是必要的。市场取向的经济改革的成功和商业机会的大量存在，为我国在这一领域的发展创造了十分有利的条件。党的十八届三中全会和四中全会的决议为私募股权投资的发展提供了根本性的制度保障。发展私募股权投资对我国宏观经济的稳定发展和"供给侧改革"，对企业治理结构的改善和企业技术创新等都将产生积极的影响。在经济新常态的条件下，这种影响和效果将更加突出。此外，我们也要在发展的过程中适当处理和预防它可能会引发的不利后果。只有这样，我们才能坚定发展私募股权投资的信心。

第五章　我国发展私募股权投资的体制与机制

从政策意义上说，发展我国的私募股权投资在宏观层面上是促进经济平稳发展和扩大就业的需要，在微观层面上是改善公司治理和提高资本市场效率的途径。实际上，必须结合具有中国特色的体制和机制来制定政策才能实现这两大目标。因此，我们必须对中国未来经济发展中的商业机会和可能遇到的困难有一个清楚的认识，必须不断改革现有的政治体制、法律体制、经济体制，不断改进相关运行机制以保障企业有效地获取这些商机，创造出更多的商机，并克服各种前进中的阻力和困难。

一般来说，体制（System）和制度（Institution）是两个不同的概念。制度是约束人们行为的行为规则，而体制是制度的集合，是由一系列具有互补关系的制度构成的有机体。尽管人们可能经常对此二者不加区分地使用，但严格地说，单一制度或一些关联不强的制度集合不能称之为体制。比如：企业体制是有关企业的组织模式、治理模式、竞争制度、激励制度等的有机制度体系，金融体制则是有关金融市场和金融机构的设立制度、交易制度、监管制度等的有机制度体系。

与传统的新古典理论不同，以青木昌彦为代表的比较制度分析（CIA）理论认为，同一体制内可能包含各种不同的制度（制度的多样性），不同体制之间也可能存在较大的同质性（体制的趋同性）（青木昌彦，奥野正宽，1999）。由一种制度向另一种制度的转移称为制度变迁（Institutional Changes），而由一种体制向另一种体制的过渡，称为体制转型（System Transformation）。改革（Reform）一词则包含了制度变迁和体制转型这两个含义。

机制（Mechanism）原是指一部大型机器各构件之间在实现机器功能中的协作方式和运行原理，是物理和微观层面的概念。在应用于经济实践时，机制是指一个具体计划或机构的运作方案或实施设计。激励机制设计理论认为在信息不对称的条件下，人们可以利用人的行为特征和行为成本进行激励机制的设计，减轻信息不对称，提高经济效率。各个投资环节的合理机制设计是保障私募股权投资成功的重要方面。私募股权投资的治理机制是政策制定者不可忽视的重要事项。

各种体制、机制与私募股权投资的发展通常有着双向互动的关系。正确认识这些关系是进一步发展我国私募股权投资的基础，正确处理这些关系是我国私募股权投资可持续发展的关键。在经济体制中，最重要的是我国的企业体制与金融体制。可以说，私募股权投资与此二者具有很强的互动关联：一方面，私募股权投资需要适当的体制和机制作为环境支持和运作条件；另一方面，私募股权投资的发展也会推进二者的改革和创新。

从私募股权投资长远发展的角度看，在所有的体制中，最重要的是政治体制，其次是法律体制；在所有的机制中，最重要的是市场机制，其次是人才选拔和激励机制。从改革与发展的关系看，体制改革和机制改进的出发点是更好地发挥市场机制的作用。

第一节　中国投资的政治和法律环境

无论从理论分析还是从各国私募股权投资发展的实际情况来看，我们都不难发现，市场机制是私募股权投资发展的核心机制，它的有效发挥需要有能与之相适应的制度环境。政治的核心问题是权力；法律的核心问题是权利；投资的核心问题是风险与回报。政治权力可以通过法律规则影响权利的分配；权利的分配会影响投资的风险与回报。因此，政治制度和法律制度是最重要的制度；政治和法律环境通过对企业活动和金融投资活动两方面的影响而影响私募股权投资的发展。所以，分析中国的政治与法律环境及其影响是研究中国私募股权投资发展的一个重要前提。

一、政治环境及其对私募股权投资的影响

（一）政治环境

政治环境是特定政治主体从事政治生活所面对的各种现象和条件的总和，一般可以划分为政治体系内环境（包括政治资源、政治模式、政治局势等）和政治体系外环境（包括自然环境、社会环境和国际环境等）。政治环境就是一个国家或地区在一定时期内的政治大背景，是各种因素的综合反映，诸如国内危机、针对商业的恐怖主义行动以及国家之间在特殊地区的冲突，等等。这些问题可能偶尔发生，也可能经常发生。政治环境是政治体系存在和人们从事政治及经济活动、进行政治和经济决策的基本依据。政治环境主要包括以下几个方面：（1）基本政治制度；（2）政治意识形态；（3）政治势力与政治资源的分布与对比；（4）政治稳定性与发展方向；（5）国际政治局势与国际政治关系。

基本政治制度是指一个国家或地区在一定时期内政治权力的组织、分配

和实施的总的原则和方式。世界历史上出现过的基本政治制度有邦国制、僭主制、帝国制、党国制、共和制等几种，每一种中又有各种变体。各种所谓的基本政治制度在很多情况下是名不副实，或者只说不做，或者只做不说，或者权力者只是有选择地做和说。

政治意识形态是关于基本政治制度与政权合法性的理论依据，是基本的政治理念。在某种政治意识形态的指导下，执政者通过设计政权组织结构、统治形式、政治策略手段以及整个政治系统的运转机制，从而控制社会团体之间的冲突。执政者力图通过他们合意的政治意识形态将其政治影响力转换为人们心理上的政治权威，并且使这种意识形态成为公共舆论，成为衡量人们政治行为的价值标准和尺度，从而使它在社会的实际政治活动中持久地起着政治强制手段所不能起到的作用。

政治势力和政治资源的分布和对比是基本政治制度及权力体系的维系和变化的客观依据。政治势力是指政治团体和政治人物的政治影响力。政治资源主要包括支持力量群体的规模、质量、经济资源、军事资源以及思想资源，等等。这些资源在不同政治团体和个人中的分布通常决定了政治的基本状况和发展趋势。

政治稳定性，即政府与政策的稳定性，涉及的因素很多。这些因素主要包括政治事件、财政状况、科技革命、军事行动、外交影响等。其中最为常见的影响因素是政治事件，如政治运动、社会危机、经济危机、政治轮换、政治领导人的去世、政治理念的改变、新政治力量的出现和崛起等，都可以导致政府的变动和权力的更替，更容易导致政策的改变。

国际政治局势与国际政治关系是政治环境的外部条件。它们可以通过改变内部政治环境而起作用。

（二）政治环境对私募股权投资的影响

首先，政治环境通过对企业的影响而影响投资的风险与收益。政治环境影响企业的经营范围、经营规模和经营效益。比如：军火在美国可以由私营企业生产，而在所谓的非民主国家则只能由国家控制生产。所谓的民主国家也可以因政治原因影响企业的经营。比如：美国政府曾起诉过微软公司违反反垄断法。如果国际上存在可以与微软抗衡的同类软件公司，美国政府就可能不会有类似行动。所以，私募股权投资基金对自身及其所投资的企业都必须有政治考量。

其次，政治环境可以影响私募股权投资的投资过程。执政者或政策制定者可以侧重不同利益集团的利益，以这样或那样合理或不合理的理由限制或鼓励民间资金的募集、投资和退出。多年以来，中国政府在大多数时候都认为房价涨得过快，社会民众以"买不起房"为由给政府施压，政府也担心房地产市场崩溃造成不良的经济和社会后果，二十多年来，中国 A 股市场几乎再没有房地产类的企业能够 IPO，不利于私募股权投资基金对这类企业进行投资。

第三，政治环境通过对财政与金融政策的影响而影响私募股权投资的收益。工商、税收、利率和财政政策对私募股权投资的影响从来就不可低估。

第四，在腐败的政治环境下，股权投资可以演变成权力投机。通过官商勾结，少数私募股权投资基金可以获取私募股权投资中的一些不正当却有利的条件，可以通过政治途径来避免投资必须面对的风险。私募股权投资的正常秩序一旦破坏，企业不需要创新和提高效率就可以获得高额利润，私募股权投资的功能也得不到发挥。更为严重的是，腐败到了一定级别，就演变成政治问题。

总之，政治环境的变化会加大私募股权投资的风险，不当的政治环境加大了投资领域的不公平。私募股权投资的相关行为主体必须有清醒的政治头脑，政策制定者则要有政治发展和顾全大局的意识。

二、法律环境及其对私募股权投资的影响

（一）法律环境

市场经济的本质是法治经济。适当的法律环境是私募股权投资的基本制度保障。法律环境主要包括以下几个方面：（1）法律规范。包括宪法、法律、行政法规、地方性法规、自治条例和单行条例。宪法是高于其他法律的国家根本大法，规定国家制度和社会制度最基本的原则、公民基本权利和义务、国家机构的组织及其活动的原则等。法律是从属于宪法的强制性规范，是宪法的具体化。（2）国家立法、司法和行政机关构成法律组织机构。在西方国家，立法、司法和行政是三权分立和相互制衡的。一个人不可以同时充当这三种角色中的两种。（3）政府和社会的法律意识。政府和社会民众的法律意识是法律观、法律感和法律思想的总称，是这些行为主体对法律制度的认识和评价。政府依法行政，公民依法行动是最基本的法律意识要求。（4）国际法所规定的国际法律环境。这是行为主体涉及跨国活动时需要遵守的行为准则。这些法律环境构件在不同的政治环境中其有效性和产生的后果是不一样的。

（二）政治与法律的关系：法制与法治

政治和法律都是有关社会秩序和利益关系的游戏规则，都是属于上层建筑的范畴。如果有一部能得到社会成员共同遵守并且可以有效实施的关于游戏规则的规则，那么政治与法律就是平行的，政治和法律也是可以分立的，而这样的国家就是法治国家。法治国家的特点是，不仅在法律面前人人平等，

人权和财产权神圣不可侵犯，而且有保障这些权利的宪法，或者说，宪法至上。这些特点也就是法治原则，它也是市场经济有效运行或者说市场机制能有效发挥作用的制度基础。

一个国家如果没有宪法，或虽有宪法但不能或没有付诸实施，这样的国家即使有法律，也只能说是法制国家。在法制国家里，法律是一部分人用以维护自己的根本利益而约束另一部分人行为的规则。虽然在两部分人的利益一致的地方或时候，法律对整个社会是有积极作用的，但作用终归有限，矛盾迟早会发生。在只有法制（Rule by Law）而没有法治（Rule of Law）的国家里，法律面前人与人是不平等的，法律与政治也不是平等的，或者说法律只是政治的工具或形式。

宪法是国家法的基础与核心，法律则是国家法的重要组成部分。宪法主要约束的是政府行为，法律主要约束的是公民行为。"依法治国"首先是依宪治官，然后才是依法治民。如果没宪可依或有宪不依，官员可以无法无天，可以"合法地伤害人"和"有选择地赐福于人"，法律面前不可能人人平等，国家自然不可能是民主国家。事实上，人权和财产权的不可侵犯是不可分离的，如果人权得不到保障，财产权就很容易被侵犯。民主先贤们强调：财产不可公有，权力不可私有，自由最为珍贵（哈耶克，1959）。

（三）法律环境对私募股权投资的影响

与私募股权投资有关的法律规范有许多，它们的不断完善固然重要。但更为重要的是，它们的有效实施取决于宪法的执行力度和政治环境的适应程度。私募股权投资是以市场机制为基础的金融交易，交易的前提是产权清晰，交易双方在政治上自由平等。资本是趋利的，不健全的法律环境加大了投资的风险。在这样的环境里，资本所有者和资本运营者要想有作为，就必须选择与权力结合，或者去更加自由开放的地方投资。私募股权投资正面功能的发挥必须有良好的法治环境。自由民主、依宪治国的政治和法律环境是私募权投资健康发展的根本制度保障。

三、中国的政治与法律环境对私募股权发展的影响

（一）中国的政治环境

认识中国的政治环境可以从中国政治环境与世界主要大国的相同之处和不同之处着手。自一九七八年十一届三中全会以来，中国官方对国内外宣传中国的基本政治制度时，强调的是中国是有自己特色的社会主义国家。时任中共政治局常委刘云山在哥本哈根商学院演讲时曾指出："中国特色社会主义最本质的特征就是中国共产党的领导。"这应该可以认为是中国官方最新的、关于中国基本政治制度的较为权威的解释。在中国现有的宪法中，党委、政

府、人大和政协四套班子的权力各有定位。"党委有权、政府有钱、人大举手、政协发言"是大多数中国人认识的中国政治制度。但实际上，这是对中国地方政权的认识。从中央或国家的角度看，中国的基本政治制度是党的领导、中央集权、党指挥枪。

（二）中国的法律环境

中国是法律比较完整的国家，西方国家有的法律中国基本上都已经齐备。与他们比较，中国的法律环境具有自己的特色。首先，在中国，党的文件或决议是事实上的法律，甚至是更重要的法律。《刑法》中的"投机倒把罪"直到 2008 年才被废除，此前的私募股权投资等都能以此定罪。但实际上，由于上世纪 90 年代中期中央文件就确立了建设社会主义市场经济方向，"投机倒把罪"实际上等于早已废除。其次，中国法律实施机构都要接受党的领导。

习近平在庆祝全国人大成立 60 周年大会上指出："我们必须坚持把依法治国作为党领导人民治理国家的基本方略，把法治作为治国理政的基本方式。""法治权威能不能树立起来，首先要看宪法有没有权威。"中国是有宪法的国家，习近平充分强调了宪法的权威性。

（三）政治体制改革、司法体制改革与私募股权投资

许多年以来，国有企业一直被认为是党执政的基础。近两年来，党对国有企业的领导在进一步加强。混合所有制改革的意图被一些人理解成要加大国有资本的控制力。这些人总是在强调过去十几年中国有企业的盈利状况良好，却不敢面对天则经济研究所曾经发布的一份质疑国有企业效率的研究报告①。在这样的观念指导下，未来几年即使通过混合所有改革实现国有企业从管资产向管资本的转变，股权投资领域的"国进民退"随时都可能出现。事实上，这种苗头已经开始显现。市场化的私募股权投资基金投资的企业主要是中小民企。在这样深受政治影响的经济竞争环境中，他们面临的风险将更大，收益将更低。

长此以往，在我国私募股权投资的发展过程中，市场机制根本发挥不了决定性作用，金融市场上最后能够生存下来的私募股权投资基金就是那些具有政治背景或与权力紧密结合的私募股权投资基金以及敢于违法作恶的私募股权投资基金。私募股权投资市场的竞争还可能因为不合格投资者的进入导致财富分布更加两级化，可能导致更严重的社会问题。

私募股权投资不只是单纯的经济问题，市场机制作用的发挥取决于一系列条件。为了避免私募股权投资中劣币驱逐良币的恶劣后果，只有政治清明，司法上做到惩恶扬善、经济上实现以市场机制能起决定作用的公平竞争，我国私

---

① 由盛洪主持的该项天则经济研究所研究报告称，国有企业在扣除了财政补贴、低利息、低土地等资源价格的利润增进因素后，总体上仍然是亏损的。

募股权投资才能健康地发展。也只有这样，私募股权投资才有积极意义。因此，即使从发展私募股权投资的角度看，从推进供给侧改革或混合所有制改革的角度看，中国政治和司法体制的改革也势在必行。

为了确保各项改革有序进行，通过良法善政实现社会公平正义和全体人民最大福祉，推动"把权力关进笼子里"的政治改革，中共十八届四中全会审议通过了《中共中央关于全面推进依法治国若干重大问题的决定》。这一重要文件阐明了全面推进依法治国的必要性和根本意义，明确了全面推进依法治国的重大任务，也明确指出了继续推进改革大业的法治路径。可以预期，我国的政治和法律环境将会得到不断的改善。从长远看，随着我国城镇化的逐步完成和创新经济时代的到来，权力者能给权力依附者带来的好处会大幅下降，政治改革的阻力会大幅减少。总之，即使有波折，我国政治和法律环境中的绿色因素也会不断增加，私募股权投资的制度环境终将得到改善。

第二节　经济发展阶段与企业盈利模式

一、我国经济发展与经济结构的基本事实

根据国家统计局公报，2016 年全年国内生产总值 744127 亿元，比上年增长 6.7%。其中，第一产业增加值 63671 亿元，增长 3.3%；第二产业增加值 296236 亿元，增长 6.1%；第三产业增加值 384221 亿元，增长 7.8%。第一产业增加值占国内生产总值的比重为 8.6%，第二产业增加值比重为 39.8%，第三产业增加值比重为 51.6%，比上年提高 1.4 个百分点。全年人均国内生产总值 53980 元，比上年增长 6.1%。按美元计价，2016 年我国 GDP 总量达 11.39 万亿美元，位列全球第二；人均 GDP8276 美元，位列全球第 81 名。全年国民总收入 742352 亿元，比上年增长 6.9%。

2016 年全年全部工业增加值 247860 亿元，比上年增长 6.0%。规模以上工业增加值增长 6.0%。其中，国有及国有控股企业增长 2.0%，集体企业增长 1.3%，股份制企业增长 6.9%，外商及港澳台商投资企业增长 4.5%，私营企业增长 7.5%。

图 5-1 为 2012 年至 2016 年我国经济 GPD 规模及其增长情况的比较。图 5-2 为 2012 年至 2016 年我国第一、第二、第三产业产值占 GDP 比重的变化情况。

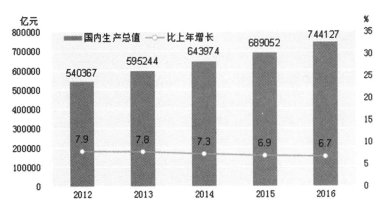

图 5-1 2012—2016 年国内生产总值及其增长速度

资料来源：国家统计局（增长单位：%）

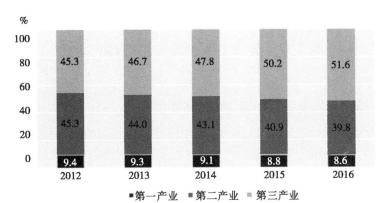

图 5-2 2012—2016 年三大产业增加值占国内生产总值比重

资料来源：国家统计局

2016 年年末全国大陆总人口 138271 万，比上年年末增加 809 万。其中，城镇常住人口 79298 万，占总人口比重（常住人口城镇化率）为 57.35%，比上年年末提高 1.25 个百分点；户籍人口城镇化率为 41.2%，比上年年末提高 1.3 个百分点。全年出生人口 1786 万，出生率为 12.95‰；死亡人口 977 万，死亡率为 7.09‰；自然增长率为 5.86‰。全国人户分离的人口 2.92 亿，其中流动人口 2.45 亿。

2016 年年末，国家外汇储备 30105 亿美元，比上年年末增加 3198 亿美元。在固定资产投资方面，全年全社会固定资产投资 606466 亿元，比上年增长 7.9%。分地区看，东部地区投资 249665 亿元，比上年增长 9.1%；中部地区投资 156762 亿元，比上年增长 12.0%；西部地区投资 154054 亿元，比上年增长 12.2%；东北地区投资 30642 亿元，下降 23.5%。全年房地产开发投资 102581 亿元，比上年增长 6.9%。2008 年全年全社会消费品零售总额比上年增长 10.4%，增长放缓 0.25 个百分点。

在金融方面，2016 年年末全部金融机构本外币各项存款余额 155.5 万亿元，比年初增加 15.7 万亿元。其中，人民币各项存款余额 150.6 万亿元，增长 11.3%；全部金融机构本外币各项贷款余额 112.1 万亿元，增长 12.8%。全年上市公司通过境内市场累计筹资 23342 亿元，比上年增加 5088 亿元。其中，首次公开发行 A 股 248 支，筹资 1634 亿元；A 股现金再融资（包括公开增发、定向增发、配股、优先股）13387 亿元，增加 4618 亿元；上市公司通过沪深交易所发行公司债、可转债筹资 8321 亿元，增加 414 亿元。全年全国中小企业股份转让系统新增挂牌公司 5034 家，筹资 1391 亿元，增长 14.4%。全年发行公司信用类债券 ［40］8.22 万亿元，比上年增加 1.50 万亿元。全年保险公司保费收入 30959 亿元，比上年增长 27.5%。

在科技发展方面，2016 年全年研究与试验发展（R&D）经费支出 15500 亿元，比上年增长 9.4%，与国内生产总值之比为 2.08%。其中，基础研究经费 798 亿元。全年国家重点研发计划共安排 42 个重点专项 1163 个科技项目，国家科技重大专项共安排 224 个课题，国家自然科学基金共资助 41184 个项目。截至年底，累计建设国家重点实验室 488 个，国家工程研究中心 131 个，国家工程实验室 194 个，国家企业技术中心 1276 家。国家科技成果转化引导基金累计设立 9 个子基金，资金总规模 173.5 亿元。全年受理境内外专利申请 346.5 万件，授予专利权 175.4 万件。截至年底，有效专利 628.5 万件。其中，境内有效发明专利 110.3 万件，每万人口发明专利拥有量 8.0 件。全年共签订技术合同 32.0 万项，技术合同成交金额 11407 亿元，比上年增长 16.0%。

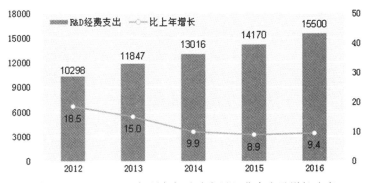

图 5-3 2012—2016 年研究与试验发展经费支出及增长速度

资料来源：国家统计局（单位：亿元；增长:%）

目前，我国科技创新、技术进步虽然取得了举世瞩目的成效，但还存在不少问题和差距，亟待加强和改进。一是我国的研发投入在国家层面和 GDP 的比例为 2.08%，比欧美一些先进国家的 3% 至 3.5% 还差得比较远。相对来说，企业研发投入更加不足。我国中等规模以上企业研发投入占销售比例为0.9%，而发达国家一般平均都在2%，或者是2%以上。在统计的36个工业行业里，高于平均值0.9%的仅占1/3，与国际优秀同行相比仍然有差距；二是科技成果转化不够，贡献率有待提升。虽然我国的专利数已很多，但高质量的少，转化率低。我国在核心技术、关键技术上对外依存度高达50%，在高端产品开发中70%的技术要靠外援，重要的零部件80%需要进口，一些关键的芯片甚至需要100%进口，其花费远超过原油进口。2016年，科技进步对经济增长的贡献率只有56.2%。从总体上看，中国经济增长严重依赖资金高投入的状况没有得到根本的改变；严重依赖资源高消耗的状况没有根本改变；严重依赖引进技术的状况没有根本改变；部分核心技术、关键技术受制于人的状况没有根本改变。因此，在中国通过发展高科技来促进经济发展的机会很多，空间很大。

以上数据都是针对整个国家的。实际上，我国各个省、市、区的经济发展很不平衡，差距尤其表现在东西部之间和城乡之间。2016年，北京人均GDP达到114609元，居民人均可支配收入为52530元；上海分别达到113731元和54305元。在甘肃，这两个数字对应是27508元和14670元。尽管我国早已制定西部大开发政策，但东西部发展差距仍然很大。虽然2008年后西部地区的经济发展速度快于东部，但东部地区人均GDP还是在西部的两倍以上。2016年，全国居民收入稳定增长，城乡差距继续缩小，但城乡居民人均收入仍差2.72倍，比上年只缩小0.01。有数据显示，2016年全国居民人均可支配收入23821元，比上年名义上增长8.4%，扣除价格因素实际增长6.3%。按常住地分，城镇居民人均可支配收入33616元，增长7.8%，扣除价格因素实际增长5.6%；农村居民人均可支配收入12363元，增长8.2%，扣除价格因素实际增长6.2%。全国居民人均可支配收入中位数20883元，比上年名义上增长8.3%。

自2012年起，随着经济增速的放缓，我国工业生产领域产能过剩问题日益凸显，并且具有普遍性，已经开始由传统行业向新兴行业蔓延。2013年一季度工业企业产能利用率仅为78.2%，同比回落1.6个百分点，比去年四季度回落1.9个百分点，是2009年四季度以来的最低点。部分主要行业产能利用率已降至75%以下。其中，建材、铁路、船舶等运输设备制造业、煤炭采选业产能利用率分别为72.5%、73.6%和74.9%。

传统产业中钢铁、水泥、有色、平板玻璃、石化、家电等都存在产能过剩，部分行业甚至出现了长期性和绝对的产能过剩。有统计数据显示，2012年中国钢铁行业产能过剩达到21%，水泥产能过剩达到28%，有色金属的产能利用率已由2007年的90%降至65%左右。部分行业甚至已经出现了绝对量和长期性过剩，电解铝产能过剩达到 35%，汽车产能过剩为 12%。另外，战略性新兴产业，如光伏行业也存在产能过剩问题。目前，我国太阳能光伏电池产能占全球的 60%，风电设备产能 3000 万至 3500 万千瓦，而产量只有 1800 万千瓦，产能利用率低于 60%，光伏电池的产能过剩达到 95%。如此大范围、大规模的产能过剩如果不能有效解决，将使我国工业陷入长期的萧条。

2016 年我国淘汰了 6500 万吨以上钢铁和 2.9 亿吨以上煤炭产能，但问题远没有解决，供给侧改革需要不断推进。所谓"供给侧改革"，就是从供给、生产端入手，通过解放生产力、提升竞争力促进经济发展。具体而言，就是要求清理僵尸企业，淘汰落后产能，将发展方向锁定新兴领域、创新领域，创造新的产业，创造新的经济增长点。

二、我国经济发展阶段分析

1960 年，美国著名经济学家罗斯托在《经济成长的阶段》一书中提出经济发展阶段理论，将经济发展分为传统社会阶段、起飞前提阶段、经济起飞阶段、成熟推进阶段、消费阶段和追求生活质量阶段。他认为起飞阶段最重要，是社会发展过程中的重大突破。该理论在西方经济学中曾产生过广泛影响，在发展中国家至今仍有相当大的影响。其中，经济起飞阶段是指经济发展由传统经济进入现代化经济的高速增长阶段。他认为起飞阶段是社会经济发展的第一次突变，一国经济要起飞，必须具备相互联系的不可或缺的三个条件：（1）提高生产性投资率，使积累占国民收入的 10% 以上；（2）建立和发展一种或多种重要的制造业部门即主导部门；（3）进行制度上的变革，迅速出现一种政治、社会和制度结构推动现代部门的扩张。

1990 年，著名竞争力专家迈克尔·波特在《国家竞争优势》一书中从另外的角度提出国家经济发展的四个阶段。他认为国家的繁荣与竞争优势的升级密切相关，表现为以下四个阶段：（1）生产要素导向阶段。这是经济发展的最初阶段，几乎所有的成功产业都是依赖基本生产要素，如自然资源、地理位置、低素质的劳动力。这一阶段的竞争主要是价格竞争，企业研发能力弱，无力创造新技术，依赖模仿和引进。处于这一阶段的国家一旦生产要素不及其他国家，产业将严重受创，完全丧失领先地位。（2）投资导向阶段。当国家处于投资导向阶段时，举国上下都会致力于生产要素的发展行动，并努力创造一个现代化的基础建设，以提高竞争条件。在这一阶段，国家会引导有限的资本流入正确产业、鼓吹冒险精神、提供暂时的保护措施以鼓励新企业加入国内市场，发展更有效率的基础设施，激励企业获取国外技术，鼓励出口等。投资导向阶段是许多国家经济发展的门槛，能成功跨越的国家很少。（3）创新导向阶段。处在这个阶段的国家要无为而治，政府的政策应该放弃过去干预产业的做法。如果国家继续执行资本调度、保护、设计产业进入门槛、出口补贴等直接干预行为，只会打压以创新为竞争基础的效率。这时候，政府应该做的是刺激或创造更多、更高级的生产要素、改善国内需求质量、鼓励新商业出现、维持国内竞争热度等。（4）财富导向阶段。此阶段的国家经济目标与过去完全不同，重心放在社会价值上面。生产要素的持续投资和产业创新的行动不再发生，导致国内的竞争活动衰退，经营战略转趋保守，企业再投资的意愿降低，经济体系创新速度减缓，资金从产业投资转向土地投资，产业开始丧失国际竞争优势。处于这个阶段的国家产业竞争优势已不足以支撑生产性就业、维系生活水平的需要，因而产生诸如失业率持续上升、生活水平不断下降、社会福利费用大幅超过经济增长所提供的能力等一系列社会问题。

以这些理论和经济发展的事实为依据，我国被广泛认为总体上处于工业化和城市化的中后期阶段。这一阶段的特点是既有非工业化的经济成分，也有工业化时代的特征，并且已经在一些传统行业出现产能过剩问题。由于互联网和信息技术的发展，我国信息经济或知识经济的特征也开始显现。但这是从整体来看。事实上，从结构上来分析，中国经济的发展是十分不平衡的，不仅东、中、西部的发展处于不同的阶段，大、中、小城市及城市与农村的发展差距则更为巨大。不仅生产要素导向和投资导向的增长因素在企业发展中发挥着重大作用，创新导向和财富导向因素的作用也在逐步加强。在中国经济中出现严重的产能过剩和国民经济增速由高速转向中高速的情况下，各省级行政区的经济发展速度差距也开始拉大，有的省份发展速度已经变为负数。更为明显的是财富在国民中的分布很不平均，贫富差距越来越大。这些不平衡不仅给我国发展私募股权投资提供了良好的机会（比如可能同时适合多种私募股权投资基金发展），也对发展私募股权投资提出了体制上的挑战。

三、经济增长方式与企业盈利模式

经济发展阶段与经济增长方式通常是相适应的。经济增长方式是指决定经济增长的各种要素的组合方式以及各种要素组合起来推动经济增长的方式。按照马克思的观点，经济增长方式可归结为扩大再生产的两种类型，即内涵扩大再生产和外延扩大再生产。外延扩大再生产主要通过增加生产要素的投入来实现生产规模的扩大和经济的增长。而内涵扩大再生产主要通过技术进步和科学管理来提高生产要素的质量和使用效益来实现生产规模的扩大和生产水平的提高。现代经济学从不同的角度也将经济增长的方式分成两类，即粗放型经济增长和集约型经济增长。粗放型经济增长方式是指主要依靠增加资金、资源的投入来增加产品的数量从而推动经济增长的方式。集约型经济增长方式则是主要依靠科技进步和提高劳动者的素质来增加产品的数量和提高产品的质量，从而推动经济的增长。我国经济向高级化方面发展的前提是经济发展方式的转变。

经济发展方式又是由企业盈利模式决定的。企业盈利模式是企业在市场竞争中逐步形成的企业特有的赖以盈利的商务结构及其对应的业务结构。企业的商务结构主要指企业外部所选择的交易对象、交易内容、交易规模、交易方式、交易渠道、交易环境、交易对手等商务内容及其时空结构。企业的业务结构主要指满足商务结构需要的企业内部从事的包括科研、采购、生产、储运、营销等业务内容及其时空结构。业务结构反映的是企业内部资源配置情况，商务结构反映的是企业内部资源整合的对象及其目的。业务结构直接反映的是企业资源配置的效率，商务结构直接反映的是企业资源配置的效益。任何企业都有自己的商务结构及其相应的业务结构，但并不是所有企业都盈利，因而并不是所有企业都有盈利模式。自觉、稳定且适应性强的盈利模式对企业来说是至关重要的。盈利模式包括五大要素，即利润源、利润点、利润杠杆、利润屏障和利润家（投资者、企业家、企业家的盟友或职业经理人等）。

实际成功的盈利模式尽管各式各样，但都具有以下三大重要特征。首先，成功的商业模式要能提供独特价值。有时候这个独特的价值可能是新的思想，而更多的时候往往是产品和服务独特性的组合。这种组合要么可以向客户提供额外的价值，要么使得客户能用更低的价格获得同样的利益，或者用同样的价格获得更多的利益。美国的大型连锁家用器具商场 Home Depot，就是将低价格、齐全的品种以及只有在高价专业商店才能得到的专业咨询服务结合起来，作为企业的盈利模式。其次，胜人一筹的盈利模式是难以模仿的。企业通过确立自己的与众不同，如对客户的悉心照顾、无与伦比的实施能力等来建立利润屏障，提高行业的进入门槛，从而保证利润来源不受侵犯。直销模式（仅凭"直销"一点，还不能称其为商业模式）人人都知道其如何运作，也都知道戴尔（Dell）公司是个中翘楚，商家只要愿意，都可以模仿戴尔的做法，但能不能取得与戴尔相同的业绩，完全是另外一回事。第三，成功的盈利模式是脚踏实地的。脚踏实地就是实事求是，就是把盈利模式建立在对客户行为的准确理解和假定上。企业要做到量入为出、收支平衡这看似不言而喻的道理，要想年复一年、日复一日地做到，却并不容易。现实当中的很多企业，不管是传统企业还是新型企业，对于自己的钱从何处赚来，为什么客户看中自己企业的产品和服务，乃至有多少客户实际上不能为企业带来利润反而在侵蚀企业的收入等关键问题都不甚了解。这样不切实际的"商业模式"在 .com 狂热的时候，简直数不胜数。总之，成功的盈利模式必须能够突出不同于其他企业的独特性。这种独特性表现在怎样界定客户、界定客户需求和偏好、界定竞争者、界定产品和服务、界定业务内容吸引客户以创造利润等方面。优秀的盈利模式是丰富和细致的，各个部分要互相支持和促进；改变其中任何一个部分，它就会变成另外一种模式。

目前我国多数企业，特别是多数中小型企业没有确定的盈利模式，或者缺乏稳定和长期的盈利模式，缺少通过行业整合和技术创新、管理创新来做大本产业的意识，在大量的商机面前往往盲目狂热。早几年股市大涨时，许多企业把自有资金或通过融资渠道获得的资金投资于股市短炒；在房地产业的黄金年份，许多不熟悉房地产行业的企业都进入到了这一行业；还有许多行业严重依赖政府政策和资源。多数企业盈利模式如此不确定，导致的经济发展必然是粗放式的。

私募股权投资基金以"调整产业布局，优化资源配置，提高竞争力"的产业整合为目标，同时也肩负着改善公司治理、提高市场效率，重振处于低潮与病态的产业的重任。我国要顺利发展这一金融产业，就必须促进企业盈利模式及国民经济发展方式的转变，并从体制上进行改革。我们认为：必须首先完善要素市场；其次是改进和优化地方政府政绩的考核方式，使地方政府不再鼓励以低效率、高能耗和环境污染为代价的 GDP 增长和财政收入增加；更重要的是，我们要倡导一套新的企业价值评估体系，不再以短期企业的盈利率为评价标准。只有这样，私募股权投资的价值才能体现，私募股权投资行业鱼龙混杂的局面才会消失。

第三节　经济体制改革的深化与私募股权投资的发展

虽然市场机制对中国经济发展的重要作用早就被改革开放的倡导者们所认识，但私募股权投资在中国的发展历程表明，即使是"私"字的提法也得与中国经济体制改革相适应。中共"十五大"提出确立社会主义市场经济后，"私营企业""私募基金"才不再受到歧视。然而，在经历了多年市场取向的经济体制改革后的今天，要顺利推进私募股权投资的发展，我国经济体制中的两个重要方面，即企业体制与金融体制的改革尚需进一步深化。

进入 21 世纪以来，从资本的性质看，国有及国有控股企业、外资企业、私营企业（民营企业）三分天下的我国企业局面已基本形成。但从影响力看，国有经济的主导性仍然比较突出。近二十多年来，现代企业制度建设使国有企业在治理结构和激励机制上迈出了许多重要步伐，企业效率得到了较大的提高。但国有企业体制的最后两个改革的堡垒仍难以破解：一是控制权市场问题，二是垄断问题。这两个问题的解决对发展私募股权的意义十分重大。

如果经营者选择不能市场化，以私募股权投资来改善国有企业治理结构就难以推行，达成交易的双方都会失去机会。如果一些国有企业仍然依靠垄断来盈利，私募股权进入后就可以继续乃至加强这种行业垄断。而这不是我们发展私募股权投资的真正目的。事实上，这两大问题也成了目前混合所有制改革的拦路虎。

从效率的角度看，任何现代企业都面临着两个基本问题：一是经营者选择问题，也就是如何保证真正有企业家才能的人管理企业的问题；另一个是激励问题，也就是如何使企业成员（特别是企业家）有积极性努力工作的问题。这是有关信息不对称条件下的产权配置问题。诞生于20世纪80年代的激励机制设计理论（Myerson和Satterth Waite，1982，1984等）为降低信息不对称所产生的效率损失提供了解决方案。几乎同时提出的现代产权理论（Grossman和Hart，1986；Hart和Moore，1990等）为解决契约不完全所产生的机会主义行为提供了重要解决思路。按照Hart等人的新产权理论，企业的所有权可定义为剩余控制权和剩余索取权，把这些权力授予专用性投资的一方，使其享有对合同中未作出规定的状态进行处置的剩余权力，就可以避免机会主义行为，从而使其作为剩余权力索取者有激励提供专用性投资。依据激励机制设计理论，企业一方面可以通过信号传递（Signaling）和信息甄别（Signal Sereening）来解决逆向选择问题，另一方面还可以通过建立在可证实变量基础上的激励合约设计来解决道德风险与收益的对应问题。从制度建设上看，现代企业制度采用的公司治理方式是内部治理与外部治理相结合，即通过股东大会、董事会、经理层的权力配置与外部产权市场、控制权市场、经理人市场等的竞争来实现公司治理。但问题是这些模型和理论涉及的变量是经过大量简化的，在现实经济中问题要复杂得多，它们提供的只是部分思路和思想。此外，即使这些理论是正确的，在现实中实施起来也可能困难重重。因此，在公司治理上没有统一模式是十分自然的。

我国国有企业的改革在经历了"抓大放小"的政策后，许多小企业已被民营化。尽管这些民营企业的领导人（大多是原有国企的高管或主管部门的官员）是不是合适的经理人选仍是问题，但他们却进入了市场环境，必须在任人唯亲与任人唯贤上权衡。至少对他们自身来说，激励机制的问题已基本上得以解决。但国有大型企业的情况就大不一样。在中央直管的一百多家特大型企业中，虽然企业副职的选聘和考核已基本实现市场化，但企业的一把手是由党中央、国务院或国务院国资委任命的，大多数都有副部级以上的行政级别，少数是厅局级；一些属国资委管，一些属国务院管，还有一些企业属其他部委或军队管。虽然中央认识到了改革的重要性，但部门利益和经济行为的行政化色彩依然很浓，改革难以进一步推进。在大多数省份，省级国有企业的领导选聘都是由组织部门确定，改革的进展更慢。

其实，企业治理中最重要的是一把手的选择机制。这一机制反映了经济体制的性质和改革深化的程度。在中国，我们可以看到的是最近两年央企领导和省部级官员互换的例子不少。就个人的职业选择和发展来说，从政与经商是可以自由选择的，但从政和经商的职业要求是不相同的。虽然说一些人两种才能兼备，但我们需要一个竞争的机制来确认。当国有企业的领导人不是由市场选择时，不仅人们在争取这些职位时可以通过其他途径来实现，而且在企业干得不好时可以选择从政的退出方式。这就无法激励国企的这些领导人在位时努力工作，特别是当选聘来的副职是能干的人才时，能干的副职也发挥不了自身的才能，甚至会增加不少矛盾。因此，在这种情况下，私募股权机制通过股权投资参与国企改革的路就难以走通，国企的改制也会在很多方面停留在形式上。

产品市场的竞争通常会给企业经理带来外在的压力，从而提高企业的效率。从企业家的角度看，即使是有竞争能力的人也希望限制这种竞争，因此，企业会千方百计地争取政府的管制。斯蒂格利兹认为，美国的许多行业管制都是企业争取来的，目的是谋取巨大利润，减轻竞争压力。而竞争被证明是提高企业效率和增进社会福利的最佳途径。因此，从长远来看，政府应当是鼓励竞争的。我国在计划经济时代，企业的经营范围是严格受到限制的。在市场经济条件下，尽管《反垄断法》已开始实施，但国有企业的垄断仍然严重。有研究表明，民营企业在基础工业、交通运输、邮电通讯、仓储、民用飞机等行业都存在难以进入的问题（刘小玄，2003）。在近几年，许多省份都在把同行业的企业通过行政手段合并成规模巨大的公司，目的也是防止竞争的加剧。这样做虽然提高了短期的效益，但就长期来说是十分不利的。特别是面对国际竞争环境，这类企业的竞争力很可能难以提高。因为这种垄断的结果又使得企业的激励机制失效，特别是对企业经理的激励失效。在效率受体制阻碍的地方，就不需要有私募股权投资。

金融体制的改革是经济体制改革的另一个重要领域，且与企业体制改革和私募股权投资的发展是相互影响的。我国加入 WTO 后，在金融体制的改革上取得了巨大的进展。到 2010 年，四大国有商业银行（工商银行、中国银行、建设银行、农业银行）已全部上市。自 2014 年起，民营银行的设立开闸，到 2017 年年初，已有 17 家民营银行获批成立；2015 年，中国人民银行宣布全面放开银行存贷款利率，利率市场化改革的政策已经落地。为了推进股市的发展，银行、保险、社保基金等被允许部分涉足证券投资；保险业的经营基本实现了市场化；近几年来，汇率的市场化正在推进；许多大金融机构都通过市场手段争取多种金融牌照后部分地开启了混业经营的模式，等等。

但是，在最重要的两个问题（混业经营与分业经营问题，存贷款利率的市场化问题）上的改革，实际上都没有取得最后的成功。而这两个问题对私募股权投资的发展来说也是至关重要的。

混业经营还是分业经营的选择，不仅在资金来源上会影响私募股权投资的发展，而且会加大私募股权投资的系统性风险。利率作为资本品的价格在市场条件下理应反映资金需求者和供给者的供求关系，反映风险与收益的内在均衡要求。非市场化的结果使银行业、保险业等会长期依靠存贷利息差来维持经营，没有深入研究和评估分类企业的动力；加上分业经营，资源配置就得不到优化，私募股权投资的主要业务——杠杆收购在我国就难以实行。

真正的混业经营，是指在风险控制的原则下在大行业的各个子行业之间实现资源共享。金融混业经营即是指在银行、保险、证券、信托机构、私募股权投资基金等金融机构都可以进入上述任一业务领域，甚至非金融业务领域。这些机构的共同特征是：都是资金供求双方的桥梁，都是金融中介组织。因此，不管从金融服务需求的便利还是金融服务供应方规模经济的考虑，综合化、全能化都应该是金融业发展的内在规律和要求。可以说，混业经营是金融的本质。德国、瑞士等欧洲大陆国家一直就实行混业经营制度。但美国、日本和英国等经历了很长时间的分业经营，直到上世纪80年代才逐步开始改革。在我国，上世纪90年代出台的《银行法》《证券法》《信托法》等明确规定，我国实行分业经营、分业监管的金融体制。但实际上，近些年来，在政策没有放开的条件下，中信集团、光大集团、平安集团、安邦集团等金融控股公司通过收购行为已经开始了混业经营的探索。众多的中小金融机构还是只能处于分业经营的模式。我国对金融监管实行的还是分业模式（一行三会）。所以，问题的一方面是中小金融机构难以获得（监管部门审批通过的）多种金融牌照，另一方面监管体制已经不能适应金融业经营模式的变化。

实行分业经营还是混业经营一直是颇具争议的金融问题，涉及金融业的经营管理体制，也涉及政府的金融监管体制，更涉及许多局中人的利益格局。事实上，分业和混业两种经营模式各有其存在的理由。混业经营的优势在于可以降低金融机构的非系统性风险，增强金融机构的竞争力，更好地为企业服务，实现投资渠道的多元化；不足之处在于难以控制系统性风险，难以监管，不利于平等竞争，等等。美国在不同时代对分业模式还是混业模式显然持不同的态度。本来混业经营的趋势目前在美国与中国已经开始明确化，但因始于2007年的美国次贷危机而引发的金融危机和波及全球的经济危机，使得问题变得更加复杂化。一方面，作为混业经营先驱的美国几大投资银行有的被商业银行收购，有的转型成为银行控股集团，进一步加速了混业经营的进程。美国在上世纪30年代由于经济危机的影响，才立法实行分业经营的。

另一方面，有百年历史之久的花旗银行却将其保险业务分离出去，走更加专业化的分业模式。在我国，混业经营之路不仅是因为分业监管的格局短期内难以改变，而且相关法律的改变困难及金融机构风险管理的水平难以大幅提高而使得它难以大量实行。但就私募股权投资业务而言，对银行和大券商开放应该是可行的。因此，我们应该限制上市公司用 IPO 融来的资金炒股和炒房地产，放行并促进券商管理的私募基金投资上市前的企业。

利率的市场化改革是金融体制改革的另一个重要方面。利率市场化是指金融机构在货币市场经营融资的利率水平由市场供求来决定，包括利率传导、利率结构和利率管理的市场化。实际上就是将利率的决策权交给金融机构，由金融机构根据资金和对金融市场动向的判断来自主调节利率水平，最终形成以中央银行基准利率为基础，以货币市场利率为中介，由市场供求和风险收益关系决定金融机构存贷款利率的市场利率体系和利率形成机制。利率市场化是近十多年来我国金融界关注的热点问题。以往许多国家通过各种利率管制手段一方面试图限制银行业的竞争，维护金融体系的稳定和安全；另一方面用以控制资金的流向和投资的成本，强制进行资本积累，支持政府发展战略中的重要行业，从而实现政府的发展战略。上世纪 70 年代以后，随着理论的发展和现实的需要，许多国家主动或被动地放松利率管制，开始利率市场化进程。我国自加入 WTO 后，也开始了这一改革，先是在外币、同业拆借利率等领域实现了市场化。但在存贷款利率上，在 2015 年以前只是实现了限幅波动的自动调节，利率管制还未完全放开。

自 2015 年起，我国已宣布实行存贷款利率的市场化。但目前的实际情况是利率存在价格"双轨制"。一些国有机构和许多地方政府的投融资平台可以低息贷到大量资金，而大量中小微企业即使能贷到资金，成本也要高出不少。国有大型银行大多有垄断性的存款来源，吸收存款的压力小。而股份制银行和民营银行一旦提高存款利率，监管部门就会来"约谈"。也就是说，利率并没有真正实现市场化，行政干预的力量相当强。造成的结果是正规金融机构的存贷款利率要远低于影子金融机构的相应利率。特别是在目前降息的大背景下，这种差别更加明显。

从国际经验看，无论发达国家还是发展中国家，权益资金仍然是中小企业最主要的资金来源。表面上来看，当利率没有完全市场化的时候，正规金融通过信贷发放筛选借款人，屏蔽风险的能力和激励受到限制，那么非正规金融存在的范围将更广（林毅夫，孙希芳，2005），以往被认为是非正规金融之一的私募股权投资将更有发展的土壤。然而，从长远的意义上看，这是不利于私募股权投资健康发展的。因为当存在某种原因或制度使部分企业的资金成本可以很低时，这类企业在决定生产要素投入时就会过分加大资金的投入，从而导致企业的资产负债率较高，容易发展为产能过剩，也加大了金融风险。对那些符合条件或通过非正当途径可以取得信贷资金的企业而言，常常会采取粗放型、投机型发展模式，拒绝与有实力的私募股权基金合作。对那些不能通过信贷途径融资的企业而言，没有实力的私募股权基金也可介入其中，而实际上难以产生投资回报，加大了投资的风险。对信贷市场的人为干预，对银行业、证券与保险行业的保护性质又促使金融业难以进入真正的混业模式，难以认真地、差别性地对待不同类型、具有不同潜在价值的企业。信贷市场的不合理竞争还会产生另外两个直接的结果。其一是非法的募资行为大行其道，最后损坏私募基金的声誉；其二是影子金融机构大量产生，资金脱实向虚，始终在金融的圈子里转，既发挥不了金融的功能，又加大了金融风险。最后的结果是导致监管的不断强化，造成"一放就乱，一管就死"的循坏。总之，在利率没有真正市场化之前，私募股权投资基金的本质特征和价值就难以充分体现。

超产权理论认为，只有在市场竞争的前提下，企业产权的改革和利润激励才能更好地激励经营者增加努力和投入。从长期来看，市场竞争是完善公司治理机制的根本保障，金融体系实现真正的市场化是其金融功能实现的前提。因此，我国经济体制的进一步改革，不仅面临着产权制度改革进一步推进的难题，而且肩负着进一步完善市场体系和金融体系的重任。混合所有制改革能走多远，可以从这两方面来衡量。只有在这两方面的改革都基本到位的情况下，我国私募股权投资行业才能有效竞争并取得最后的成功。

第四节　我国私募股权投资治理机制中存在的问题

新古典经济学的企业理论把企业当作一个生产函数。它即使认可不同企业的生产函数因为产出效率的不同而可以不同，也不能对此作进一步的解释。因此，新古典经济学意义下的资源配置是企业以外的资源配置，即交易市场和消费者的资源配置，市场机制的价值创造功能是由于个人的机会主义行为在市场规模巨大和交易频繁的条件下不起作用而实现的。但在这样的理论中，人们对企业内部的资源配置及其效率无法讨论，对企业之间的关联也只能从产业竞争的角度来分析，对企业资源整合和产业资源整合都不能深入研究。实际上，企业是由人组成的，人是有机会主义行为倾向的，企业规模和企业内交易的数量都是有限的。人的自利和机会主义行为导致人们之间的非合作性博弈可能带来很大的交易成本（威廉姆逊，2007）。在投资学及更广泛的金融经济学领域，正如我们在第二章讨论过的，与市场机制紧密相关的价值创造和价值提升都是与企业的结构或制度密切相关的，而投资利润的实现则更是需要企业内部的合理结构和有效治理。相反，即使企业面临较好的外部环境与商业机会，潜在的利润也可能因为企业内部制度安排的无效率而得不到实现。因此，对于金融投资来说，对企业内部结构与治理机制的研究就显得十分重要。

科斯、张五常等关于企业性质的理论尽管涉及了企业内部的组成主体之间的交易关系，但实际上还是把企业作为一个整体来分析的。继科斯之后研究企业的一批学者从效率的角度，更加深入地研究了企业的内部结构：典型的有德姆赛兹的团队生产理论，Jensen Meckling 的代理成本理论，哈特—格罗斯—莫尔的新产权理论，阿洪—波尔顿的控制权转移理论等。企业结构的分析是制定企业效率提高方案或者说有效治理的基础，而其分析工具则是近几十年来发展的产权理论、博弈论与信息经济学。

一、信息不对称与委托代理理论

委托代理问题是指在市场交易中由于委托人与代理人的预期目标不一致和信息不对称，从而导致两者的行为准则、价值取向不和谐甚至相互冲突，以至最终影响交易效率的情况。这一问题的解决依赖于交易的性质与交易主体的性质，以及信息不对称的类型。就前者而言，交易可以是一次性的，也可以是重复的，交易的各方之间的市场势力关系可以是垄断的，也可以是相互竞争的，等等。就后者来说，信息不对称可以从两个角度来划分：一是不对称发生的时间，可以在签约之前也可以在签约之后，分别称之为事前信息不对称和事后信息不对称（对应地会产生逆向选择问题和道德风险问题）；二是不对称信息的内容，它可以是隐藏信息或隐藏行动。

由于委托人的有限理性和代理人的机会主义行为，在信息不对称的条件下，委托人需要了解、监督和激励代理人的行为。委托代理理论要研究的主要问题是为了使交易双方的利益得到协调，委托人应如何设计一种契约机制并授权给代理人从事某种活动，并要求代理人为委托人的利益行动。也就是说，这种契约机制就是要促使代理人在采取适当行为最大限度地实现委托人的效用的同时，自己的效用也得以最大化。处理委托代理问题要涉及委托—代理关系的以下五个基础构成要素：（1）代理人的类型。即代理人完成委托人交代的任务的能力、道德状况、风险偏好等。（2）代理人的行动。即代理人为完成委托人的任务而在体力和脑力上的支出。（3）代理结果。它通常可以被委托人和代理人共同观察到，可以有多种度量方式。（4）客观随机因素（或称自然状态）。代理结果除了受代理人类型、代理人行动影响外，还受其他随机因素的影响。这些随机因素是不受代理人或委托人控制的。（5）信息不对称。即使委托人和代理人都观察到代理结果，但在信息不对称条件下，往往只有代理人能观察到他的类型和行动。此外，代理人有时能够在选择行动前观察到客观随机因素，而委托人则不能。由于机会主义倾向，代理人会为其自身利益以欺诈手段来掩盖或混淆这些信息。特别是当代理结果不令人满意时，代理人会推诿说是他无法控制的随机因素造成的，而与其自身行为无关。

对两类委托代理问题，在理论和实践中都有许多解决方案。对于逆向选择问题，通常由声誉机制、政府的强制交易与认证、信号发送与信息甄别等加以解决。而在其模型处理上，可以在考虑上述五大因素的条件下，基于代理人说假话与说真话的成本比较进行，实现分离均衡（张军，王世磊，2009）。对于道德风险问题，通常的解决方式有声誉机制、股权与期权激励、外部市场的竞争、监管等。而在其模型处理上，在考虑上述五大因素的条件下，委托人可以设计一个报酬契约，使代理人在满足两类约束条件下最大化委托人的收益。这两类约束的第一个是代理人参与约束，即代理人从契约中得到的期望效用不小于拒绝合同时得到的最大期望效用。唯有如此，代理人才有接受合同参与这种委托代理关系的积极性。第二个约束是激励相容约束，即只有当代理人选择委托人所希望的行动时得到的期望效用不小于他选择其他行动时得到的期望效用，代理人才会选择委托人所希望的行动。

非对称信息问题是投融资市场中特别突出的问题。在私募股权投资的实施过程中，私募股权投资基金一方面作为金融中介具有降低投资者与被投资企业之间的信息不对称的功能；另一方面，它又产生了新的信息不对称，即投资者、投资家、被投资企业之间信息不对称。这些信息不对称导致交易关系难以建立甚至消失，对投资者、企业、投资家均造成利益损失。因此，从市场机制作用的角度看，相关行为主体均具有降低信息不对称而达成交易的内在动力，同时也需要治理机制的创新。

二、我国私募股权投资治理的复杂性

私募股权投资实践涉及大量复杂的金额契约条款和相关法律条文（陈永坚，2007）。这些制度都是用来处理私募股权投资中各利益相关主体之间的利益关系并保障投资效率的。对私募股权投资中的委托代理关系，我们当然可以用上述信息经济学的理论和方法来处理，但实际上，投融资过程中仍然会出现许多新的情况和不确定性。因此，模型和方法总是需要不断发展的。关于这些，我们将在下一节再进行具体的研究。

一个完整的投融资周期涉及三个阶段：融资、投资和退出。整个投资过程涉及的利益主体有私募股权投资者、投资家、企业家、二级市场投资者、政府等，涉及的不对称信息条件下的行为有逆向选择与道德风险；进行激励

机制设计的方法有信号与信息配别、报酬设计。因此，制度的设计要涉及 3×5×3×2×2＝180 种情况。实际上，不同种类主体之间还有很多种组合情况，外界的环境又是变化多端的，在不同的外部条件下，这些处理方法或制度设计又很不相同，因此，需要用来处理、优化私募股权投资治理的模型非常之多，也非常复杂，要建立的制度、规则或法律自然也是很多的和复杂的。

在中国目前的条件下，私募股权投资治理的复杂性被进一步加大。一是中国的经济结构中有外资、国有及民营三种主要成分——既有三类企业，也有三类投资主体和三类投资机构，因此产生了 9 种不同的组合。这些组合在治理性质上是有很大差别的，而且它们之间又有相互交易及竞争的关系，治理起来更加困难。二是中国的私募股权投资还要受到过去风险投资和国企并购历史的影响，许多在发达市场国家行之有效的方法在中国很难实行。三是中国的政治、法律和文化环境增加了投资活动的复杂性。我国私募股权投资的治理将更加复杂，治理机制中存在的问题也更难解决。国内外私募股权投资中无效率或失败的例子比比皆是，实际上从反面说明了私募投资治理的复杂性。

三、我国私募股权投资治理中存在的主要问题

由于私募股权投资治理的复杂性与我国国情的特殊性，我们只能挑选我国本土私募股权投资治理机制中存在的主要和突出的问题来讨论。

（一）投资者行为非理性与投资决策机制不健全

证券市场上的非理性和有限理性也会出现在私募股权投资的决策过程中。不论个人投资者还是机构投资者，认知偏差和有限理性常常导致决策失误。这甚至与决策机制是否完善无关，是人类本性使然。在美国 2000 年前后的网络热中，一个简单的概念或想法就容易融到一大笔资金。在 2007 年，一些国内投资机构为了争夺好的项目，股权收购的市盈率曾达到 20 倍以上，表现出过度自信的特征。目前中国各地一窝蜂地上私募股权投资项目，明显是对投资的风险估计不够，也明显有从众行为的特征。我国个人投资者在对私募投资的基本情况缺乏了解的条件下就敢于进行投资，而一些在证券市场上投资不成功的大户因其失败的记忆可能对风险产生过度的厌恶却不敢投资。我国许多企业在不够条件进行产业投资的情况下，也欲试水私募股权投资。对不少私募股权投资项目，小 PE 跟投大 PE 的情况很普遍。这些都显现出投资者和投资机构非理性的特征。

投资决策机制则是指机构投资者（如私募股权投资基金）的决策制度安排。它通过一定的方法程序，合理、科学地分配投资决策权，形成科学的投资决策过程和制衡机制，以协调各利益相关者之间的利益和权力，确保投资

原则、投资方法、投资过程的实施，确保投资决策的科学性与有效性。科学的投资决策机制既要求克服决策的随意性，又保持适应市场变化的灵活性，并严格控制投资风险。

虽然国外私募股权投资的决策机制可以为我们提供参考，但因为它本身可能有缺陷，在我国不能完全适用，所以我国的私募股权投资决策机制需要创新。目前，我国私募股权投资决策机制尚未形成，首先表现为决策规则与程序的非制度化。不论产业投资基金还是民营资本为主的投资基金，投资决策的出台都难以坚守既定规则和程序，可能因为某个权威的意见或某种热潮的出现而容易改变。而在风险很大的条件下，投资决策的灵活性却不够。中投公司在黑石上的投资就存在决策机制上的重大问题。其次是投资风险的非市场化，表现为风险与收益的不对称。特别是以国有资本为主的机构决策后果的责任归属不明显，投资家负盈不负亏的局面依然存在。机构投资者作为有限合伙人既有搭便车的心理，又有产权缺位的特征。投资家可以依赖政策或政府来获得高利润，领导决策影响大。对投资家的激励和约束机制不够，其结果是决策反应慢、决策周期长或决策草率、执行力弱、执行效果差、风险控制不力、机会难以抓住。第三是投资监管不到位。我国私募股权投资基金大多对投资项目的跟踪调查与投资过程中的机会主义行为的监管均不到位，对投资企业的管理与增值服务的水平和努力程度都不够。

（二）报酬合约不合理，无法承担甄别和激励的双重功能

报酬合约的设计是私募股权投资重要的治理手段之一，它起到了甄别和激励的双重作用。国外私募股权投资的报酬合约一般采取剩余分享合约，并通过报酬业绩敏感性（分享系数）的调整来实现甄别和激励的双重功能。不同的报酬业绩敏感性是作为投资家和企业家的人力资本所有者表明自身能力的信号发送机制。委托人可根据这一信号甄别不同能力的代理人，而剩余分享系数的业绩依存则形成激励作用，可以有效地防范代理人事后的"道德风险"。私募股权投资机构中报酬业绩敏感性是根据其声誉的多少来调整的，而被投资企业中企业家报酬绩效敏感性则主要通过绩效期权和可转换优先股来调整：绩效越好，转换价格越高，企业家的分享系数越大。

在我国占有相当比例的具有政府背景的投资机构中，投资经理的报酬都为固定报酬合约。这种合约既起不到甄别作用，也起不到激励作用。尽管少数政府支持的或由企业创立的私募股权投资机构采取了依赖于绩效的分享合约，但分享系数是单一和固定的。另外，我国大部分私募股权投资机构的成立时间不长，缺乏涉及声誉的历史和业绩记录。在这一背景下，不可能通过报酬绩效敏感性的动态调整来实现报酬合约的甄别和激励功能（卓越，2006）。在我国，与私募股权投资机构的报酬合约一样，不少企业（特别是国有控股企业）的报酬合约同样以固定报酬合约为主。尽管股票期权激励机制已受到重视，但由于相关的法律法规和操作规范的缺乏，对国有企业或国有控股企业的经理层采取股票期权的现象还不是很普遍。我国的大部分高科技企业是在科技体制改革过程中从科研机构和高校分离出来的，基本承袭了国有企业的管理体制，经理报酬仍是以固定报酬为主。在许多民营企业中，股权激励虽然普遍但却没有长效机制。一些民营企业的股权激励本来就是以上市后高价卖出股权盈利为动机的，因此，企业只有短期做好企业的动力，有时甚至不惜在财务上造假以达到目的。尽管创业者的报酬以股权形式的分享合约为主，但他们的行为却与私募股权投资基金一样——拥有股权是为了卖出股权——其结果是损害中小投资者的利益，ST墨龙就是典型的例子。

从投资的形式来看，私募股权投资基金主要采取的是股权投资，基本不采用国外流行的债权与股权相结合的可转换优先股投资。这主要是由法律法规的不完善和我国企业所有权的复杂性所决定的。由于国内没有制定有关企业发行可转换优先股的法律法规，且在具体的操作中也存在很多法律障碍，因此投资机构很少采用可转换优先股进行投资。企业中期权和可转换优先股的缺乏，使得风险企业的报酬合约无法承担甄别和激励的双重功能。

（三）信息传递机制不灵与声誉机制的缺乏

由于私募股权投资高度的专业性以及投资者与投资家之间的高度信息不对称，投资家往往拥有私募股权投资机构事实上的控制权。为了防范投资家的"道德风险"，除了剩余分享的报酬合约外，另外一个重要的治理手段就是声誉机制。声誉机制发挥作用的基础是私募股权投资机构的有限期限和私募股权投资地域的集中性。前者使一次性博弈转化为无限次博弈，后者能保证信息的快速传递，使机会主义博弈方的声誉迅速贬值。

由于法律上的限制，我国以往的投资机构基本上都采取了公司制的组织形式，除非破产，其生命是无限存续的。这意味着投资者与投资家之间的博弈是一次性的，投资家没有连续融资的压力，其经营绩效也得不到定期检验。因此，他们缺乏努力工作以增强自身声誉的动力。另外，我国以往风险投资的地区分布很分散，近几年的私募股权投资案例也呈现投资区域集中度低的特点，不利于信息在投资家之间、投资家与企业家之间以及企业家之间快速传递和反馈，从而妨碍了声誉机制作用的有效发挥。声誉机制的缺乏不仅造成激励不足，而且使得投资者难以根据投资家的声誉来调整分享系数，实现报酬合约甄别和激励之间的均衡。在新的《合伙企业法》出台以后，尽管有限合伙制受到了重视，民营资本主导的私募股权投资基金具有体制上的优势，但由于时间短，投资家的声誉尚未建立起来。

总之，由于没有一个权威的机构可以为投资者提供关于投资家和企业家的信息，社会对投资家也没有适当的业绩考核办法，加上投资者在信息获取方面的搭便车行为，在我国私募股权投资合格投资家的遴选中，市场机制难以有效地发挥作用。

（四）私募股权投资治理机制的静态化、分立化与单向化

私募股权投资治理机制的动态化是投资家和企业家人力资本特性变化的客观要求。在西方国家的私募股权投资治理机制中，这一动态化主要表现为两个方面：首先是控制权的动态配置，即控制权配置的绩效依存。其次，治理机制的动态化还表现在分阶段投资上。分阶段投资是通过相互专用性投资以解决"承诺"问题，并使投资家分阶段考察企业的绩效，判断企业家人力资本专有性"沉淀"的程度，以做出下一步的投资决策。而在私募股权投资机构中，分阶段注资配合无过错条款将一次性博弈转化为无限重复博弈，以限制投资家的机会主义行为。

从中国的实际情况来看，以往私募股权投资基金的投资大部分是一次性注资。这与我国法律法规制定的滞后有关。中国的私募股权投资机构大部分规模不大，所管理的资本大多在几千万元至几个亿左右。根据中国人民大学私募股权投资发展研究中心课题组 2000 年至 2001 年的调查，77 家中资私募股权投资机构资本金平均为 1.3 亿元，每家私募股权投资机构平均投资 10.5 家企业。按照我国《公司法》第十二条的规定，有限责任公司和股份有限公司对外累计投资额不得超过净资产的 50%，这样即使每家私募股权投资机构将资本金的 50% 全部投出，每家风险企业平均也只能摊到 619 万元。每家企业过少的投资额不足以支撑分阶段投资，即使是资本金雄厚的私募股权投资机构也难以实行分阶段投资。因为我国《公司法》规定，有限责任公司和股份有限公司均实行实收资本金制度，从而限制了分阶段投资的使用。

从控制权配置来看，我国风险企业的控制权一般掌握在风险企业的经理（创业者）手中，私募股权投资常常表现为"消极"投资，投资家并不涉及企业的经营管理，很少进入董事会和拥有投票权。即使有些投资家进入企业董事会、拥有投票权，其董事会席位和投票权也是固定的，并不随企业绩效而变动。控制权的单边配置和静态化的原因在于：（1）在我国的商业文化中，人们常常把"老板"的位置看得比效益还重，很多情况下私募股权投资难以占到具有影响力的股权比例；（2）在国有控股的企业中，控制权的转移还受到各个方面的影响，即使是股权比例大，也可能起不到控制的作用；（3）我国企业即使能严格执行《公司法》中一股一票的原则来分配投票，董事会席位是按股权多少事先商定的，控制权是按股份的多少事先分配的，在一次性注资情况下，这一控制权是固定的，不能变动。

私募股权投资三个阶段的治理是紧密联系、相互依赖的。私募股权投资基金的治理机制必然影响到作为投资家与企业家谈判结果的企业治理，而企业治理的有效性又反过来影响到私募股权投资基金的治理。这体现在与声誉机制相关的信号反馈作用和隐性的控制权激励上。所以，私募股权投资治理机制是一个动态优化的过程。

我国私募股权投资基金的治理机制在各阶段之间存在严重的分割，目前还难以形成相互联系、相互促进的关系。首先，我国私募股权投资基金的治理机制不能有效地影响被投资企业的治理机制。严重的信息不对称、私募股权投资者的不成熟和搭便车行为使得私募股权投资基金的控制权事实上一般都是掌控在投资家手中。在以往我国经济高速增长的条件下，私募股权投资家容易获得令投资者满意的结果。他们可能是没有精力或能力来参与企业管理，也可能是不用或不能参与企业管理。其次，由于退出机制不完善，私募股权投资基金的治理与被投资企业的治理对退出机制也不能产生应有的影响。事实上，退出机制往往在很大程度上是由不得投资家和企业家选择的。而由于控制权转移的困难，退出机制即使完善起来，可能对企业和私募股权投资基金的治理也没有太大的影响。再次，即使被投资企业的治理结构改变，对私募股权投资基金的影响也可能只是业绩上的变化，难以产生其治理结构的相应改变。所有这些，事实上都有违私募股权投资的本质要求。它们在政府主导的投资基金或政府控制的金融机构为主要有限合伙人或股东的基金中表现得更为严重，以往的风险投资基金常常会发生各阶段治理行为的变异和扭曲（卓越，2006）。

在有关私募股权投资的法律实践中，众多条款往往只注意保护投资者的利益。相关法律的基本假设是，投资者总是处于信息劣势的地位。实际上，在私募股权投资过程中，投资者与投资家之间以及投资家与企业家之间的信息不对称都是双向的，单边的治理机制会使私募股权投资的效率打上一个折扣。

（五）退出和退市机制不完善

资本市场的退出机制主要是指运用资本市场系统组成要素之间的相互作用，推动资本市场主体退出市场系统的过程和方式。这种市场退出机制是一个综合的体系，包括退出标准、多渠道的退出途径及退出不同层次的资本市场等。有了完善的市场退出机制，可以增强企业和投资机构的风险意识，并且在投资失误、经营难以为继的情况下及时退出，以避免更大的损失。

从退出的方式看，私募股权投资的退出可以是公开上市（IPO）、企业并购、股份回购、管理层收购、企业清算等。从退出市场上看，退出可以在主板市场上进行，也可在二板或三板市场上进行，还可以通过场外交易市场（OTC）进行。从退出标准看，可以是企业的经营业绩和规模，还可以是市场交易的价格。从这三个方面看，我国私募股权投资的都有较大的困难。首先，我国企业的上市或挂牌交易的制度仍然是审批制。作为落实十八届三中全会精神的企业上市注册制计划在 2016 年开始实施，却因 2016 年年初股市的大跌停了下来。到 2017 年 7 月，中国证监会还加强了发审委的力量，让注册制改革的希望遥遥无期。众所周知，审批制弊端很多，显然也是私募股权投资发展和解决企业融资难问题的阻碍。其次，虽然我国的创业板市场和新三板市场已经启动，但中国证监会基于风险和监管的考虑，企业上市或股权挂牌交易仍然要有较好的业绩和较大的规模。就目前的情况来说，许多企业还是达不到创业融资的要求，利用杠杆进行收购的阻碍也很多。此外，上市公司退市机制的不完善也阻碍了股权投资的顺利退出。在我国目前的股票市场上，企业退市的案例少之又少，退市的标准没有建立。一些上市公司存在治理结构不健全、非规范性资产重组、会计信息失灵、内幕交易和市场操纵等问题，却还可以凭"壳资源"的"魅力"生存，就算"三连亏"也很难出局。市场对它们的约束力很小，企业并购的难度加大，并购的效率降低。在资本市场上，不好的旧企业退不出，新企业自然就很难进来。

第五节　我国私募股权投资治理机制的创新

我们可以把非对称信息条件下投融资交易关系的治理问题分为三个大类来进行研究。第一类是促成投融资关系建立的机制设计问题，即如何具体解决逆向选择问题；第二类是在投融资关系建立起来后为实现相关行为主体的利益最大化而进行的激励与约束机制设计问题，即道德风险问题；第三类是对外部投资者的保护问题，即政府的有效监管问题，也是政府与机构投资者的博弈问题。私募股权投资治理机制的创新就是建立更加适当的组织和制度，进一步克服各类行为主体行为的外部性，创造交易机会，降低交易成本。关于第三类问题，我们在《政策建议》的章节再来讨论。本节讨论的治理机制只涉及前两类问题。

从理论上分析，私募股权投资治理就是解决投资循环中相关行为主体的委托代理关系问题。有关这方面的研究和制度设计已经多种多样，但在以往众多的研究和设计中，人们只考虑了两层委托代理关系，而且是分开进行的，没有考虑双向信息不对称的情况，更没有考虑相关行为主体的差异性和环境的易变性。因此，为改进治理的效率、扩大其适用的范围，我们需要改进和拓展这些研究，为解决我国私募股权投资治理中存在的主要问题提供方案。

一、通过信息沟通，促进私募股权投资市场功能的有效发挥

（一）解决投资者与投资家之间的逆向选择和信息沟通问题

（1）投资家处于信息优势的情况

在投资家的融资过程中，即在事前的交易过程中，投资者是委托人，投资家是代理人。在投资家的投资业绩尚未完全建立的时候，与投资家相比，投资者通常在投资家的投资能力方面整体上是处于信息劣势的地位。投资者中只有部分人知道投资家的投资能力。设这部分人的比例为 α，另有比例为 $1-\alpha$ 的潜在投资者不了解投资家。我们把投资家的投资能力分为高低两个级别，设他们各自在投资过程中的边际生产成本设为 C_H 和 C_L，且 $C_H > C_L$。假定投资家的工资水平为 W。如果投资家为水平高者，则 α 比例的知情投资者会与投资家签约，$1-\alpha$ 比例的不知情者也会与投资家签约。此时投资家得利为：

$$\alpha(W - C_H) + (1 - \alpha)(W - C_H) = W - C_H$$

当投资家为水平低者时，知情的 α 比例的投资者不会投资，不知情的 $(1 - \alpha)$ 部分还是会投资。此时，投资家的收益为 $(1 - \alpha)(W - C_L)$。

显然，当且仅当

$$W - C_H \geqslant (1 - \alpha)(W - C_L)$$

即满足

$$\alpha(W - C_L) \geqslant C_H - C_L \qquad (5\text{-}1)$$

时，高水平的投资家才会签约。此时，投资家之间实现了分离均衡。

对此式的另外一种理解是，它是投资家提供高水平服务的条件。即只有满足此条件时，投资家才会发挥其应有的才能。由此，我们得出如下结论：（1）只有在 $W > C_L$ 时，高水平的投资家才会出现。或者说，只有在满足这个条件时，投资家才会发挥其应有的功能。所以，真正的投资家的队伍是一个高收入水平的群体。（2）投资家也只有在 α 有一定大小时，式（5-1）才能成立。也就是说，只有当社会存在一种机制使投资家的执业水平能有效地为更多的投资者知晓时，高水平的投资家队伍和高水平的投资服务才会出现。由于私募股权投资信息的许多非公开特性，投资家水平的显示应该首先是行业内的，或是有行业特征的。因此，建立行业协会内的投资档案和业绩公示制度有利于优秀的投资家队伍的出现和成长。

投资者还可以通过设计一个信息显示机制来对不同水平的投资家实行分离均衡。假定作为委托人的投资者和作为代理人的投资家都是风险中性的，高低两类水平的投资家投资失败的概率分别为 P_H 和 P_L，且 $P_H \leqslant P_L$，投资成功后各自的收益分别为 A_H 和 A_L，失败后各自的损失分别为 B_H 和 B_L。为了避免逆向选择的发生，以下两个条件需要保证：（1）高水平的投资家选择自己

是高水平投资家与投资者签约不会差于选择自己作为低水平的投资家来签合约；（2）低水平的投资者选择自己是高水平的投资家与投资者签约不会好于选择自己是低水平的投资家来签合约。

这两个条件的数学表达为：

$$A_H(1 - P_H) - B_H P_H \geq A_L(1 - P_H) - B_L P_H \tag{5-2}$$

$$A_L(1 - P_L) - B_L P_L \geq A_H(1 - P_L) - B_H P_L \tag{5-3}$$

此即：

$$A_H \geq A_L \tag{5-4}$$

$$A_H + B_H \geq A_L + B_L \tag{5-5}$$

然而，投资者在考察这些参数时，却不知道怎样确定它们的大小。以上两式可以在 A_H 较大而 B_H 较小时满足，但此时会出现投资家风险与收益的不对称，降低对投资家的激励。因此，严格的分离均衡要求 A_H、B_H 分别比 A_L 和 B_L 都要大。

从投资家的角度看，要显示他的高水平特征，可以通过发送信号来让投资者识别。在缺乏业绩和声誉的条件下，他可以要求高的 A_H，同时显示他高的 B_H。这高的 B_H 的显示一方面可以是他投入基金的物质资产，也可以是他的学历、执业时间、投资准备等。所以，投资家以物质资本投入基金并实行有限合伙制以及行业协会的准入资格认证，对私募股权投资市场功能的有效发挥都是十分重要的。

（2）投资者处于信息优势的情况

在私募股权基金的运作过程中，由于投资者投入的是物质资本而投资家投入的主要是人力资本，也由于这两类资本在产权特性上的差别，人们对有关私募股权投资基金治理问题的研究都集中在投资家是有信息优势的理论上，相关的金融制度设计都是以此为依据进行的。但实际上，当市场上高水平的投资家出现后，不同类型的投资者都会追捧这些投资明星。这样，高水平的投资家就会对投资者进行选择。在信息不对称的条件下，同样可能发生逆向选择的现象，极端的情况是使高水平投资家退出市场。

为了激励投资家努力工作，通常在私募股权投资契约中有关于分阶段投资的条款。这就涉及两个问题：一是投资者在有资金但不会投资时，中间会退出去进行别的投资。特别是在短期看不到（或因故不会看）投资家带来的投资回报后，他们可能使后阶段的投资资金不能到位。这将可能造成投资损失。二是投资者不能进行后续阶段的投资，但在签约时他可以通过各种方法显示自己有这个能力。这也可能造成损失。特别是在投资者采取这类行为的原因虽为投资家所知道但却无法约束时，投资家需要设计一种机制使投资者说真话，或者采取有利于投资家的行为。我们可以用纳什均衡模型来对此进行讨论。假设由委托人事前设计如图所示的博弈矩阵，并由作为第三方的法庭执行博弈的结果。该博弈说的是，事后双方均需要向法庭报告代理人是否努力。如果大家都说真话，那么双方报告的情况就会一致，代理人将得到保留效用，委托人得到最大限度的净所得。如果双方报告的内容不一致，法庭让双方都只能得到 0，以示惩罚。

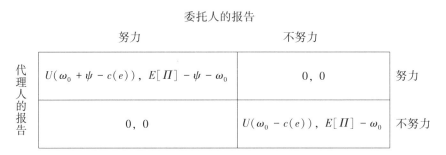

委托人的报告

	努力	不努力
努力	$U(\omega_0 + \psi - c(e))$, $E[\Pi] - \psi - \omega_0$	0, 0
不努力	0, 0	$U(\omega_0 - c(e))$, $E[\Pi] - \omega_0$

代理人的报告

图 5-1　法庭介入下的说真话机制

现在，我们来分析双方都说真话是否构成纳什均衡。当代理人不努力时，给定委托人说真话、向法庭报告代理人偷懒，那么代理人也将倾向如实汇报自己偷懒，这将使得他得到 Uo 的效用而非 0。相反，如果代理人如实报告自己偷懒，那么委托人的最优选择也是说真话。再来看代理人努力时的情况。此时，给定委托人说真话，代理人也会选择报告"努力"，反过来，给定代理人报告"努力"，委托人当然也会如实报告。因此，在这个博弈中，说真话构成纳什均衡。从这里的分析可以看出，在有效的私募股权投资治理机制中，不论是对投资者还是对投资家，法律制度都是十分重要的，而对现有的如投资者无过错条款等一类的契约显然有修改的必要。

当然，在投资者具有信息优势的情况下，投资者和投资家同样可以分别用信号发送和信息甄别的方式来克服或部分克服信息不对称。这就是投资者准入制度。从个人投资者的收入水平、投资经历，我们可以判断投资者的风险承受能力。机构投资者的性质、价格评估和计量方法等，都会影响投资家与投资者协议的达成。

（二）解决投资家与企业家之间的逆向选择和信息沟通问题

（1）企业家处于信息优势的情况。投资家在获得资金后将与目标企业进行投资洽谈。虽然在签约前投资家可以通过尽职调查降低他与企业（或投资项目）之间信息不对称的程度，但他对企业的市场潜力、上市的可能性、核心竞争力、企业家的诚信和能力等方面的信息还是难以全部得知。而在这些方面，企业家具有明显的信息优势。为了进一步减少信息不对称，促进洽谈成功，一方面企业家需要用信号发送的方式使投资家相信投资的可行性，另一方面投资家需要用适当的方式和指标来识别企业和企业家。我们同样可以用上述的模型来分析这里的问题。比如：企业家的资本投入和个人资质等都是信号发送，而合同的设计和选择（关于企业的剩余控制权和剩余索取权的安排）则是有效分离优次企业家的方法。

（2）投资家处于信息优势的情况。从表象上看，投资家支付资金给企业家，由企业家按照合约规定支配这部分资金，用于企业的生产经营活动。在这样一种代理关系中，企业家似乎再没有什么成本；投资家在资金投出以后，也就大功告成，等着企业上市了，他对企业的发展也不必尽什么义务。其实不然。一方面，对创业企业家而言，在他决定引进风险资本的时候，一定会遇到各种各样的投资家，选择什么样的投资家无疑对企业的后续发展至关重要。不同的投资家，对于企业的发展贡献必然不一样。因此，企业家有机会成本。同时，如果企业家选择的投资家不但不能帮助企业发展，甚至会由于经营理念、管理方式的差异而阻碍企业的发展，企业家还面临着付出时间成本（与之相对应的是其支付的人力成本），从而会造成所谓"私募股权基金燃烧金钱、创业企业家燃烧青春"的境况。在 LBO 的情况下，这一问题更加突出。另一方面，对投资家而言，企业要发展并最终实现 IPO，通常需要投资家不仅仅提供资金，还需要他们对企业做出大量的非财务贡献，包括制定市场开拓与企业发展战略、提供技术与管理支持、拓宽融资渠道、招聘高级管理者、与供应商和客户建立关系并协助寻找其他关键性资源等。在这种情况下，企业家就处于信息不利的一方——在与投资家的相关利益方面就成为委托人，而投资家就成了代理人。正因为企业家的成本不是显性、易于计量的，投资家的义务不是必须的，且他们对企业的其他贡献无法考量，这种反向的代理关系不容易被人们所发现（吕厚军，2007）。因此，企业家面临着逆向选择，特别是在企业家认为投资项目很好而投资家们为项目竞争激烈时更是这样。投资关系中的这一逆向选择问题主要与投资家为企业提供非财务贡献的能力相关。在投资的谈判阶段，大多数投资家主要是依赖声誉来让企业家确信他们"购买"的未来服务的质量。但如果企业家做出了错误的选择，投资家因能力有限而无法兑现其原先的承诺，逆向选择的成本将会随着时间推移而累积。解决这一问题的唯一方法就是，允许企业家终止这种关系，但是企业家通常并不拥有这样的权力，或者即使他拥有这样的权力也不愿意使用。因此，为了提高交易效率，企业家需要在与投资家的谈判和签约过程中设计出分离高水平投资家和低水平投资家的内容，投资家也应积极创造信号发送机制，使好的投资家与好的公司或好的项目相结合。

二、通过激励和约束提高私募股权投资的治理效率

(一) 相关行为主体的道德风险行为及其差异性

在交易关系建立后，私募股权投资治理的效率取决于对各类行为主体的道德风险行为的治理。投资者的道德风险行为表现为对金融契约的滥用。比如：当投资者在与投资家签约后发现有更好的投资机会时，可能利用无过错条款拒绝后续阶段的投资，这会给整个投资过程造成损失。

投资家对企业家的机会主义行为或道德风险表现主要有两种可能：一是滥用金融契约，二是逐名行为（Grandstanding）。在企业家与投资家的投资关系中，企业家面临的最大道德风险就是投资家试图在企业家谈判能力降低时与创业企业家重新谈判。投资家通常分期向企业家提供资金，从而给予企业家发展公司的动力。在每个阶段，投资家都拥有购买新股以保持其所有权权益的优先购买权。但是在这个过程中，提供后续资金是投资家的权利而非义务，而已经投资的私募股权基金拒绝提供后续融资可以被认为是该公司不值得投资的信号。这种权力与激励的结合给投资家的机会主义留下了空间。投资家的机会主义可以采取各种形式，比如：投资家可能重新谈判企业家的雇佣合约从而迫使企业家离开企业。解雇企业家的权力通常是通过合约的显性条款来确定的，并且通常与买断企业家所持股份的权力结合起来使用。它使得投资家可以迫使企业家完全离开企业。同样，投资家通常会清算掉那些被称为"活死人"的企业（Ruhnka 等，1992）——有利润但是利润并不足以实现 IPO 的企业，从而可以去投资更加有潜力的企业。

企业家面临的另一个代理问题是投资家的逐名行为。私募股权基金的绝大部分投资回报通常来自很少一部分成功实现 IPO 的公司。IPO 是基金管理人获得作为"成功"声誉的机制。因此，投资家有很强的动力尽快实现 IPO，这就可能会导致其逐名行为。逐名行为是企业家面临的一种特殊道德风险；逐名问题的动机是为了建立作为成功投资家的声誉。如果投资家无法获得良好声誉，将难以募集新的基金。年轻的投资家会比资深的投资家更有动力让企业尽快实现 IPO。相反，经验丰富的投资家已经通过一些成功的 IPO 获得了良好的声誉，无法从企业过早上市中获得额外收益。

处于信息劣势的外部投资者会担心逆向选择问题，所以，在公司足够成熟之前启动 IPO 可能会导致所发股票很大的折价。而对于逆向选择的担心越大，初始发行价格就越低，折价程度也就越高。折价对于发行企业是有害的，因为企业将无法从 IPO 中获得足够资金来进行研究开发或吸引优秀人才，从而限制了企业的未来增长。

投资家对投资者的道德风险行为可以表现为工作不勤勉、在职高消费、

关联投资交易、与企业家合谋，等等。由于投资收益的不确定性，投资家可以将投资不成功或投资收益不高归咎于外部环境的变化。当投资收益很好时，他可能与企业家合谋，谋取他本不应得到的利益。在通常情况下，他可以找各种理由增加不必要的在职消费。当投资家可以利用投资资金进行某些冒险项目而增加收益时，投资决策就可能不再适当考虑投资的风险。因此，投资家的道德风险行为最容易影响到投资者的利益。由于投资家对投资者的道德风险行为的担忧，导致许多投资基金的投资常常效益不好，乃至出现亏损。

企业家对投资家的道德风险也可以表现为工作不勤勉、在职高消费、把精力和财力投在投资周期内难以见效的项目上、与投资家合谋损害投资者利益，等等。它主要由企业家与投资家的目标不一致而引起。投资家的主要目标是：追求一定风险下的合理回报，控制董事会影响企业决策，控制表决权和更换管理层，确保实现投资回报。对企业家而言，其目标是保持控股地位，用较低成本募集足够资金或得到管理和增值服务，获得合理的收益。因此，企业家可能会采取一些尽量扩大企业规模的行为而不是十分重视企业盈利，但投资家则更关心企业的盈利状况。特别是在私募股权投资退出阶段或将发生管理层收购时，企业家为低价得到更多的控制权，可能表现不会很努力或者把企业的潜在价值暂时不显露出来。由于投资者与投资家的投资收益最终来自企业的经营效益，企业治理结构和治理效率的解决就显得更加重要。

不同股本性质的投资基金在道德风险行为上的表现也有所不同。民营资本主导的私募基金通常由于规模小、产权关系更明确，对投资家的治理问题比较容易解决，套用国外许多已有的金融契约制度和企业制度较为可行，但对投资者的治理问题比较突出和难以解决。相对于国外而言，我国投资者的行为缺陷更加突出。国有资本和国有机构投资主导的私募股权投资基金的治理问题最为难以解决。在这类基金的投资过程中，投资者和投资家的利益关系事实上多了一层委托代理关系，信息不对称的程度增加，因而对两类行为主体的选择和激励约束都更加困难，所有权对经营权的约束更加软化，这方面的治理更需要创新。外资主导的私募股权投资基金的道德风险行为同样存在，但由于他们实践的时间较长，机制运用熟练，解决起来相对容易。其突出的问题是，与中国文化的交流问题以及与国际政治相关的问题。由于外资私募股权投资基金用人的本土化，中国人的商业文化和投资理念可能与外国的制度相冲突。跨国并购常常受到政府的监管和限制，增加了投资人与政府官员合谋的风险。此外，就企业家行为而言，民营企业的企业家更看重控制权，国有企业的控制权交易要受到官方行为的影响，外企的控制权要受母国公司的影响。

（二）多阶段投资、产权的动态配置与金融契约

对与私募股权投资相关的道德风险行为的治理，通常有分阶段投融资、控制权配置、报酬和声誉机制、外部治理等机制相对应，并通过金融契约、私募股权投资基金的组织制度、企业制度等来实现。

（1）建立有限合伙制基金激励约束投资家。私募股权投资治理机制通过投资家的行为影响企业的治理机制，进而影响到退出的治理。因此，私募股权投资机构自身治理的有效性在整个私募股权投资治理中占有重要地位。从世界各国私募股权投资的发展和实践来看，有限合伙制是最适合私募股权投资的组织形式，其内在的治理机制既激励和约束了投资家的行为，也减轻了有限合伙人承担的风险和责任。我国应该鼓励并创造条件发展有限合伙制这种私募股权投资基金组织形式。但由于我国的法律环境有欠缺，社会诚信程度有待提高，同时成熟的投资家不多，所以不能照搬美国的模式，而应根据国情进行一定的组织创新。

在普通合伙人方面，由于中国投资家个人资产过少、声誉积累有限以及能力和经验不足，以投资管理公司作为普通合伙人比投资家个人作为普通合伙人更为现实。投资管理公司是由高层管理人员、相关行业的专家、金融机构的投资经理、会计师和审计员等各类人员集资组成的合伙公司。一般来说，公司的声誉强过个人的声誉，并且投资管理公司可以弥补个人资金不足（总资本1%的投入资金要求对于个人来说是一个不小的数目）。投资管理公司根据所投资的行业和企业特征搭配人员，组成针对性的投资家团队对企业进行监督和管理，可实现班子成员之间的能力和经验互补。投资管理公司作为普通合伙人以其资产承担无限责任，并且因为投资管理公司是合伙制企业，这种无限责任自然延伸至合伙人——投资家，从而对其形成较大的压力。从技术上讲，为了便于相互监督，投资管理公司的人员不宜过多。

在有限合伙人方面，我国私募股权投资基金实行资金来源的多元化已是大势所趋。事实上，目前我国最大的潜在机构投资者是以养老基金为主的社会保险基金、商业保险公司以及商业银行、证券公司和其他大型企业等。它们不仅资金规模巨大，而且也需要寻找投资途径。私募资本来源的多元化一方面可以解决私募资本有效供给不足和私募股权投资企业资本规模普遍偏小的现实难题，为引入分阶段投资奠定资金基础；另一方面可以减少各级政府的直接行政干预。而企业和证券公司的进入，则为私募股权投资的退出提供了支持。

在资金管理方面，资金可由银行托管。银行在审核通过的基础上根据基金管理人的指令调拨基金。这样可以使基金管理人和基金托管人形成相互制约，进一步约束一般合伙人的"道德风险"，以避免"乱集资"和"投资欺诈"问题。

（2）企业所有权配置。公司治理问题在本质上就是在既定的财产所有权格局下如何有效地配置企业所有权。现代企业理论证明，一个有效的公司治理必然表现为剩余索取权与控制权的对称性安排（Hart 等，1990）。

在企业中，由于契约的不完备性，每个人的行为都具有一定的外部性，一个人的最优选择一般不会等同于能使企业总价值最大化的选择。但进一步的分析可得出：一个最大化企业总价值的所有权安排一定是使每个参与人行为外部效应最小化的所有权安排。这一原则在企业中表现为"剩余索取权与剩余控制权的对应，或者说，拥有控制权的人应当承担风险"。（Knight，1921；Harris 和 Raviv，1989）。剩余索取权和控制权应如何安排才为最优呢？张维迎（1995）证明：最优的产权安排取决于每类成员在企业中的相对重要性和对其监督的相对难易程度；在契约不完备的条件下，让最重要和最难监督的成员拥有所有权可以使剩余索取权和控制权达到最大程度的对应，从而带来"外部性最小、企业总价值最大"。

当企业中各类成员的相对重要性和对其监督的相对难易程度发生了实质性变化时，企业的剩余索取权和剩余控制权安排应作相应变化。比如：在种子期或设立期，创业企业存在巨大的资金需求但却几乎没有收益，未来市场和技术的不确定性还使创业企业具有极大的风险，此时，创业投资家巨额资金的投入使其暴露在巨大的风险之下。根据"拥有剩余索取权和承担风险的人应当拥有控制权"原则，创业投资家应当拥有创业企业的控制权。他们一般需要通过股权投资获得相当多的股权和董事会较多的席位，才能在创业企业的经营管理、项目选择和项目投资上具有决定权和控制权，以保证创业企业经营管理的高效性和高成功率。随着创业企业的发展，进入成熟期的创业企业建立了一套较为规范的运营机制，经营规模逐步达到甚至超过损益平衡点，具有了较强的市场竞争力和盈利能力，创业投资家的地位日益增加，对其监督的难度也大大增加，客观上要求剩余控制权和剩余索取权发生转换。这也解释了为什么创业企业进入成熟期后，创业投资家要大力扶持创业企业公开发行上市，并逐渐转移创业企业的剩余索取权和控制权，直至退出创业企业。

（3）可转换证券与股份期权。这是常用于创业投资中的激励手段。当然，在 LBO 企业中也可以用到。此处，我们主要对前者进行讨论。由于投资家与企业家（创业企业家）之间存在着利益冲突，目标函数不一致，投资家需要（也可以）通过融资工具的设计和复杂的契约来解决这些冲突。其中，可转换证券和股份期权在创业投资中发挥着重要的作用。

可转换证券包括可转换优先股和可转换公司债券。可转换优先股是指股票持有人可以在规定的条件下把优先股股票转换成发行公司普通股股票的选择权证券。它具有两大优点：一是优先清偿权。当企业破产清算时，投资家享有对企业资产和技术的优先索取权，从而可将其损失减至最小。二是收益性。投资家可获优先股红利。当创业企业进展顺利时，他还有权将优先股以事先约定的价格转换成普通股，分享企业成长的增值收益和取得表决权，参加企业的经营管理，以实现对企业的某种程度的控制。

可转换公司债券指持有人可以按约定条款（转换期限及转换价格等）决定将所持债券转换成确定数量的发行公司的普通股股票的选择权证券。可转换债券是一种兼具股权性和债权性的组合金融工具，是一个普通债券与一个看涨期权的组合。投资家在其中承担有限责任，在发债公司股价上涨时，有权利而非义务将其持有的债券转换成普通股，获得参与企业经营管理的机会并分享股价上涨所带来的增值收益。若企业经营不善，不实行转换，投资家可以取得固定的利息收入，企业清产时有优先剩余求偿权，从而减少了损失。创业投资中的可转换债券的附加条款还包括回售（卖出）期权。它是发行人对投资者的一种承诺。若未来企业经营前景不乐观，创业企业不能上市，或即使上市公司股票价格在转换期前的一段时间内也连续低于转股价格，投资家有权按事先约定的价格将其可转换债券回售给发行人，发行人应无条件接受。此条款的设计是为了保护创业投资家的利益，同时也是对创业企业家的激励。

可转换优先股是美国创业投资中广泛应用的金融工具，结合了债权融资和股权融资的特点，适合风险性大和信息不对称严重的创业投资。创业企业一般都是新生企业，没有业绩记录。创业企业将来能否成功很大程度上取决于创业企业家的人力资本，创业企业能否获得融资的关键在于创业企业家表现出来的能力。事实上，投资家和创业企业家双方信息不对称，创业企业家对创业企业有很大的信息优势，而创业投资家在签约前对创业企业家的能力通常一无所知，确定创业企业家的能力需要一定的观察时间。此外，尽管签约后投资家可以在提供管理咨询方面发挥积极作用，但除非创业企业面临重大经营失误，否则投资家也不可能监督创业企业家的每日经营活动。在这种情况下，需要设计一种机制，既能甄别出能力不及的创业企业家，又能在投资后限制创业企业家的冒险行为，可转换优先股恰恰能够起到这样的作用。可转换优先股合约中的强制赎回权条款规定：当创业投资企业的发展速度未达到投资家的期望时，他们可按事先约定的价格要求创业企业购回优先股，从而减少投资损失。另外，可转换优先股对创业企业还有激励作用。投资家常常将优先股的转换比率与创业企业的业绩联系起来。当创业企业经营出色时，转换价格会相对提高，对管理层股权的稀释作用也就相对小一些。当预期盈利率不能实现时，创业投资家的股权额将会自然增加，同时创业企业家的股权也将相应下降。创业企业家要想控制创业企业并得到股权收入，必须努力工作。

股份期权制度是指这样的制度安排：企业发行认股权证这样一种期股，它表明证书的持有者有权按照约定的价格在一定时期内购买一定股数的公司股票。认股权证可能带来一定的收益，即在执行认股权证时的股价和预定价格之间的差异。但也有一定的风险，即在获得认股权证时支付了某些费用，但最终期权却可能没有获得相应的收益。它与公司的普通股不一样。投资者持有普通股表明他已对公司进行了投资，他必须以投入公司的本金承担公司业绩变动的风险，并有权参与分红。而持有认股权证的人因还没有执行认股权证，因而只在有限范围内承担风险，且不能参与分红。股份期权制度是对创业企业家的有效激励机制，使创业企业家的期望建立在通过自己的能力和努力使创业企业取得成功的基础上。它把创业企业家个人利益与创业企业前途相结合，也把他们的短期利益与长远利益有效地结合起来。在美国纳斯达克市场上的公司普遍实行股份期权制度，主要就在于它形成了促进高新技术创业企业迅速成长的有效激励机制。这些公司实行股份期权制度有两大特点：其一是初始投资者和经营者占有很大数额的认股权证；其二是由于这类公司较易上市，只要公司有可观的潜力，股价就会飙升，其认股权证的变现力也较大。总之，认股权证能使创业企业家与创业企业的发展过程更紧密、更长期和更有效地联系在一起；通过市场评价公司的发展业绩，使他们个人的能力获得相应的回报。

可转换证券其实是一种自我融资。创业企业家不可能靠薪水得到高收益，唯有努力工作以达到事前设定的业绩标准或者使创业企业成功上市，才有可能依靠这类证券与投资家讨价还价。可转换证券削弱了创业企业家采取短期行为（如在会计报表上弄虚作假、隐瞒盈利等）的动机，使创业企业家的目标与投资家的目标得以统一，有效地减少了代理风险。

（4）分阶段投资的作用。对企业资本的注入采取分段投资的形式，即投资家一般不将全额资本一次性投向融资企业，而是在企业发展的若干个阶段分批投入资本，并保留在任何一个阶段放弃投资和进行清算的权力。研究表明，企业家具有典型的投资偏好。只要有人愿意投入资本，企业家决不会放弃自己掌控的企业，哪怕是他们清楚地知道企业即将垮台。在投资之前，投资家有可能并不知道企业即将垮台的信息，全额资本的一次性投资有可能承受较高的代理人风险。在私募股权投资中，由于投资家的管理参与在很大程度上减少了信息不对称的程度，但信息不对称依然存在。分段投资使信息资源和资金有机结合起来。每次投资之前，投资家都要对企业进行各种评估，提出建议。分段投资的信息和管理咨询越多，就越能更好地做出投资决策，更好地推动企业的发展。

许多实证研究和理论分析表明，分阶段投资有两大作用。首先，它能使投资家减少投资风险。投资家将投资划分为几个阶段，制定每个阶段融资企业必须达到的目标。在一个阶段终结时，投资家根据收集的信息对企业的经营状况进行评价。若经营业绩达到了预定的目标，投资家将进行下一轮的投资，并且确定下一轮的投资目标。若企业经营业绩不良，投资家就可以及时终止投资。这样，投资家的损失也就只是一个阶段的投资损失。投资家只有拥有这种放弃的权利，才能在高度不确定的风险环境中保护自身的利益。其次，分阶段投资对企业家有约束和激励作用。分阶段投资使增量资本对企业家的股份的稀释作用降低。当企业发展不顺利时，投资家有权彻底关闭企业。这也激励着企业家努力经营，确保投资者能够继续投资。通过拒绝提供资本，投资家还向其他资本提供者发出该问题企业的信号，这样会给该企业从别处融资带来困难。可见分阶段投资是投资家根据企业经营过程中不断发生的变化适时改变投资策略，以使结果向有利于自己的方向发展的有力工具。

（5）投资家机会主义行为的治理。在与企业家的委托代理关系中，投资家也可能有机会主义行为。对它的治理可以通过显性的投资合约、声誉市场（类似于隐性合约）、联合投资等方式来进行。通过使用股权而不是债权并且限制红利的支付，可以有效避免投资家逃避责任，降低其道德风险。投资合约的各种规定，整体上为投资家提供了最大化企业价值的动力。投资家通常通过购买优先股来投资创业企业，并且至少在公司成立的最初几年不要求支付现金红利。这反映了投资家通常预期通过资本利得方式，即 IPO 或并购来获得回报。从另外一个角度来说，支付红利的限制向投资家施加了额外压力，要求其必须帮助企业获得成功。如果没有 IPO 或并购，投资家就无法从投资中获利。如果企业失败，投资家将只能获得清算优先权，而且投资家通过清算实现的收益要远远低于 IPO 或并购，甚至可能亏损。

自愿股票赎回是企业家应对投资家机会主义行为的有效合约机制。自愿股票赎回规定，允许企业家按照预先确定的价格赎回投资家持有的股份。当公司考虑行使自愿赎回权利时，如果公司价值上升了，投资家将会把优先股转换为普通股以保留其在公司中的权益，从而避免自愿赎回所带来的潜在收益损失，要付出的代价就是在完成转股以后将丧失以前拥有的许多控制权。这说明企业家自愿赎回权利的潜在实施可以迫使投资家转股，从而使其丧失通过众多控制机制来采取机会主义行为的空间。大多数现代私募股权投资合约缺乏自愿股票赎回规定，这说明企业家通过这种机制应对投资家机会主义行为的成本可能要大于其收益。即使企业家提出要在合约中加入自愿股票赎回规定，投资家也可能不会接受这种规定，因为这些规定限制了投资家决定其投资形式的能力。

如果有多位投资家对同一企业联合投资，投资家之间就自然形成了竞争机制，有过严重机会主义行为的投资家在后续的投资中就会处于不利的地位。此外，在联合投资中，投资家的声誉效应也容易显现。

（三）声誉机制的作用

在私募股权投资市场上，具有道德风险行为特征的行为主体不仅得到来自利润分成的显性激励，还可以得到声誉和身价提高的隐性激励。理性的委托人都会以博弈的思想和方式与代理人交易。初次交易或后续交易前都要对代理人的能力、信誉和以往业绩进行详细的考察和了解。声誉对代理人能否顺利地进行以后的交易具有重大的作用。对于特定代理人来说，其能力是确定的，难以依据主观努力来改变，能力低的人在正式进入私募股权投资市场之前就会被淘汰，能够进入私募股权投资市场的人都有较强的能力。信誉和以往业绩却是代理人可以通过努力工作来改变的，也就是说，声誉是可以通过努力工作来建立和提高的。理性的代理人会最大化他在各个时期的利益或效用之和。为了以后阶段收益或效用更好，他必须从第一阶段起就努力工作。在每一阶段，代理人不仅要最大化其在本阶段的效用值，也要最大化在本阶段以后各阶段的效用值之和。只有在最后一个阶段，代理人只要最大化本阶段的效用值即可。在这里，代理人可以是投资家和企业家，也可以是投资者。

Randner 使用重复博弈模型证明，如果委托人和代理人保持长期的关系，双方都有足够的耐心（贴现因子足够大），帕雷托一阶最优风险分担和激励就可以实现。直观地讲，在长期关系中，一方面从观测到的变量中推断代理人的努力水平，代理人不可能用偷懒的办法提高自己的福利；另一方面，通过长期合作和向代理人提供保险的办法，委托人可以免除代理人的风险。进一步来说，即使委托人与代理人订立的合同不具有法律上的可执行性，出于"声誉效应"的考虑，委托人和代理人双方都会自觉遵守合同。Fama 认为，激励问题在委托代理文献中被夸大了。在现实中，"时间"可以解决问题。但他的解释与 Randner 的解释不同。Fama 强调的是代理人市场对代理人行为的约束。他认为，在竞争的代理人市场上，代理人的市场价值（收入）取决于其过去的经营业绩。从长期来看，代理人必须对自己的行为负完全的责任。因此，即使没有显性激励合同，代理人也会有积极性努力工作，以改进自己在代理人市场的声誉，从而提高未来的收入。

三、改进私募股权投资整体效率的模型分析

私募股权投资的三大行为主体通过合约激励投资家和企业家努力工作，激励投资家优化投资而使整体收益最大化，或者说，在微观机制有效运行的条件下，私募股权投资行为主体之间的博弈将是合作性的。我们假定产出为

Cobb-Douglas 型函数，合约对投资家和企业家的激励为线性型的，投资者、企业家和投资家的相关变量的下标分别为 I、E、C。a 表示努力水平，为企业家和投资家行为变量；I 表示投资水平，为投资者行为变量；δ 为投资家投资所占的比例；其余的量均为参数。在三类主体满足参与约束的条件下，最优化整体（联盟）利益的模型为：

$$\max_{I,\,a,\,w,\,\beta} \left(\frac{1}{2} I^m (\beta_C a_c + W_c)^n (\beta_E a_E + W_E)^l - \frac{1}{2} \lambda_C a_C^2 - \frac{1}{2} \lambda_E a_E^2 \right) - I \quad (5\text{-}6)$$

$$\frac{1}{2} I^m (\beta_C a_c + W_c)^n (\beta_E a_E + W_E)^l - \beta_C a_c - W_C - \beta_E a_E - W_E - (1 - \delta)I \geqslant F_I$$
$$(5\text{-}7)$$

$$\beta_C a_c + W_C - \delta I - \frac{1}{2} \lambda_C a_C^2 \geqslant F_C \quad (5\text{-}8)$$

$$\beta_E a_E + W_E - \frac{1}{2} \lambda_E a_E^2 \geqslant F_E \quad (5\text{-}9)$$

（5-7）和（5-8）是参与约束条件。这个模型的求解很复杂，但在简化的情况下，投资家和企业家在最优的努力水平下有：

$$n\left(\frac{1}{2} \lambda_E a_E^{*2} \right) = l\left(\delta I^* + \frac{1}{2} \lambda_C a_c^{*2} \right) \quad (5\text{-}10)$$

以及

$$\frac{\partial I^*}{\partial \delta} \leqslant 0 \quad (5\text{-}11)$$

带星号的量为均衡条件下的量。我们对这一模型的意义分析如下：（1）（5-10）表明：在企业家最优的努力水平下，私募股权投资的最优规模与 λ_C 成反向变化关系；在投资家最优努力水平下，私募股权投资的最优规模与 λ_E 成正向变化关系。因为 λ 表示企业家或投资家的能力和水平，λ 越大，能力越小。所以，投资家的能力越强，私募股权发展的规模越大；而企业家的能力越差，越需要私募股权投资。（2）在（5-11）中，δ 为投资家投入的物质资本。虽然这从产权激励的角度看是必要的，实际上对企业家也是如此，但此式表明私募股权发展要以投资家的人力资本为主，不可过多追求其物质资本投入。

四、私募股权投资治理的外部环境

私募股权投资治理既包括私募股权投资机构的内部治理，也包括与私募股权投资有关的企业的内部治理，还包括私募股权投资机构与所投资企业相互关系的治理。我们把除此以外但又影响私募股权投资的因素统称为私募股权投资治理的外部环境。这些因素可以按政治、法律、经济等进行分类。在这里，我们主要讨论经济因素。而在经济因素中，最主要的有股权退出市场、经理市场（更一般地应为代理人市场）以及产品市场。

根据超产权论，企业内部治理机制只有在充分竞争条件下才能发挥作用。在私募股权投资中，市场竞争对投资家和创业者的激励约束具有直接和间接的作用。直接作用是生存竞争、优胜劣汰对竞争者的收益实现和控制权形成的威胁；间接作用是信息显示。市场竞争形成的价格和收益能在相当程度上显示竞争者的能力和努力水平等私人信息，从而为私募股权投资的报酬机制、声誉机制和控制权动态配置发挥作用提供了信息基础。

退出市场的竞争对内部治理机制的影响表现为三个方面。首先，它是私募股权投资中报酬机制激励作用实现的前提。私募股权投资的退出方式包括IPO、出售和清算。这三种退出方式给投资家和创业者带来的报酬相差悬殊。为了能充分发挥报酬机制的激励作用，要求在退出方式选择上有充分竞争，退出方式只能由市场根据效益决定，而不能由政府限定。其次，退出市场的竞争是控制权配置的前提。这又表现为两个方面。第一，创业者在不同的退出方式下所拥有的控制权是不同的。IPO下最多，出售次之，清算则完全失去控制权。退出方式的充分竞争能充分发挥控制权激励的作用。第二，IPO本身是企业控制权动态配置的实现机制。最后，退出市场的竞争是声誉机制发挥作用的前提。声誉的积累来自历史业绩，而历史业绩的有效性取决于退出方式选择及各种退出方式本身（产权市场和资本市场）的充分竞争，因而退出市场的竞争直接关系到声誉所显示信号的有效性。

经理市场（投资家市场和企业家市场）的竞争也影响声誉机制和报酬机制。投资家的能力和努力程度的显示机制，是基于投资家长期以来的投资业绩所建立的声誉。投资家声誉的多寡是投资者筛选投资家重要的，甚至可以说是唯一的标准。在这种情况下，经理市场的激烈竞争必然迫使投资家不得不关注声誉的积累，约束自己的道德风险冲动。难以想象在垄断或寡头经理市场上，投资家会关注声誉的积累。经理市场的充分竞争有利于人力资本的正确定价。投资家对声誉积累的关注使其能充分发挥其人力资本的作用，使得投资者根据声誉给出的定价更为准确。经理市场的竞争还能有效遏止投资者压低人力资本报酬、剥削人力资本价值的行为。

在私募股权投资中，由于企业，特别是高科技企业的创新性有时没有形成同类产品市场，直接的产品市场竞争并不存在。这里所说的产品市场竞争，包括所在产业的开放程度及由此产生的替代产品的竞争。产品市场的优胜劣汰不仅会制约创业者的"道德风险"，且通过企业的财务会计指标所显示的创业者能力和努力程度是阶段投资规模、控制权转移的重要判断基础。

五、我国私募股权投资治理机制的整合

完善私募股权投资治理机制，需要把私募股权投资的各种机制整合起来，

需要既适应外部环境，又改善外部坏境。这些机制中最重要的是市场机制、人才机制，以及金融契约的设计。我们既要学习运用市场经济发达国家的现成经验和制度，又需要结合中国自己的国情进行改进和创新，做到以市场机制为基础，以人才为中心，用金融契约来治理。

（一）以市场为基础

私募股权投资是市场经济发展的产物。市场经济的基础是市场。私募股权投资本身也构成一个市场。市场的含义包括以下四个方面：（1）交易的场所；（2）交易的行为；（3）交易的原则；（4）交易的机制。

从交易的场所看，市场有各种各样的形式，如产品市场、金融市场、人才市场，等等。它可以是有形的，也可以是无形的。发展市场经济，首先就是要建立各种市场。要让金融发挥重要作用，就要建立更完善的金融市场。市场的出现往往是自发的。所谓"建立"，就是政府应该允许、鼓励有利于社会发展和人民生活的市场的形成，并尽可能提供方便。从交易的行为看，市场行为的内容是丰富多彩的，但最基本的市场主体行为是买卖。交易的前提是交易对象产权清晰。市场交易行为直接涉及质量、计量（数量）、价格和时间等有关内容。市场交易行为的形式是合同，包括书面合同和口头合同。从交易的频率看，可以是一次性交易，也可以是重复交易。从交易的质量上看，可以是诚实守信的交易，也可能是充满机会主义行为的交易。要使市场长期有效地发挥资源配置的作用，市场交易就必须遵守一些基本的原则。公认的市场交易的基本原则是平等、自愿、互惠。但实际上，不平等、不公平、损人利己或互害的交易时有发生。市场交易需要法律来维持，需要政府来监督，市场所处的政治和法律环境是市场交易有序进行的关键。市场交易的机制就是市场机制或价格机制。价格调节了供求平衡，传递了市场信息，实现了利益分配。它能有效发挥作用的前提，从宏观上看是非市场因素不能干预市场的交易，从微观上是要有合理的激励和约束机制（奥斯特罗姆，2000）。之所以要强调以市场为基础的原则，是因为在我国经济的发展过程中，市场的地位是需要巩固的。在私募股权投资和其他交易过程中，强买强卖、限制竞争、损公肥私、损人利己、司法不公、产权无保障的事还是很多的，我国的市场化改革仍需不断深化。

（二）以人才为中心

私募股权投资与一般投资最重要的区别是，私募股权投资是以人力资本为核心，无论项目的筛选和监管，还是创意和发明的实现都离不开风险资本家和创业者的能力和努力。私募股权投资的侧重点在于高科技企业投资本身具有极大的不确定性和高度的信息不对称，这就为人力资本所有者的道德风险行为提供了更大的空间。可以说，人力资本所有者能力的不确定性和事后行为的不确定性是私募股权投资面临的最大风险之一。私募股权投资中人力资本的极端重要性，决定了人力资本特性对私募股权投资治理机制的影响。其中最重要的几个特性是人力资本价值的不确定性、人力资本的不可分离性和人力资本的专有性和专用性。这要求我国私募股权投资业要相应引入分享系数可变的报酬机制、声誉机制、分阶段投资和控制权的动态配置等重要的治理手段。培养人才、选拔人才、激励人才，是提高我国私募股权投资水平的必由之路。

（三）以金融契约来进行动态性、整体性、双向性治理

私募股权投资的各种治理机制是相互作用、相互依赖的一个整体，而不是相互分割、相互独立的。这种整体性是各种治理手段通过纳入三阶段治理，并通过三阶段治理间的相互作用和相互依赖来体现的。私募股权投资治理机制的整体性说明，单独的治理机制通常难以发挥作用。这就要求在构筑中国私募股权投资治理机制时注意各种治理机制之间的关系，从各个环节着手，形成相互支持、相互强化的有效治理框架。

本章小结

本章探讨了我国私募股权投资的发展与我国政治、法律及经济体制的关系，指出国有企业改革的推进、投资领域的公平竞争以及我国经济发展中市场机制作用的发挥都依赖政治改革和法治建设。本章还分析了我国现有的私募股权投资治理机制中存在的问题。在经济体制方面，我国不适应私募股权发展的方面主要有企业体制和金融体制改革不到位，表现为企业控制权市场和经理市场不完善，产品市场结构不完善，企业盈利模式单一和不稳定，金融的市场化程度不够，混业经营的政策不明朗，等等，需要在这些方面深化改革。在私募股权投资治理方面，决策机制、声誉机制、监管机制和退出机制均需要改进和完善。模型研究表明，通过考虑投资者、投资家、企业家及政府的双向信息不对称和双向委托代理关系来制定相应的金融契约，可以有效地改进我国私募股权投资的治理机制，从微观上促进我国私募股权投资的发展。

第六章 私募股权投资发展的案例研究

除了前面的理论分析外，有关我国发展私募股权投资的政策研究还需要实证分析。实证分析的方式有两种：一种是通过建立计量经济学模型，选择大样本数据，通过样本反映总体，得出政策结论；另一种是选取个案研究，用典型案例直接说明政策问题。前者的特点是要求样本的数量足够多，而且对说明某一类或几类政策问题具有较强的相关性。这种大样本研究还存在"瑕不掩瑜"的总体结论，进而在很大程度上抹杀了现实生活中极有价值的少数个案所隐含的特征。后者则是一种直接的、一对一的研究方法。通过对案例背景、过程、结果及代表性程度分析，就可直接论证许多政策问题。特别是在我国私募股权投资的资料难以获取、类型千差万别的条件下，案例研究是一种比较可行且有益的尝试。它对监管者、投资者、相关企业、政府都有相应的价值。第三章对美国私募股权投资的发展作了较为详细的介绍和分析，实际上是一个关于国家整体私募股权投资发展的案例研究。本章用一个案例说明一类问题。这些问题涉及私募股权投资业务范围的发展、基金的组织形式、私募股权投资发展对企业的影响、政府与私募股权投资发展的关系以及中国品牌的私募股权投资基金成长的条件，等等。我们在使用相关资料的描述后再作出与本文主题相关的分析。

第一节　杠杆收购在中国的适用性：好孩子

一、投资案例：好孩子[①]

2006 年 2 月，总部设在东京的海外私募股权投资基金 Pacific Alliance Group（太平洋同盟集团，简称 PAG）以 1.225 亿美元取得昆山好孩子集团 68% 的股权，成为目前杠杆收购在中国运用最新的一例，也是杠杆收购基金"关注未来增长及其投资机会"典型的一例。

好孩子是中国最大的专业从事儿童用品设计、制造和销售的企业集团，

---

① 本案例的主要内容取自李斌等（2007），部分分析来自任纪军（2008）。

具有年生产 300 万辆各类童车的能力。企业至今已拥有中国专利 280 项、国际专利 13 项。好孩子通过在国内拥有的由 25 家销售中心、4000 家销售点组成的销售网络，走进了万千消费者的家庭，成为中国儿童用品市场最畅销的品牌。好孩子产品远销美国、东南亚、南美、中东、俄罗斯等 30 多个国家和地区。据国家轻工总会最新统计，好孩子童车的市场占有率达到了 70% 以上，"好孩子"商标被评为江苏省著名商标。

PAG 总部虽然设于东京，但同时也具有欧洲背景。从这一收购交易可以看出，PAG 表现得非常低调，反应速度却很快。它不像知名基金受到的监管比较多、对法律等细节考虑得太多、决策比较犹豫，而是行动迅速，善于避开枝节。仅跟好孩子集团短暂谈判两个月，就达成协议。有资料显示，PAG 旗下管理着大约 4 亿美元基金。投资好孩子集团是其在中国的第五宗交易。

（一）收购动因分析。好孩子集团作为被收购对象的表面原因主要是：好孩子有良好的组织管理结构、长期负债不多、市场占有率高、流动资金较充足稳定、企业实际价值超过账面价值。这确保了基金能顺利获得和适时偿还并购所需的高额债务融资，保证有效进行并购后的整改。其次，它的产品有国际市场，利于海外上市。美国市场上销售的儿童推车和学步车大约三分之一是由好孩子集团生产的，而该公司在中国儿童用品市场也拥有类似的份额。根据"第一上海" 2005 年中期业绩报告，原材料成本的上涨已使好孩子的利润空间降低，但在此前的 5 年内，好孩子的年增长率达到 20% 至 30%，其管理层也是中国最好的管理团队之一。这些都是好孩子引起国际资本高度觊觎的原因。从 PAG 来看，一方面，它得到了中国最大的婴儿用品制造商；另一方面，成功完成中国大陆首宗杠杆收购（LBO）交易也让它名声大噪。作为其在中国大陆第一宗遵循传统的杠杆收购方式（收购方以目标公司的资产为抵押，以负债形式筹措收购所需的大部分资金）完成的交易，这为 PAG 后续并购战略的顺利实施打下了基础。

（二）交易内容。收购之前，好孩子由注册于开曼群岛的 Geoby 控制，股东主要有 4 家。分别是香港上市公司第一上海（0227.HK）、日本风险投资商软银（Softbank）、美国国际集团（AIC）旗下中国零售基金（CRF）、宋郑还等管理层（29% 股份）。2005 年 11 月，好孩子在与多家知名的投资集团进行接触后，最终选择与 PAG 携手。PAG 投入了 1.225 亿美元，最终获取了好孩子 68% 的股权，剩下的 32% 为管理层持有。好孩子股东的初始投入通过这次转让顺利地实现战略退出，并获得了良好的回报。转让方第一上海卖出的价格接近收购时的 5 倍，而软银和美国国际集团卖出的价格接近收购时的 2 倍。在收购过程中的集资阶段，PAG 先通过企业管理层组成的集团筹集资金，然后以好孩子集团的资产为抵押，向银行借入过渡性贷款，相当于整个收购价

60%的资金，并向投资者推销约为收购价 40%的债券。此前，管理层持股 29%，收购之后管理层的股份反而多了 3%，达到 32%。PAG 交易所需资金主要来自台北富邦商业银行的贷款。中国国家外汇管理局 2005 年调整政策，取消了令国内企业家很难在离岸控股公司持有股份的一些规定，使这笔交易变得更加容易。对好孩子的收购，正是通过一家离岸公司进行的。

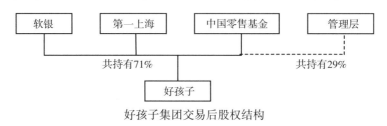

好孩子集团交易后股权结构

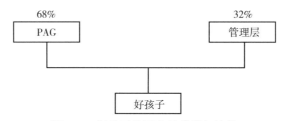

图 6-1　好孩子集团交易前股权结构

二、杠杆收购的风险控制

杠杆收购融资对财务杠杆原理的运用，可以从对好孩子的收购中看得很清楚。但我们必须看到，财务杠杆是一把双刃剑，当资产收益率大于借入资金利息率时，增加财务杠杆可以大幅度地提高股份制企业的每股盈余；反之，如果企业经营不善，则会使企业净收益和每股盈余急剧减少。收购方一定不能忽视杠杆收购的风险性。杠杆收购所需资金大部分是借入的，如果收购后公司经营状况不能得到很好的改善，负债融资就会成为企业的负担，严重时甚至会影响企业的生存。具体而言，这种债权性筹资存在如下风险：（1）还本风险。即企业存在不能按规定到期偿还本金引起经济损失的可能。（2）支付成本风险。即企业存在不能按规定到期支付利息或股息而引起经济损失的可能。（3）再筹资风险。企业存在不能及时再筹集到所需资金，或再筹资成本增加而引起经济损失的可能。（4）财务风险。即企业因债权性筹资而增加股权投资者可能遭受损失的风险。

对风险的控制最重要的是，确定企业允许的负债比率水平。而在权益资本既定的前提下，负债比率的高低直接决定于负债额度的大小。有三种负债额度的确定供企业风险控制和财务决策时参考：（1）破产临界额度。即负债极点额度是企业的净资产额。一旦资不抵债，大多数将停业清偿。（2）盈亏临界点负债额。企业必须以息税前利润抵补负债的利息成本。（3）实现企业期望每股盈余相宜的负债额，即：

$$\frac{(IR - Di)(1 - T)}{N} \tag{6-1}$$

这里，EPS：期望每股盈余；I：投资总额；R：预计息税前投资利润率；D：负债总额；i：负债利率；T：所得税率；N：普通股股数。

三、杠杆收购在国内并购市场的适用性

杠杆收购是一种高负债的收购方式，收购方用于收购的资金通常90%以上是通过发行高息债券和向银行贷款筹措的。这种收购方式直接引发了美国1980年代的第四次并购浪潮。这一神奇的收购方式之所以在上世纪80年代风靡美国，有两个重要因素：一是有利于这一并购方式生存的宏观经济条件。从1960年代一直延续到上世纪80年代早期的长期通胀，给美国公司带来两方面的结果。一方面，通胀导致公司q-ratio下降。q-ratio是指公司市值与公司资产之重置成本的比率。当q-ratio小于1时，意味着收购公司比购置资产便宜和划算，遂可能引发收购行动。从1965年至1981年，美国产业公司的平均q-ratio从1.3下降到0.5，为这一波收购浪潮准备了基础。另一方面，持续通胀令公司债务及利息负担持续降低。在通胀环境下，负债本身就会提高公司的资本回报率。这无疑会刺激人们充分甚至过分运用财务杠杆。那些尚有较大财务杠杆空间的公司，遂成为人们收购的潜在目标。二是巧妙的融资体系功不可没。投资银行家们应运而开发出的一系列金融工具——垃圾债券（Junk Bonds）、桥式融资（Bridge Financing）、私募（Private Placements）、风险资本（Venture Capital）、商人银行（Merchant Banking）等，令杠杆收购风靡华尔街。

下面对这几种融资工具作一简单介绍。

1. 优先债。优先债处于杠杆收购资本结构的最上层，融资资金一般占收购资金的60%左右，债权人可以从现金及资产出售的价款中优先受偿。债权人一般是不愿承担财务风险的商业银行；其他金融机构，如储蓄机构、财务公司、保险公司等，只是时有参与。由于优先债权人对收购得来的资产有一级优先权，而商业银行等债权人对贷款额度的设定均持审慎态度，优先债权人所面临的风险最低。风险的降低也意味着收益的减少。优先债权人所能获得的最高收益率一般在杠杆收购融资体系中处于末位。在优先债中，商业银行的贷款所占比重较大。其贷款多遵循以下规则：第一，按基准利率。伦敦银行同业拆借利率再加上一个百分率，来定出贷款利率。第二，贷款期限不

超过 7 年。平均贷款期限不超过 3 至 4 年。第三，按应收账款和应收票据的 80%、存货的 50%、厂房机器设备的 25% 的比例设定贷款额度，以有效控制坏账风险。在某些情况下，商业银行还会提出附加的约束性条款，如对收购者发行其他债券和支付股息等做出限制。通过这些设定，商业银行得以控制贷款风险。

2. 次级债。次级债券是杠杆融资体系中内容与形式最为丰富的一族，其融通资金占收购资金的 30% 左右。它包括：（1）过桥融资；（2）从属债券和延迟支付证券。从属债券的清偿顺序是在银行贷款等优先债之后，到期年限多在 8 年至 15 年之间。根据求偿权的优先级别，从属债券又可分为优先从属债券和次级从属债券。优先从属债券的利率一般比银行贷款高出 200 个基点。利息按期计付，本金通常几年后才开始返还。次级从属债券由于其求偿权在优先从属债券之后，投资者承担了更高的风险，其利率较优先从属债券又高出 50 个基点；次级从属债券期限一般长于优先从属债券，其本金的偿还也在优先从属债券之后。延迟支付证券（Deferred Pay Secruities）导入杠杆收购，一是可以减轻收购交易刚完成的前几年收购者所承担的现金利息负担，二是可以使收购者更容易筹措到求偿次序在延迟支付证券之前的银行贷款和次级债券。延迟支付证券最常见的两种表现形式是零息债券和以同类证券作支付的证券（Pay-In-Kind Securities，简称 PIKSs）。零息债券是指不支付利息而以低于其面值的很大折扣出售的债券。杠杆收购者在规定的到期日以面值赎回，购买者从其所谓的增值中得到收益。杠杆收购融资体系中的零息债券的求偿权在银行贷款和其他从属债券之后，其所承担的风险也更高，故零息债券发行价格和面值价差中暗含的利息率亦通常要较次级从属债券高出 100 个基点。以同类证券作支付的证券可以是债券，也可以是优先股。以同类证券作支付的优先股提供给投资者高达 15% 至 20% 的股息率，但不以现金而以优先股作支付工具。以同类证券作支付的债券亦然。在到期以前以同类债券支付利息，到期时发行者还本付息。以同类证券作支付的证券的求偿权比零息债券还低了一级，几乎是所有垃圾债券中风险最高、潜在收益最大的一种。RJR 收购一案（发生在上世纪 80 年代中期）就涉及了 110 亿美元的零息债券和以同类证券作支付的证券的发行。这两种高利风险债券最早在 1994 年才开始支付现金利息。延迟支付证券有鲜明的"利滚利"的色彩，很有可能陷收购者于悲惨的境地。在 1989 年下半年，KKR 公司（KJR 的收购方）一家名为希思布罗的子公司就是因为不堪以同类证券作支付的证券带来过重负担而宣告破产的。次级债券既可以私募发售给大型保险公司或基金公司等金融机构，也可以通过高利风险债券市场公开发行。在 1982 年之前，私募市场是发行次级债券取得融资的唯一渠道。由于所购债券期限长、流动性差，通过私募购买垃圾债券的投资机构通常要求获得部分股权作为报偿。发行者为了推销之便，销售次级债券时多赠以无表决权的普通股来吸引投资者。这样，私募债券购买者所得的回报率一般要比同种期限的国债高出大约 1000 个基点。1982 年之后，次级债券也开始通过公募市场向社会公众发行。与私募方式不同的是，公募发行必须遵守证券法所规定的发行程序，包括发行登记和公众发行要约。由于通过公募发行的债券可以上市流通，而且有承销商的做市，投资者所承受的风险比在私募形式下所承受的要小，但募集资金的时间较长。一般情况下，从决定发行到筹集到所需资金，公募发行往往需要 10 周左右。

3. 股权资本。股权资本证券是杠杆收购融资体系中处于最下层的融资工具，其融通资金占并购资金的 10% 左右。股权资本证券包括优先股和普通股。普通股是整个体系中风险最高、潜在收益最大的一种证券。股权资本的供应者多为杠杆收购产权基金、经理人员、一级贷款和次级债券的贷款者。一般来说，杠杆收购股权资本证券不向其他投资者直接出售，而只供应给在杠杆收购交易中发挥重要作用的金融机构或个人。在很多情况下，杠杆收购后形成的公司控股权落在担任发起人的投资银行或专事杠杆收购的投资公司手里。

融资体系是杠杆收购获取成功的关键因素。成功的融资体系不但能帮助杠杆收购者筹集到足够的资金来完成交易，还能降低收购者的融资成本和今后的债务负担。在杠杆收购的多层次融资体系中，华尔街的投资银行家们创造出了许多前所未有的融资工具。

在我国目前的金融市场中，虽然企业债已经开始重新发行，但种类单一，行政色彩浓厚，市场化程度不够，短期内还不可能形成杠杆收购所需的融资环境。不过，国内的投资银行实务倒是可以借鉴杠杆收购所运用的独具匠心的设计。

杠杆收购成败的关键不是目标公司的利润，而是它的现金流。现金流是除去税收和各种非现金支出后的收入总量。各种非现金支出包括折旧、损耗、无形资产摊销等。现金流量将用来偿还债务、收购资产、向股东支付红利等。投资银行在杠杆收购中的角色主要是进行可行性分析和设计交易方案，但其核心工作是分析目标公司现金流量的规模、来源和稳定性，并想方设法利用现金流量。为此，投资银行通常要考虑这样一些问题：（1）当潜在的前提条件发生变化时（比如销售额增长），现金流量的敏感性如何？（2）收购集团（Buyout Group）能支付多少收购对价，又希望得到多少回报？（3）公司能支持什么类型的债务，能支持多少债务？（4）是否采用雇员持股计划？如果是，该持到何等程度？（5）收购集团（包括投资银行）什么时候应该考虑卖出套现？

杠杆收购综合运用了近二十年发展起来的许多理论概念（比如资产定价

理论、效率市场理论等）和金融工具，堪称一种"迷人"的金融工程（Financial Engineering）。杠杆收购也证明了税收和会计制度的变化对企业、金融从而对产业的发展变迁是多么的重要。这些对于国内的投资银行工作者来说，都是非常有意义的启示。

第二节　私募股权投资的风险与政府的作用：太子奶

一、投资案例：太子奶对赌三大投行的失败[①]

中国乳酸菌饮料行业巨头太子奶集团（简称太子奶），命运多舛。2007年年底，太子奶一度落入三大投行设下的赌局中。太子奶掌门人李途纯因与摩根、英联、高盛三大投行对赌失败，被迫出让股权。太子奶在一场对赌中，人财两空。

实际上，太子奶的衰落除了受金融危机、国内三聚氰胺事件的影响外，还由于自身扩张过度，导致资金链断裂。2006年11月，英联投资与太子奶集团合资成立离岸公司——"中国太子奶（开曼）控股有限公司"，注资4000万美元，同时其他两家外资股东——摩根士丹利、高盛分别注资1800万美元和1500万美元。由此，三大投行获得太子奶集团30%的股权。三大投行还给太子奶设了一个"紧箍咒"：注资后的前三年，如果太子奶集团业绩增长超过50%，就可降低注资方股权；如果完不成30%的业绩增长，太子奶掌门人李途纯将失去控股权。这就是三家投行与李途纯签署的对赌协议（Valuation Adjustment Mechanism，VAM）。

拿到外方资金，同时在花旗等外资银行获得5亿元贷款和在国内各地银行获得巨额贷款的太子奶，开始走上疯狂扩张之路。据相关资料显示，到目前为止，太子奶在全国布下的生产基地包括：湖南郴州、北京密云、湖北黄冈、江苏昆山、四川成都。太子奶对这五大乳酸菌饮料基地总投资超过30亿元。此外，太子奶在许昌、宁夏等地还有与当地经销商合资的奶源基地。在太子奶的高速扩张中，经销商、供应商根据李途纯制定的游戏规则行动：先打款，后提货；先供应原材料，再根据销售情况还款。他们因此而逐渐成为太子奶集团的债主。在2007年和2008两年里，太子奶的经营模式弊端显现：资金链紧张、盈利下滑，部分市场出现拖欠员工工资、拖欠供应商和经销商货款的现象，等等，而且问题有蔓延之势。

2008年10月，德勤会计师事务所受托进入太子奶集团进行调查，得出的结论是：该公司欠银行贷款13亿元，欠经销商预付款3亿多元，还包括几亿

[①]　本案例由本文作者根据相关媒体报道整理而成。

元的工程欠款和原材料欠款；而集团净资产仅为2亿元，仅为三大投行当年注资额（7300万美元）的40%。

债台高筑，再加上国内爆发三聚氰胺事件影响乳业发展以及席卷全球的金融危机，导致太子奶一度走上不归之路。2008年10月23日，在投行的压力下，李途纯终于在一份《不可撤销协议》上签字，约定双方必须在一个月内完成股权转让。

2008年11月21日，太子奶集团发出公告，称各股东已达成协议，决定共同向集团增加投资，化解资金危机。同时，李途纯将出任太子奶集团名誉董事长。知情人士称："当时，三大投行通过对赌协议逼迫李途纯交出剩余的股权，李途纯只得到了一千万元的补偿。"

二、政府的作用

据了解，太子奶集团的困局牵涉一大堆问题，包括成千上万员工的生活着落，银行、经销商和供应商等的资金偿还。而这些，不是太子奶一"死"就可以解决的。在太子奶陷入泥潭后，三大投行决定尽快转手、出售套现。2008年9月和10月间，三大投行先后找到了国内外三家巨型食品企业对太子奶出价，最高为15亿元，最低为10亿元。时任高科奶业集团董事长文迪波（前身份为株洲国家高新技术产业开发区管委会副主任）表示，三大投行的如意算盘也失败了，此前谈好的收购企业在种种传言之下已对太子奶失去了信心，决定放弃收购。而由于资不抵债，三大投行此前承诺的注资也决定放弃。

事后，株洲市政府决定，由株洲国有资产投资公司与株洲高科集团组建株洲高科奶业经营有限公司（以下简称"高科奶业"）来接管太子奶并负责经营，盈利所得则用于为太子奶公司偿债，李途纯重回太子奶集团任职董事长，并拿回股权。株洲市政府成立高科奶业的目的就是为了通过政府有限介入的方式保证太子奶的正常运营，直到太子奶引进新的战略投资者，或者通过经营和部分债务重组使得资产负债率达到企业健康运营的比例。2009年2月，在株洲当地的太子奶生产基地已恢复生产，日产量很快就达到了200吨，是正常经营的2/3以上的水平。太子奶集团称："我们进行了大量的市场调查，并与三大生产基地进行了探讨，市场反馈也充满信心。"——太子奶集团总算没有倒下。

三、太子奶的启示

我们认为，太子奶的私募股权投资案例说明了以下三方面的问题：（1）市场充满着风险和不确定性。尽管我们的理论分析表明，私募股权投资的过程总体上是一个价值增值的过程，但也可能出现两败俱伤的情况。所以，对私募股权投资操作和运用不了解的企业不可盲目引进私募股权投资。在我国私募股权投资专业人才不足、投资水平不高时，也不可过急地超常规发展私募股权投资。（2）外资私募股权投资基金既能发挥促进经济发展的作用，也具有较大的机会主义行为，可能与融资企业产生巨大的利益冲突，还可能造成社会不稳定的后果。我国应制定相关政策，让外资私募股权基金负担外部性成本。（3）基于市场机制的私募股权投资常常也会出现市场失灵的情况。因此，政府应发挥重要的作用。政府的作用不仅表现在企业出现大问题时需要政府出面救助，更重要的是，政府要进行有效的监管。如果只有前者没有后者，权责的不对称将会造成不利的后果，私募股权投资最终也将失去其意义。

第三节　投资理念与基金的组织形式：英国 3i 的发展①

一、政府大力培养的"英伦男人"

第二次世界大战后的英国尽管与美国同为战胜国，在经济和国际地位上却境遇迥然。美国以二战为契机一跃成为当时世界最强大的国家，而英国却沦为二流军团的成员，整个国家几乎处于废墟之中。

为了重振国家经济，英国政府推出了各种扶持办法，以期重振昔日雄风。当英国的家族企业、中小企业踌躇满志，准备大展宏图之时，却面临着最大的瓶颈——资金缺乏。他们无法达到银行的贷款条件或者无法去证券市场直接融资。为此，英国政府决定启动产业投资私募基金，专门为中小企业提供运营资金。1945 年，在英国政府和英国银行业的大力支持下，为英国中小企业"量身定做"地提供资本的私有投资机构——3i 集团在伦敦诞生。

作为英国第一家脱胎于政府资助基金的私募股权投资公司，3i 集团在英国百废待兴的关键时期为经济发展做出了巨大贡献。它不仅满足了中小企业发展的资金需求，更创造了大量就业机会。这十分符合当时英国政府倡导的国家福利建设计划——实现充分就业。不仅如此，3i 集团在英国经济工业化、国有企业私有化以及英国资本市场的基础建设和发展过程中都曾扮演过重要角色，在英国经济史上有着广泛的影响力和重要的社会地位。20 世纪 80 年代，3i 集团参与了英国国有企业的改革，并参与了推进一系列活跃的收购及兼并商业行为；公司自身也借此机会成功转型，实现了资产私有化。尽管 3i 集团从此在形式上脱离了政府，但在实质上仍然得到英国政府一如既往的大力支持。这种支持如同一把无形的保护伞和一股推动力，帮助 3i 迅速发展起来。

---

① 本案例的主要内容来自盛希泰（2008），分析乃本文作者所为。

作为一家拥有全球性网络资源的私募股权投资企业，到 2007 年，3i 已经在 14 个国家和地区设立了办事处及分支机构，并在 30 多个国家进行投资，管理的资产高达 140 亿美元。1994 年，3i 集团成功在伦敦证券交易所上市，成为富时（FTSE）100 指数中唯一的私募股权投资公司。上市之初，3i 的市值仅为 15 亿英镑，但经过十多年的发展，2008 年初公司的市值已经达到 52.4 亿英镑，增长了 249.3%。上市公司的身份让 3i 在业内格外出众，除了继续巩固欧洲的市场地位，还在北美和亚洲市场扩充疆土。2001 年以前，3i 在欧洲以外地区的投资占公司业务的比重仅为 25%，但到 2006 年，这一比例已经达到 60%。

号称欧洲最大、历史最悠久的私募股权投资公司，3i 绝非浪得虚名。首先，其所拥有的七十多年发展历史在私募企业中并不多见。其次，这么多年来 3i 在全球，尤其是在欧洲地区所取得的成绩有目共睹。仅在 1998 年至 2008 年的 10 年里，3i 共完成了 170 个 IPO 的项目，股东回报额达到 14 亿美元（截至 2006 年 5 月）；更让人羡慕的是，作为 3i 的员工，年平均工资水平已经达到 34.4 万美元，是当时英国待遇最好的公司之一。3i 的 CEO 菲利普·耶（Philip Yea）也因此跻身《泰晤士报》"2005 年度英国商界最有影响力 100 强"的第 46 位。

提及菲利普·耶，人们很容易被他的魅力所折服。作为二十多年来 3i 第一个从其他公司引入管理层的"局外人"，他是帮助 3i 走出低谷的功臣。同众多私募股权投资企业的经历一样，3i 的发展并非一帆风顺。2001 年世界市场的科技泡沫破灭时，3i 的苦难生活也随之展开，首当其冲的是公司的总回报额从 2000 年的 15.79 亿英镑急剧下降到 2001 年的-1.46 亿英镑，下跌趋势一直持续到 2004 年。2004 年 7 月，菲利普任 3i 新晋 CEO。此时正值公司业绩持续四年低迷后稍有回暖的关键时期，他责任重大。在加盟 3i 之前，菲利普曾担任 Investcorp 国际有限公司的董事，并在帝亚吉欧公司（Diageo plc）担任了三年集团财务董事。此外，他还拥有在英国抵押贷款公司（HBOS plc）和曼联集团（Manchester United Group）供职的丰富经历。对于加盟 3i，菲利普显得非常低调。他极少出现在镜头前，甚至拒绝接受访谈，但这些并不能掩盖他对 3i 改革计划的信心。他承诺将公司发展焦点重新放到盈利颇丰的中等规模投资业务上，并利用提高工资的方法吸引高水平员工加入。事实证明，这些改革措施非常有效。截至 2005 年 3 月末，3i 的回报额再次达到 5.12 亿英镑，每股回报率重新站上 16%，新一轮的成长周期展开了。

二、稳健而谨慎的"成熟绅士"

每一家私募股权投资公司成功的背后都有其津津乐道、引以为傲的投资风格，而 3i 的投资风格就秉承了其土生土长的英伦绅士之风，周身透露出稳健与谨慎。不同于那些略显激进的同行，3i 更像是股票市场上的"价值投资者"。有一个理念常常被 3i 的高层挂在嘴边："作为一家有责任心的投资公司，3i 不会在投资项目上市之初就马上套利出逃，我们持有一个项目的时期在一年半到十年之间。"当然，这绝非是 3i 多么善良，根本目的在于 3i 认识到，一家好公司的价值与时间成正比。

3i 从不认为自己是风险投资者。"我们投资的重点在于增长型公司，特别是那些接近成熟期的公司。我们更加青睐在行业内领先且具有相当规模的企业。"这一投资理念与人们通常认为的风险投资的目标企业多为新建企业的观点大相径庭。实践证明，这是 3i 在私募股权投资中屡战屡胜的不二法宝。3i 不会投资不熟悉的行业，也不会涉足不熟悉的市场。在接触目标企业之前，3i 必定已经做足功课，把自己包装成这个市场的"本地人"、这个行业的"专业人士"。只有达到了这样的程度，3i 才会信心十足地展开投资活动。

3i 的投资业务主要包括收购和创业投资，以及开展时间还短的小型股本投资（Smaller Equity lnvestments）。收购作为 3i 的传统业务，是其最擅长的"项目"，投资所获高额回报中有很大比例来自其漂亮的收购行为。往年 3i 的收购业务多发生在欧洲地区，且以中等市值企业为主要目标，或是大企业旗下非核心企业、争议不断的私人集团，又或是其他同行的二次管理层收购。之所以以欧洲为主战场，则是源于 3i 的谨慎风格。它利用其对欧洲文化、风土人情的了解和在泛欧地区的知识、技术和行业经验，抓住各种隐藏的投资机会。尽管将目标企业局限于中等市值企业使 3i 失去了一些投资机会，却也使其幸运地避开了收购市场竞争最为激烈的区域，从而成功开拓出属于自己的绝对市场。

创业投资是 3i 的另一项重要业务。首先，它以低廉的投资成本获得目标企业的股权。其次，投入创业资本，帮助目标企业发展壮大。在目标企业的经营过程中，凭借控制权参与管理层的经营决策活动，与目标企业共享自己的业务资源。最后，通过一级市场出售、转让或二级市场抛售股权等方式变现获利。3i 在创业投资方面最大的特点，就在于拥有极强的处理与原企业决策者之间管理关系的能力，善于将自己包装成目标企业的"合伙人"和"朋友"，不仅主动投入资金，而且积极为目标企业和目标企业所处行业的国际知名企业牵线搭桥。这对于关系渠道狭窄的目标企业来说，无疑是掉馅饼的买卖。从前 3i 凭借这一方法在欧洲和美国市场获利丰厚，如今则在亚洲市场尝尽甜头。以中国为例，自 2001 年登陆中国到 2008 年年初，3i 已经参与了 10 个投资项目，投资总额近 2 亿美元。其中大多为这种投资模式。如今，10 个直接投资项目中有 3 家企业在美国和中国香港上市；另一家企业与一家日本公司达成交易，实现出售。在美国上市的公司即是现在著名的传媒公司——分众传媒（Focus Media）。

完成对目标企业的选择和实施收购计划，股权投资还只是成功了一半。只有最终将目标企业售出、投资者获得了实实在在的收益，股权投资才算大功告成。在这方面，3i 绝不做"甩手掌柜"。选定目标企业后，它会积极参与到企业运作每个阶段的增效活动中。为了获得更高收益，会在投资过程的每个环节都给以一贯的支持，并不惜将自己的国际关系网络与目标企业共享。即使准备退出，3i 也会与经营者和投资者达成一致的退出战略。如此小心谨慎又彬彬有礼，我们怎能不佩服这位英伦大哥的绅士风采！

截至 2007 年，3i 在超过 14 个国家设立了业务网点，并在欧洲、北美和亚洲形成了相互联系且稳定的业务网络体系。凭借着这张国际业务网络，3i 在许多投资中无往不利。

三、三点启示

1. 价值创造、价值投资、分散投资、长期投资是私募股权投资成功的必由之路。2. 尽管有限合伙制已成为私募股权投资基金组织形态的主流形式，但由于这种组织形式的不稳定性、非法人资格特性、有限合伙人对投资事项难以监管等原因，它的缺陷也是实实在在的。当各种私募股权投资的组织形式都可选用时，投资者可以有多重选择。3. 政府可以也有能力引导一批私募股权投资基金做大，做强。这对发展我国具有国际品牌的私募股权投资基金意义重大。

第四节　私募股权投资的复杂性：无锡尚德①

一、无锡尚德的造富神话

2001 年 1 月无锡尚德太阳能电力有限公司（简称"无锡尚德"）成立时，施正荣以 40 万美元现金和 160 万美元的技术入股，占 25%的股权，江苏小天鹅集团、无锡国联信托投资公司、无锡高新技术投资公司、无锡水星集团、无锡市创业投资公司、无锡山禾集团等国企共出资 600 万美元，占有 75%股权。

为便于海外上市，施正荣于 2005 年 1 月设立了"尚德 BVI"公司，开始对无锡尚德进行私有化。借助"百万电力"提供的 6700 万港元过桥贷款为收购保证金，尚德 BVI 开始协议收购无锡尚德的国有股权。除直接从发起人股

---

① 本案例由本文作者根据相关媒体报道整理而成。它曾经一度被认为是一个成功的案例。

东手中收购 44.352% 的股权外，尚德 BVI 还收购了一家 BVI 公司——欧肯资本。后者从两家国有股东手中受让了无锡尚德 24.259% 的股权。2005 年 5 月交易基本完成时，无锡尚德的国有股东获得了约 13.3 倍的回报率。同时，海外投资机构则出资 8000 万美元、以 6 倍市盈率溢价入股尚德 BVI，并为规避风险设计了一份对赌协议。由于施正荣属澳大利亚籍，无锡尚德重组后变身为完全的外资企业。2005 年 12 月 14 日，全资持有无锡尚德的"尚德控股"在纽约证券交易所上市。按首日收盘价计算，持股达 46.8% 的施正荣身家超过 14.35 亿美元，外资机构的投资则增值近 10 倍。

2005 年 12 月 14 日，注册于开曼群岛的尚德电力控股有限公司（简称"尚德控股"）以美国存托股票（ADS）形式在纽约证券交易所挂牌上市，受到投资者的热烈追捧，收盘价 21.2 美元，较 IPO 发行价 15 美元上涨了 41%。尚德控股此次发行共出售 2638 万股，融资近 4 亿美元，以当日收盘价计算的市值达到了 30.67 亿美元，远远超过当时的新浪、盛大等已在纳斯达克上市的中国公司。

无锡尚德主要从事晶体硅太阳电池、组件以及光伏发电系统的研究、制造和销售，公司注册成立于 2001 年，但由于股东资金不到位，直到 2002 年 5 月才开始投产。一家运营仅 3 年的公司，能在如此短时间内造就如此高额市值和个人财富，人们不禁要问：其"闪电上市"的过程有什么值得国内民营企业借鉴之处？在上市前迅速由国有控股 68% 的企业转变为私有企业，又是通过什么制度安排实现的呢？

2001 年 1 月，施正荣以 40 万美元现金和 160 万美元的技术入股无锡尚德，占 25% 的股权。施正荣名下的股份是通过他个人全资拥有的澳大利亚公司 PSS（Power Solar System Pty. Ltd.）间接持有无锡尚德 25% 的股份来体现的。根据尚德控股《招股说明书》的披露，到 2004 年 10 月，PSS 从其他股东手中购买了 6.389% 的股份，施正荣控制的股份上升到 31.389%。

2004 年，无锡尚德开始谋划上市。据尚德控股向美国证监会（SEC）提交的 P1 表格（上市招股说明书）披露，无锡尚德 2002 年亏损 89.7 万美元，2003 年利润仅 92.5 万美元。这样的业绩水平根本无法满足国内的上市标准。另一方面，海外资本市场对光伏产业相当认同，美国 SUN POWER（纳斯达克）、台湾茂迪（6244.TW）等光伏企业上市时都受到狂热的追捧，施正荣从一开始就瞄准了海外上市。

第一步：百万电力过桥贷款助力施正荣收购国有股权。国内媒体披露，2005 年年初，为了满足海外上市的需要，在无锡市政府的动员下，当初出资的国有企业退出。正是由于国有资本的退出，使高盛、龙科、英联、法国 Natexis、西班牙普凯等外资机构得以顺利入股尚德控股，为尚德的上市扫清了路障。国内企业海外上市最重要的准备工作之一就是引进海外战略投资机构。对这些海外机构来说，国有企业的管理制度和公司治理结构往往令他们对公司发展抱有怀疑态度，而一个由施正荣个人控股的股权结构显然要有吸引力得多。对施正荣来说，能够通过海外上市取得对企业的绝对控股权也完全符合自身的利益。2005 年 1 月 11 日，旨在帮助施正荣取得控制权的尚德 BVI 公司（Power Solar System Co., Ltd）成立。该公司由施正荣持有 60%的股份，由百万电力持有 40%的股份，法定股本 50000 美元，分为 50000 股。根据招股资料，百万电力同样注册于 BVI，拥有者叫 David Zhang。施正荣选择与百万电力合作的原因在于，他收购国有股权需要资金，而 David Zhang 等人同意为其提供过桥贷款。双方于尚德 BVI 成立前的 2005 年 1 月 6 日签定了一份《过桥贷款协议》。根据这份《过桥贷款协议》，David Zhang 等人通过壳公司百万电力向尚德 BVI 提供 6700 万港元的贷款，作为尚德 BVI 收购无锡尚德国有股权的保证金之用。协议约定，百万电力对尚德 BVI 的债权可以转换成对尚德 BVI 的股权。转换比例分为两步：第一步，当尚德 BVl 收购无锡尚德全部国有股权后（当时国有股权占无锡尚德 68.611%，PSS 占 31.389%），百万电力占尚德 BVI 的股权比例可以保持在 40%不变。该贷款在会计处理上由尚德 BVI 对百万电力的负债改记为百万电力对尚德 BVI 的出资。第二步，当尚德 BVI 从施正荣所控制的 PSS 手中收购无锡尚德其余 31.389%的股份，也就是尚德 BVI 100%控股无锡尚德后，百万电力持有尚德 BVI 25%的股份，施正荣持有 75%的股份。如国有股东不肯转让，施正荣作为管理者收购所面临的风险是：《过桥贷款协议》规定贷款期限为半年，到期后尚德 BVI 必须将投资款连本带息一起归还百万电力，否则每天按 0.03%缴纳过期罚金，施正荣用自己所持有的 31.389%的无锡尚德股份为此提供了抵押担保。

第二步：风险投资商入股尚德 BVI，无锡尚德重组实现外资私有化。在百万电力提供过桥贷款作为保证金后，施正荣就能与国有股东签订股权收购的意向协议了。有了意向协议，海外的风险投资机构同意谈判为尚德 BVI 溢价入股。2005 年 5 月，尚德 BVI 与海外风险投资机构签订了一份《股份购买协议》，拟以私募的方式出售合计 3466.7 万股 A 系列优先股，每股 2.30 美元，合计 8000 万美元。拟认购优先股的外资机构包括高盛 Asia（Finance）、龙科、英联、法国 Natexis、台湾 Bestmanage 和西班牙普凯。

《股份购买协议》约定，尚德 BVI 通过向这些外资机构发行 A 系列优先股所得到的 8000 万美元收入将主要用于公司重组，而重组的完成也是外资机构认购优先股生效的前提。这里所说的重组，是指将无锡尚德从一个国有控股的中外合资公司通过股权转让的方式转变为由尚德 BVI 100%拥有的子公司。重组的具体步骤如下：1. 尚德 BVI 从江苏小天鹅集团、无锡山禾集团、无锡市创业投资公司和无锡 Keda 风险投资公司手中收购无锡尚德 36.435% 的股权，从无锡高新技术投资公司手中收购无锡尚德 7.917% 的股权。2. 由 David Dong 所控制的一家在海外注册、在上海办公的公司——欧肯资本从无锡国联信托投资公司和无锡水星集团手中收购无锡尚德 24.259% 的股权。3. 尚德 BVI 从 David Dong 手中收购欧肯资本 100% 的股权。4. 尚德 BVI 从施正荣手中收购 PSS 的 100% 股权（PSS 拥有无锡尚德 31.389% 的权益）。5. 百万电力向一些自然人和机构转让部分尚德 BVI 股份。这样，重组完成后的架构将是：尚德 BVI 持有 PSS 和欧肯资本 100% 的股权及无锡尚德 36.435% 的股权；同时 PSS 和欧肯资本持有无锡尚德其余 63.57% 的股权。根据《股份购买协议》，PSS 和欧肯资本应当在随后 90 天内把自己所持有的无锡尚德的股份全部转让给尚德 BVI，使尚德 BVI 直接拥有无锡尚德 100% 的权益。

尚德 BVI 为什么不直接从无锡国联信托投资公司和无锡水星集团手中收购无锡尚德股权，而要通过欧肯资本二次转让完成收购呢？原因是并非所有的国有股东都愿意放弃持有无锡尚德的股份，施正荣无法直接说服无锡国联信托投资公司和无锡水星集团转让股份，而必须假手有能力说服国有股东的欧肯资本。

在外资机构的 8000 万美元全部被国有股东获得的前提下，欧肯资本并不可能通过股权转让的价差获取利润，帮助尚德 BVI 的目的只有一个，就是在尚德 BVI 完成收购国有股权后获利，而这也正是百万电力的利益所在。也就是说，过桥贷款的投资者在促成国有股退出的过程中发挥了重要的推动作用。

2005 年 5 月，通过一系列交易，尚德 BVI 基本完成了收购无锡尚德的全部国有股权。如果外资机构的 8000 万美元全部由国有股东获得，则国有股东实际出资的 600 万美元获得了约 13.3 倍的回报率。而重组中退出无锡尚德的国有股东们分别获得了 10 倍至 23 倍不等的投资回报。

国有股东重组前共持有无锡尚德 68.61% 的股份，即使 8000 万美元全部获得，也意味着国有股东在 2005 年 4-5 月间认为无锡尚德的价值仅为 11660 万美元（8000 万/68.61%）。从下文的分析可以看到，高盛等外资机构同期所确认的尚德 BVI 的价值为 2.87 亿元。二者对无锡尚德的价值判断差异巨大。

第三步：外资 6 倍市盈率投资尚德，对赌完成股权设计。尚德 BVI 成立之初的股权结构是：法定股本和已发行股本各 50000 美元，分为 50000 股面值 1 美元的股份。为了方便海外风险投资机构的入股，在《股份购买协议》生效前，尚德 BVI 首先进行了一次拆股和一次送红股。拆股是现有股本由 5 万股、面值 1 美元拆分成 500 万股、面值 0.01 美元；送红股是普通股股东每 1 股获赠 17 股，让发行股本达到 9000 万股。外资机构的 3466.70 万股 A 系列优先股是怎么确定的呢？从投资银行通常的操作程序判断，首先，在对尚德

BVI 进行估值的基础上，外资机构确定了投资金额是 8000 万美元，占股权比例的 27.8%（由此推知，尚德 BVI 的价值被外资机构确认为 2.87 亿美元）。按 9000 万股对应 72.2% 的股份计算，尚德 BVI 的已发行股本确定为 12466.70 万股，外资的持股数确定为 3466.70 万股。

外资持股数的确定决定了最终的股权结构：尚德 BVI 法定股本扩大到 500 万美元，拆分为面值 0.01 美元的 5 亿股，包括普通股 46533.29 万股和 A 系列优先股 3466.70 万股；已发行普通股 9000 万股，优先股 3466.70 万股，其余股份未发行。外资机构为了保障自己的权利，要求 A 系列优先股必须享有超越所有普通股股东的大量不平等优先权。这使 A 系列优先股更类似于尚德 BVI 发行的一种高息可转换债券，享有多种权益：定期分红权，换股权，赎回权，清算优先权等。

双方还签订了外资风险投资机构经常采用的对赌协议，即 A 系列优先股转换成普通股的转股比例将根据尚德 BVI 的业绩进行调整。双方约定，在尚德 BVI 截至 2005 年年末经会计师事务所审计的按照美国 CAAP 会计准则进行编制的合并财务报表中，合并税后净利润不得低于 4500 万美元。假如低于 4500 万美元，则转股比例（每股 A 系列优先股/可转换成的普通股数量）需要乘以一个分数——公司的新估值与原估值之比，即新估值乘以 2.87 亿美元。根据协议，新估值的数值应当是 2005 年的实际净利润乘以 6。也就是说，外资认为按照 6 倍市盈率投资无锡尚德是比较合理的。

这种对赌对外资规避风险非常有利，但施正荣在协议中对自己的控制权设定了一个万能保障条款：无论换股比例如何调整，外资机构的股权比例都不能超过公司股本的 40%。此外，他为公司的董事、员工和顾问争取到了约 611 万股的股票期权。虽然会在一定程度上摊薄外资的权益，但强势的外资对此却并无异议。海外风险投资商认为，能够留住人才的公司股权才有价值。

根据海外风险投资机构目前已投资的国内项目判断，按 6 倍的市盈率投资于一家未上市的企业并不算低。高盛等外资机构之所以能给无锡尚德如此高的溢价，与原国有股东的完全退出和以施正荣为控股股东的纯外资股权结构的搭建完成有很大关系。首先，国内《中外合资经营企业法》等法规对中方投资者，尤其是国有股东的权利有严格的保护，在涉及股权转让、增资、发行上市等方面有复杂的审批程序，国有股份的完全退出大大降低了外资的法律风险。

第四步："换股"打造上市主体"尚德控股"。开曼群岛的法律环境最符合上市要求，开曼公司是最理想的上市主体。在海外上市实务操作中，换股是搭建上市主体最常用的方式。2005 年 8 月 8 日，在上市主承销商——瑞士信贷第一波士顿和摩根士丹利的安排下，由施正荣完全控股的壳公司 D&M

Technologies 在开曼群岛注册成立尚德控股，发行 1 股，面值 0.01 美元。2005年 8 月 16 日，尚德控股和尚德 BVI 的全体股东共同签定了一份换股协议。根据协议，尚德控股以向尚德 BVI 现有的 16 家股东发行股票作为代价，交换这些股东所持有的尚德 BVI 全部股份，简称为"换股"。换股后，尚德控股将持有尚德 BVI100%股份，而尚德 BVI 的 16 家股东将拥有尚德控股 100%的股权。尚德控股作为最终控股公司，择机上市。尚德控股共向尚德 BVI 现有的 16 家股东发行了 89999999 股普通股和 3466.7 万股 A 系列优先股。这些代价股份与尚德 BVI 的股权结构相比，只有两处差别。第一，为了方便上市操作，原应支付给施正荣的股份改为支付给 D&M Technologies 公司了。第二，代价股数比尚德 BVI 发行股本少了一股。为什么少一股呢？因为这一股被 D&M Technologies 注册尚德控股时就持有了。即尚德控股完全复制了尚德 BVI 的股权结构。

在尚德控股的公司治理方面，外资依然维持了强势的地位。根据尚德控股的《公司章程》，尚德控股的 A 系列优先股享有和尚德 BVIA 系列优先股同样的权利。此外，尚德控股必须任命高盛和龙科的代表进入董事会，并任命他们进入无锡尚德的董事会。也就是说，尚德控股和无锡尚德董事会不超过 7 人的成员中，有两人必须由外资机构委任。最关键的是，只要 A 系列优先股存在，几乎公司所有重大经营管理事项都必须经这两名投资者董事批准，包括利润分配、股票回购、高管股票出售、期权发放、关联交易、超过 500 万美元的负债、一年内累计超过 100 万美元的固定资产购买和租赁、证券买卖、账户变更、会计政策或方法变更、收购兼并 200 万美元以上的资产或业务、超出预算 10%的费用支出，等等。可以说，在上市以前，外资对公司拥有极强的控制权。

需要指出的是，双方也约定，一旦上市成功，尚德控股将启用第二套《公司章程》，外资的控制力将大大减弱，对赌协议也随之失效。这说明，外资对国际公开市场的管理治理水平有着充分的信任。

正是考虑到在公司上市前外资所拥有的强大控制力，负责公司审计的德勤会计师事务所认定并说服纽约证券交易所接受，无论无锡尚德的重组过程，还是尚德控股与尚德 BVI 的换股过程，都没有产生任何新的单个股东或一致行动股东可以控制无锡尚德，因此可以采用权益结合法，而不必采用购买法的会计处理方法来计量其资产与负债。这样，无锡尚德的全部资产、负债都得以按账面价值并入尚德 BVI 和尚德控股，尚德控股的历史财务和运营记录与无锡尚德完全保持一致。从这个意义上说，负责上市审查的纽交所也认为，虽然施正荣在上市前拥有 54.14%的股份，但尚德控股和重组前的无锡尚德一样，实际控制权都掌握在董事会手中，只不过董事会中的部分成员由国有股东代表换成了外资机构代表。

第五步：登陆纽约证券交易所完成财富增值。2005 年 12 月 14 日，尚德控股向公众出售 2000 万股新股，老股东向公众出售 638 万股旧股，在纽交所完成了上市。对外资机构来说，按公司发行价 15 美元计算，其 2.30 亿美元的购股成本在半年内增值了 6.5 倍；按公司上市首日收盘价计算，增值了近10 倍。对施正荣来说，除了无锡尚德成立之初的 40 万美元股金外，几乎没有追加任何资金投入而最终拥有了 46.8% 的股份，价值超过 14.35 亿美元。

二、从天堂到地狱

无锡是中国光伏产业蓬勃发展的发源地。自 2001 年无锡尚德太阳能电力有限公司成立以来，十多年间无锡的光伏产业从无到有，从小到大，发展迅猛，已形成尚德电力、海润光伏、高佳太阳能、国电光伏、浚鑫科技、江苏昱辉阳光、东方迈吉、尚品太阳能、振发新能源、爱康科技等一大批企业。无锡市列入统计的 60 家重点光伏企业从业人员最多时超过 4 万，确立了无锡光伏产业在全国的领先地位——具体表现在规模总量全国领先、产业链条比较完备、多项技术行业领先、平台建设不断完善等方面。在产业的发展过程中，政府和各路资本都曾发挥了巨大的作用，但也积聚了风险。

2006 年 12 月，尚德电力的股价达到 40 美元以上，施正荣身价达到 23 亿美元，尚德电力成为中国最大的光伏企业。有谚语说，上帝要让人死亡，必先让其疯狂。2007 年，尚德电力投入 3 亿美元建非晶硅薄膜电池生产线，称薄膜电池是中国企业的救命稻草，计划在 2010 年形成 400 兆瓦产能。到了2010 年，非晶硅薄膜电池生产线停产，工厂关闭，尚德电力亏损 5000 万美元，只产出几十兆瓦。2011 年底，因多晶硅价格暴跌，尚德电力不得不取消与美国 MEMC 签订的十年期购货长单，并为此赔付 2.12 亿美元。

2011 年底，尚德电力银行贷款由 2005 年年末的 0.56 亿美元增至 37 亿美元。2012 年 7 月 30 日，尚德公告称，正在对环球太阳能基金管理公司（GSF）相关方提供的反担保展开调查。GSF 的管理者 GSF Capital 向尚德提供的 5.6 亿欧元等值的德国政府债券担保存在瑕疵，可能系伪造而根本不存在。该年 8 月 1 日，美国投资机构 Maxim Group 下调尚德目标价至 0 美元。8 月 15日，施正荣辞去尚德 CEO 职务，继续担任董事长；金纬任 CEO。9 月 24 日，尚德发公告称，因收盘均价连续 30 天低于 1 美元，收到纽交所退市警告。10月 10 日，尚德电力首席财务官丁怀安辞职，尚德高管离职潮爆发。

2013 年 1 月 14 日，尚德电力连续 30 个交易日平均收盘价高于 1 美元，在美退市风险解除。1 月 15 日，尚德员工不满公司取消年终奖，发公开信要求 CEO 金纬辞职。3 月 4 日，施正荣辞去尚德董事长职位，继续留任董事。3

月 11 日，尚德电力发布公告称，与超过 60% 的可转债券持有人签订了债务延期协议，获得两个月延缓时间。3 月 12 日，40% 未与尚德电力签订延期协议的债券持有人表示，尚德必须在 3 月 15 日到期时按时偿还可转债，否则将向法院起诉。3 月 18 日，尚德电力发公告承认债务违约：公司收到 3% 可转债托管人的通知，即 2013 年 3 月 15 日到期的可转债仍有 5.41 亿美元的未支付金额已经违约，并要求尽快付款。3 月 19 日，尚德电力发布公告称，任命无锡国联集团周卫平为尚德执行董事兼总裁，即刻生效。

2013 年 3 月 20 日，法院裁定无锡尚德进入破产重整程序，意味着尚德电力和最核心的企业——无锡尚德从辉煌跌入谷底，施正荣的名字也从中国豪富榜上消失。

无锡尚德陷入破产重组的原因，既有企业的外部经济环境变化的原因，也有企业内部运营管理不善的原因。从外部表层原因看，光伏行业产能过剩是主要原因。全球光伏产业经过前一阶段爆发式的增长之后，市场需求量已经开始放缓；欧债危机和美国双反又进一步抑制了市场的需求。光伏企业却并没有削减产量，而产能过剩导致了这种局势进一步恶化。根据 EPIA 的统计，2011 与 2012 年全球光伏组件总产能分别超过 40GW 和 50GW，而全球 2011 年与 2012 年的市场年需求量仅为 30GW，产品供大于求，同质化竞争导致全行业盈利水平降低。由此导致多晶硅价格暴跌。自 2011 年年初至 2013 年年初，多晶硅价格下挫了近 80%，跌至 24.5 美元/公斤。由此造成无锡尚德存货跌价严重及长单损失严重，包括直接导致与 MEMC 长单解约的 2.12 亿美元损失。从内部深层原因看，管理不善，决策失误导致经营失控。尚德体系组织架构复杂，内部管理机制不健全，且较为混乱，没有真正建立起科学的决策机制和有效的制衡机制，导致多项重大投资决策失误。经过十多年的发展，无锡尚德基本形成了"三头在外"的发展模式，即多晶硅原材料的供应主要由海外控制，光伏产品的终端市场主要由海外提供，公司经营决策和资金管理由海外团队实际控制。施正荣对此经验不足，又经常头脑发热，决策上出现过多次重大失误。此外，过度融资且融资结构不合理，导致债务负担沉重，以致最后资金链断裂。

三、教训与启示

（一）私募股权投资涉及政治、经济、法律、科技与文化等方方面面，十分复杂，实现私募股权投资的成功实属不易，幻想任何长期的暴利都是不切实际的。无锡尚德的运作过程涉及过桥贷款、离岸公司、换股协议、对赌协议、优先股、海外红筹上市等相关法律问题，还涉及美国股票发行的制度问题，不是专业老练的投行，就无法走完最后的程序。即使有几家这样的投行进入，也没能帮助企业创造价值，许多没来得及退出的私募股权投资最终都出现亏损。

（二）国有资本股权投资的运作机制，特别是风险防范机制需要认真研究，政府不宜过度干预产业的发展，不可过度鼓励私募股权投资大干快上。在无锡尚德开始建立时，即使考虑施正荣的无形资产入股，他最初占的股份只有25%，无锡几家国有企业拿出真金白银600万美元，占股75%。等到公司在美国上市后，他占公司的股份增加到了46.8%。即使按每股一美元的股价算，他也还是挣了几十倍。国有资本如果像他那样能运作到上市，高峰时市值应该能达到几百亿元人民币。可国有资本是在公司发展尚好的时候就退出了。从表面上看，国有资本在退出时还有几倍的盈利，但实际上国有资本冒的风险与所取得的回报不成正比。当无锡尚德要破产时，为了稳定公司，又是国有资本来"兜底"，但这种方式已无法让企业实现技术、管理及商业模式上的根本性脱困，国有资本又在冒险。

国有资本的产权属性决定了它在高风险的股权投资领域与私人资本及外资竞争时需要特别的运作机制和风险防范机制。一些地方政府总是希望当地经济快速发展而不顾及可能产生的后果，对各类投资的冲动十分明显，总想人为地把产业做大，只要有私募股权投资进入，只要能有更多的当地公司上市，就皆大欢喜。试想一想，如果无锡国有资本进入尚德后不久尚德就破产，无锡相关的国有企业怎么办？如果也破产，原有的国有企业的员工怎么安置？国有资产流失了谁来负责？如果水平不高、能力不强的本土私募股权投资基金一窝蜂的投资于某个政府想大力发展的产业，一旦私募股权投资失败，一批富人就会消失，让富人来带动经济发展的愿望就会适得其反。所以，政府不宜过度干预产业的发展，不可过度鼓励私募股权投资大干快上。相反，政府应尽可能保障国有资本的运营安全，并帮助投资机构和投资者防范投资风险。

第五节　弘毅投资的成长[①]

一、弘毅投资

弘毅投资是联想控股有限公司旗下专事并购投资及管理业务的子公司。弘毅投资作为专业化运作的并购投资公司，以"增值服务、价值创造"为核心理念，主要投资于成熟行业中的成熟型企业。通过借鉴联想多年经营及改制的成功经验和为合作企业提供增值服务的理念，弘毅帮助合作企业建立在

---

① 本案例的部分内容取自葛恩才（2008），对它的更新和分析是本文作者所为。

各自行业中的领先地位，最终实现社会、企业和投资者多方共赢。

弘毅投资自 2003 年 1 月运作以来，已先后在金融、建材、医药、汽车零部件和家居等多个行业进行了投资。2006 年 12 月，林洋新能源在纳斯达克成功上市，弘毅投资的股权投资半年便获利 4 倍；2007 年 4 月，先声药业在纽交所成功上市，弘毅的投资一年半增值 8 倍；2007 年 8 月，弘毅投资以 8.7 亿人民币将石药集团收归旗下。如此，弘毅投资一下子冲在了中国本土化私募股权基金的最前线。至 2017 年初，弘毅投资管理的资金总规模已达 700 亿元人民币。

二、弘毅的成长

弘毅投资的诞生与成长，是联想创始人柳传志由实业向资本转型的战略之举。2002 年 11 月，柳传志认为，联想集团在 PC 制造业的成长已进入成熟期，作为大股东的联想控股需要开拓新的领域来获得资本的保值、增值。于是他开始在投资领域试水。

此时，赵令欢进入了柳传志的视野。赵于 1987 年赴美自费留学，获得美国西北大学凯洛格商学院工商管理硕士学位，继而在美国一路从工程师做到企业高管。赵令欢的经历包括出任全球最大的调制解调器制造商 US Robotics 副总裁兼事业部总经理。在 Robotics 于 1997 年以 90 亿美元天价被 3M 公司收购后，赵令欢应风险投资商之邀移民加州，在硅谷开始创业。随后，赵进入风险投资界，出任美国 eGarden 风险投资公司董事总经理。这家风险投资公司在美国、香港和中国内地都有投资。

2002 年，赵令欢受邀在联想做了一年顾问，为联想集团的国际化及资本运作出谋划策。一年到期后，他打算在国内做并购投资。而在"十六大"后，柳传志看到了国企改制的机会，联想投资总裁朱立南郑重推荐了他。在柳传志的办公室里商谈直接投资事宜，赵令欢记得，"简短的见面变成了很长的谈话，最后在很多关键的问题上达成了高度的共识——比赚钱更重要的是能创造一个可以传承的、领先型的公司，我突然有了一种使命的感觉"。

2003 年初，弘毅投资开始酝酿组队，接着邀请麦肯锡做咨询，从 99 个行业中筛选出了适合投资的 10 个重点行业。接着，弘毅前身——联想控股投资事业部的人开始"撒开丫子在全国做调研，考察机会是否真实"。这时弘毅 30 多人的团队大多数是土生土长的，很多还是联想系内部"训练"出来的。赵令欢认为，直接投资是一种很本地化的业务，这直接影响到他找什么样的人。在他看来，"跟那些'海归'相比，可能讲起投资的专业术语或者操作起模型来不如后者熟练，但他们对国情的了解，对看到的事情怎么判断、解读、找到方法对应，都是'海归'没法比的。因为，投资归根结底是一种判断"。

2004 年弘毅正式成立，第一步走得非常小心，甚至有些保守。当初赵令欢打算按照国际私募股权投资基金通行的运作模式招募有限合伙人（LP），募集资金。在华尔街的投资经历积累了不少资源，他回国时已有机构表示愿意掏钱，因此募集资金不是问题。但是柳传志并不愿意这样做，因为在国内市场做私募股权投资风险很高，弘毅还没有这方面的经验，不知能不能为投资人负起责任，希望联想先掏钱进行试验，再对外募集资金。赵令欢接受了柳传志的意见，一期基金 3800 万美元全部出自联想，后来实际投资达到 9900 万美元。一期基金投资了三个项目，包括中银集团的不良资产项目、江苏玻璃集团和德农种业。但真正让弘毅投资一战成名的莫过于重组江苏玻璃集团（后重组改名为"中国玻璃"）。借助于收购、重组、上市，大概通过一年的重组改造，中国玻璃最终于 2005 年中期以"红筹"方式在香港主板上市，融资 2 亿多港元。凭借"中国玻璃"一役，弘毅投资奠定了自己在国内并购市场领先的"江湖地位"。

2004 年 9 月，弘毅投资完成第二期基金的募集，总共 8700 万美元，实际投资 1.28 亿美元。在这轮投资名单中，出现了高盛、新鸿基、淡马锡等国际机构的身影。在短短一年多时间内，借助于本土化优势，迅速成为国内的行业龙头企业。2005 年 6 月，弘毅投资二期基金正式投资中国整体厨房及整体家居领域的领先企业——科宝博洛尼。而在同月，弘毅投资二期基金正式投资中国最大的汽车发动机气门生产厂家——济南汽车配件厂。2005 年 9 月，弘毅投资于中国领先的医药生产和销售企业——先声药业。2006 年 6 月，弘毅投资二期基金正式投资中国太阳能电池行业的领先企业——林洋新能源。此外，弘毅投资二期基金在 2006 年 6 月投资中联重科，首次尝试参与国内行业龙头上市公司的投资。在尝到国内资本市场的甜头之后，弘毅投资于 2006年 12 月再次参与国内上市公司中国玻纤控股子公司，也是中国最大的玻璃纤维制造企业巨石集团的定向增发。

2006 年 1 月，弘毅投资完成了第三期基金募集，共拿到 5.8 亿美元，包括二期全部国际投资人在内，共集结了分布在全球的 17 个著名投资人。至 2006 年年末，弘毅投资管理的资金已超过了 55 亿元人民币，被投资企业资产超过 143 亿元人民币。在短短几年的时间内，弘毅投资完成三轮募资，一年一个台阶，从一个国内投资市场的"无名小卒"一跃成为"资本大鳄"。到 2017 年，弘毅已经发展成为一家超大型的具有国际影响力的股权投资机构。与之相伴的是丰厚的投资回报。这也足以彰显出赵令欢在中国并购市场中敏锐的洞察力和资本"善舞"的财技。

当然能成就弘毅的，还离不开其本身非常优秀的团队。在这个高度专业化的团队中，董事长柳传志于 1984 年与其他 10 名计算所员工以 20 万元人民币创办联想，如今联想已成长为国家重点支持的旗舰型企业集团。在 20 年的创业生涯中，柳传志领导联想突破了长期束缚科研人员头脑的计划经济传统观念，走出了一条具有联想特色的高科技产业化道路；他立足于中国本土，摸索行业和企业发展规律，在与国外强手的竞争中一举胜出，确立了联想在中国市场的排头兵地位，而且带动了一大批民族 IT 企业的发展。他还创造性地实现了联想控股的企业股份制改造，建立了有利于联想长远发展的产权机制和激励机制。他将西方现代化的管理理论与中国企业实践相结合，总结并形成了系统的联想管理体系，使联想逐步成为一个符合现代企业制度、具有国际竞争力的公司集团。

弘毅总裁赵令欢 1984 年毕业于南京大学物理系，1987 年赴美留学，先后获美国北伊利诺依州大学电子工程硕士和物理学硕士学位、美国西北大学凯洛格商学院工商管理硕士学位。他有多年的企业管理和投资运作经验，对于国内外资本市场运作有着深刻的理解，在企业并购整合和企业发展战略方面有着丰富和成功的实践。加入联想控股之前，赵令欢任美国 EGarden 风险投资公司董事、总经理。该公司在美国、中国香港和中国大陆均有投资项目。作为一位有着企业运作丰富经验的投资者，赵令欢为被投企业的 CEO 和高层领导在管理执行、领导力、战略制定等方面提供了大量有价值的指导和建议。在此期间，赵令欢应邀出任 UTStarcom 公司（NASDAQ. UTSI）的总裁顾问和联想集团有限公司（HK. 992）的资深顾问，指导企业制定全球发展战略和进行战略并购。赵令欢还曾担任美国 Infolio, Inc., Vadem Ltd. 的董事长兼 CEO、U. S. Robotics lnc. 副总裁兼总经理等核心领导职务。

三、弘毅成功的原因分析

从弘毅成长的过程可以看到，它的成功主要有下几方面的因素：1. 中国高速发展的经济环境为弘毅创造了大好的商业机会。没有这样的机会，就不会有那样好的投资项目，可能弘毅也不会出现。2. 具有优秀的企业家和投资家是弘毅发展顺利的根本保障。没有柳传志，没有赵令欢，就不会有弘毅。3. 投资基金除了有金融资本，还要有能为企业提供增值服务的无形资产和社会网络。弘毅一方面有联想这块招牌，另一方面有很广的社会网络，能为企业克服除资金以外的困难和发展瓶颈。

本章小结

本章通过外资私募股权投资基金对好孩子成功收购的案例分析，阐明了我国发展杠杆收购的可能性。杠杆收购作为目前私募股权投资的主要业务，在我国的发展同样可以取得很好的效果，但需要对相关的金融制度进行配套改革，同时要加强监管和风险控制。无锡尚德的案例说明私募股权投资涉及政治、经济、法律、科技与文化，十分复杂，实现私募股权投资的成功实属不易，幻想任何长期的暴利都是不切实际的；同时也表明，国有资本股权投资的运作机制，特别是风险防范机制需要认真研究，政府不宜过度干预产业的发展，不可过度鼓励私募股权投资大干快上。英国3i公司的案例则说明价值创造、价值投资、分散投资、长期投资等是私募股权投资成功必由之路，也说明私募股权投资的组织制度可以有多种选择。弘毅的发展说明，具有优秀的企业家和投资家是发展私募股权投资的根本保障，也为我们理解私募股权投资的作用提供了很好的佐证。太子奶的案例首先说明了私募股权投资市场充满着风险和不确定性。在我国私募股权投资专业人才不足、投资水平不高时，更不可过急地超常规发展私募股权投资。其次，外资私募股权投资基金既能发挥好的促进经济发展的作用，也可能具有较大的机会主义行为，可能危害我国产业安全和社会稳定，应制定相关政策让外资私募股权基金负担起外部性成本。该案例还说明了私募股权投资常常也会出现市场失灵的情况，政府应当发挥重要的作用。它不仅表现在企业出现大问题时政府救助方面，更重要的是政府要进行有效的监管。如果只有前者没有后者，权责的不对称将会造成不利的后果，私募股权投资最终将失去意义。

第七章　促进我国私募股权投资发展的政策建议

从世界私募股权投资发展的历史可以看出，市场机制不仅是行业发展的原发性因素，也是解决行业发展的主要手段。十八届三中全会作出的《中共中央关于全面深化改革若干重大问题的决定》（以下简称《决定》）除了强调市场机制的决定性作用外，也提出要更好地发挥政府的作用。事实上，任何产业或市场的发展都离不开政府的作用。但政府在纠正市场的不足时也会出现一些新问题。因此，政府的角色定位、管制范围、运作模式等政府作用机制，都是私募股权投资发展研究的应有之义。特别是在我国混合所有制改革中，政府的重新定位与私募股权投资发展关系甚大。此外，信息技术革命给我们解决私募股权投资的治理机制问题与政府作用问题提供了新的途径，也必然会导致发展模式和发展策略的改变。

第一节　政府在私募股权投资中的角色定位

一、市场失灵及其原因

新古典经济学认为，市场机制是人类迄今为止最有效率和活力的经济运行机制和资源配置手段，具有任何其他机制不可替代的功能优势。一是经济利益的激励性。通过自由竞争，能强制生产主体做出最大的生产努力，降低成本，提高效率，并进行不断的创新，从而使整个经济实现高效率的增长。二是市场决策的灵活性。在市场经济中，尽管生产者和消费者都是分散独立决策的，但产品价格、利率、工资等经济变量随供求关系而灵活变动，可以较快地实现竞争性均衡，减少资源的浪费，提高决策的效率，还可以使生产要素在时间上实现最优分配，以保证经济的均衡增长。三是市场信息的有效性。高效率的资源分配要求充分利用经济中的各种信息。而以价格体系为主要内容的信息结构能够使所有经济活动参与者获得简单、明晰、高效的信息，并能充分有效地加以利用。其结果是面临不确定性的环境时，市场也将是有效的。特别是在资本市场中，套利行为导致了一价定律的实现。此外，在等价交换的原则下，市场还能使高质量的商品得到较高的价格，将资本和劳动不断地分配到有效和高收益机会的行业中去，从而实现行业间收益的调整及产业结构的改善，最终实现公平而有效的收入与分配。因此，政府没有必要直接介入经济运行。否则，只能产生价格等信息的扭曲，从而导致整体上不利的后果。

然而，市场机制即使能在满足它的所有条件下运行，也会产生两个走向对立面的结果。一是在资本相对短缺时，资本的收益会大于劳动的收益，其结果是产生两极分化，影响社会稳定和劳动者的积极性，从而影响企业和整个经济的效率。市场机制运行产生的另一个结果是垄断，即走向市场竞争的反面。生产的边际成本决定市场价格，生产成本的水平使市场主体在竞争中处于不同地位，进而导致某些处于有利形势的企业逐渐占据垄断地位。同时，为了获得规模经济效益，一些市场主体通过联合、合并、兼并的手段形成垄断，从而导致市场竞争机制的扭曲和经济效率的损失。在调节收入分配和反垄断上，政府的作用就成为必不可少的，这是其一。其二，市场机制发生作用的假定条件在现实中往往难以满足。首先，人的理性程度是有限的。哈耶克、西蒙和波普等著名学者都对人的有限理性和非理性特征给予了很大的重视。波普认为，承认理性的有限性是科学存在的基本条件。不仅人的计算能力、记忆能力常常受到限制，而且人的行为也会受情绪和环境的影响。行为经济学和行为金融学所研究的大量经济和金融中的异常现象就充分表明，新古典经济学的理性经济人的假定只是在特殊条件下的近似和理论假设。其次，信息不对称和不完全的情况是普遍存在的，交易成本就成为了市场机制运行的摩擦阻力。总之，产权在具有外部性的条件下是不明晰的，谈判成本必不可少。再次，即使个体是理性的，个体理性和集体理性（市场机制的结果）可能不一致。进一步来说，论证市场机制有效性的统一模型包含了更加苛刻的条件，即消费者的消费集合闭凸且偏好有下界，消费集合没有充分的满足点，偏好关系闭有界，偏好关系严格凸性，以及生产者可能集闭凸，生产过程不可逆，全部生产要素可以用于同一种产品生产等。只有满足这些条件，竞争性经济的一般均衡才能存在。产出和效用的凸性条件，在经济学上意味着生产上的边际产量递减和满足程度上的边际效用递减。在不确定性的条件下，效用出现凸性甚至规定了投资者或消费者的风险偏好是厌恶型的。但在现代经济中，特别是在网络经济和知识经济中，边际产量不变乃至递增已较为常见，投资者的风险偏好也不总是风险厌恶型的。因此，市场机制的作用和功能在现代经济中已经具有越来越大的局限性。

二、私募股权投资市场失灵

私募股权投资基金本来是作为克服资本市场资本配置机制即市场机制失

灵而出现的金融中介，而以市场机制来运行的这一金融工具又会出现新的市场失灵，而且这种市场失灵反过来又会导致资本市场在更大程度上的失灵。从结果看，私募股权投资的发展可能导致投资巨头的出现。而这类巨头最后总是会利用其行业垄断地位和影响力而获利，造成金融市场的效率损失，造成对一些国家，特别是发展中国家经济安全的威胁；另一个极端是造成行业的过度竞争、盈利困难，甚至出现大面积亏损，导致投资不足，使大量的储蓄不能利用私募股权投资这一金融工具转化为投资。在缺乏监管或监管不到位的情况下，私募股权投资基金可以被利用来进行金融欺诈。这些欺诈案例不仅在中国而且在许多发达国家都多次出现过，其严重性可能会导致社会动荡、经济衰退。即使在较正规的私募股权投资基金中，普通合伙人也可能损害有限合伙人的利益。在退出阶段，投资家和企业家甚至可能合谋，利用其控制力对企业财务信息进行造假，造成二级市场的普通投资者受损。在杠杆收购中，杠杆作用的风险会导致私募股权投资市场的剧烈波动。在 2008 年的金融危机中，黑石和 KKR 都出现了严重亏损，导致全球范围内的杠杆贷款市场急剧萎缩。以杠杆收购为主的私募股权投资基金遭受了前所未有的融资困难，加剧了经济危机，使储蓄更加难以转化为投资，导致资本市场功能难以发挥。

从原因上看，私募股权投资市场失灵是因为这一投资方式、市场结构及参与主体不能满足完全竞争的新古典经济学模型。首先，无论投资家还是作为有限合伙人的投资者，理性都是有限的，有时甚至是非理性的。投资家的理性不能抗拒系统性风险。2000 年前后美国的网络股泡沫导致 Nasdaq 股灾，并使私募股权市场一度大幅萎缩，就是非理性投资的结果。证券投资学的技术派认为，资本市场是有效的，即证券价格能充分反映与证券投资行为及市场变化（包括企业情况）相关的一切信息（Fama，1970），而且市场价格沿趋势运动。投资者是否可以高价买入某种证券不在于其内在价值是多少，而在于人们在买入该证券时的人气，即是否有人愿意以更高的价格买入它。这就是所谓的空中楼阁理论或博傻理论。当大多数人都信奉这一理论时，市场泡沫就发生了。我国 A 股市场在 2007 年 10 月上证指数涨到 6000 多，就是一个典型的例证。与此同时，中国私募股权投资市场也出现了以高达 20 倍市盈率争夺项目的局面。非理性行为和泡沫经济的结果是市场萎缩，资源得不到有效配置，经济发展不平衡。其次，信息不对称和信息不完全是私募股权投资的主要特征。除了前面论述的一个完整的投资周期中的信息不对称和信息不完全外，私募股权投资基金可以利用其在退出过程中的大股东地位通过内募交易或财务数据造假等行为，侵害广大中小散户的利益。在这里，不仅是作为监管者的政府，广大中小投资者都处在信息劣势的地位。第三，私募股权投资基金投资者的不同产权特征可能导致监管不足。这些投资者可以是个人和机构，而机构可以是保险公司、企业年金、社会保险基金、银行或大学基金、国有资本母基金等。机构投资者与最终的个人利益主体又存在几重委托—代理关系，尽管最终的产权主体在理论上是明晰的，但大小股东地位的不同会造成每股收益实际上的差别，漫长的委托—代理关系会造成对普通合伙人或投资家的激励不足和监管不严。当投资主体的资金是国有资产时，问题可能会更加突出。第四，在私募股权投资发展到一定阶段后，可能会出现投资巨头和行业垄断。垄断会损失自由竞争的效率。可见，有限理性、信息不畅、产权不明和垄断行为使私募股权投资市场不能完全按照其本质要求和收益机制，来实行参与主体间的共赢和稳定发展。所以，政府介入和干预私募股权投资就有了恰当而充分的理由。

三、政府在私募股权投资中的作用与角色定位

（一）政府在私募股权投资中的作用

政府在私募股权投资的作用主要表现在以下几个方面：（1）弥补市场因素在私募股权投资中的局限性。私募股权投资涉及包括产权、人事、税收、福利及经济与社会稳定等诸多问题。这些问题在私募股权投资过程中不是一般的被投资企业的能力所能及的，要完全由市场来解决则既是不合理，也是不现实的。作为私募股权投资市场机制的培育者，政府必须对这些问题的解决予以支持与推动。以国有企业为例，假如完全由市场主导私募股权投资，很可能会造成国有资产的流失和失业人员的增加，甚至会影响国家经济安全。如果要实现国有资产的优化配置和保值、增值的目的，以及维护社会稳定的作用，则要求政府参与和指导私募股权投资。（2）实现国家产业政策和经济结构调整。企业的私募股权投资过程，实质上也是国家产业政策和经济结构的调整过程。美国在第一次兼并浪潮中产生了一批规模巨大的现代化大公司，实现了资本扩张，顺应了美国政府当时的产业政策，促进了美国产业结构的升级换代。在信息产业的发展过程中，美国风险投资和资本市场也起了不可替代的作用。也就是说，政府参与私募股权投资过程不仅能恢复市场竞争活力，使大量亏损企业找到出路，而且能使效益好的企业在政府产业政策的指导之下兼并重组市场前景不佳的企业，促进市场资源的优化配置，从而使整个国民经济的产业结构在调整和升级中变得更为合理。政府也期望在企业并购和投资过程中通过一些优惠政策（如税收上的各种优惠政策或银行信贷支持等）来引导企业按产业政策的方向发展。（3）协调私募股权投资中的各种利益冲突。政府通过规范、协调、监督和服务可以使政府与企业之间行为目标趋于一致，使各级政府之间和不同部门之间利益相互平衡；通过解决不同

利益主体间的冲突，使私募股权投资得以顺利发展。一方面，市场中的不同利益主体（包括政府）都拥有自身独立的行为目标，是增强政府参与投资过程的内在利益驱动力。另一方面，私募股权投资必然涉及不同边界的利益主体。当各主体的利益产生矛盾而阻碍有关工作的进行时，只有政府才能凭借行政权力以协调各方利益。

（二）私募股权投资中政府行为的缺陷

私募股权投资中政府行为的缺陷体现在"越位"和"缺位"两个方面。（1）政府介入过深。大多数人都认为，我国的风险投资和企业并购必须有政府介入，否则很难开展工作。但如果政府过分干预，尤其是政府以"有形之手"来推动，甚至介入一些项目的运作，必然会引起许多问题，并且后患无穷。我国风险投资业以往的发展就有不少的教训。首先，政府以其直接掌握的资金来主导私募股权的发展是不当的，是对国有资金的不负责任，会造成国有资产的流失。其次，政府，特别是一些地方政府为发展经济而引进私募股权投资，过多地承诺在税收、土地使用、特许经营权、重大建设项目等方面以优惠政策作回报，必然会为日后的纠纷埋下导火索。所以，政府应该正确认识市场机制配置资源的基础性作用和自己运作失灵的性质，不能介入过多。（2）私募股权投资的相关法律法规不完善，即政府在制度供给和监管上存在不足。我国私募股权投资相关法律的不完善，特别是关于私募的性质和交易过程等方面在《证券法》里没有明确的规定。法律不完善是导致私募股权投资行为混乱和难以被大众信任的根源。此外，会计信息披露和业绩预测也缺乏规范，为虚假并购、恶意并购、私募股权投资在退出过程中作弊提供了条件。（3）政府对私募股权投资的服务不到位。以社会保障制度问题为例，有关调查结果显示，50%以上的被并购企业在短期反映对"目标公司的富余员工安排"存在顾虑，另有15%左右的认为"目标公司的高级管理人员安排困难"。事实上，伴随着私募股权投资行为的发生，必然会引发职工再就业问题。但在我国社会福利及保障制度尚不完善的情况下，把富余人员直接推向社会是不可能的。这就形成了一个矛盾。一方面，私募股权投资是一种市场化行为，作为生产要素之一的劳动力理应市场化；另一方面，现实条件又使得劳动力难以市场化。这实际上给政府在并购中的行为提出了问题，即如何制定健全的社会保障制度以推进企业私募股权投资顺利发展的问题。政府需要加强这方面的工作。（4）官僚主义与寻租行为。政府行为的目的是利他的，是为公共利益服务的。但"政府人"却同样是利己的，也是知识有限的。政府在决策过程中也许高度僵化和官僚主义严重，可能存在大量的重复劳动和繁文缛节。政府官员可能因为激励不足，会不深入调查就做决定，导致政府干预的无效率。为了确保正常而顺畅的社会经济秩序，政府必须制定和实施一些法律法规。但有些政府干预形式，比如政府办理许可证、配额、执照、授权书、皮纹、特许经营证等，可能同时为寻租行为创造了条件。在这种制度安排下，政府人为地制造出一种稀缺；这种稀缺就会产生潜在的租金，必然会导致寻租行为。寻租行为一般是指通过游说政府和院外活动获得某种垄断权或特许权，以赚取超常利润的行为。寻租行为越多，社会资源就浪费越大。为适应私募股权投资的发展，政府的不断改革总是很必要的。

（三）私募股权投资中政府角色的定位

（1）制度供给者。一是立法。政府对企业私募股权投资的规范主要是通过制定各种经济法规来实现的。根据西方市场经济比较发达国家的经验，政府必须用立法形式对私募股权投资，特别是并购行为进行控制，使之合法化、规范化。目前我国在各种经济法规的制定上取得了较大的成果，但还不够。政府应当出台专门法规，对私募股权投资行为进行必要规范；通过立法规范私募股权投资行为，实现行业自律与政府监管相结合，保护各类行为主体的合法利益，达到既促进投资又限制垄断的目的。为此，政府可以通过制定《公平竞争法》来重点解决行业和地区进入障碍、地方保护等问题，也要防止外资私募在中国的不当行为，特别是要限制其进入影响我国经济安全的行业。二是制定相关政策。政府根据发挥作用的原则和希望通过发展私募股权投资达到的目的，来制定私募股权投资的具体管理办法。政府在政策的制定方面要考虑到，既要有利于鼓励能够提高效率、改善公司治理结构、优化生产要素配置、整合产业资源的私募股权投资行为，又要限制容易形成垄断、危及国家经济安全、造成国有资产流失的交易。政府应在资金、税收、技术等方面制定相应优惠政策，对有利于经济发展的私募股权投资给予支持；对在私募股权投资中受挫的困难企业可以考虑给予适当的财政补贴方面的优惠政策。

（2）利益协调者。在私募股权投资中，由于观念、利益和要求不同，投资家和企业家之间会产生一些分歧和冲突。这些源于经济利益的分歧和冲突将会影响国家对社会经济的宏观控制，必须妥善处理。最好的处理方法便是说服、调节，不能采用强制性行政干预的手段。而充当中间调节者的只能是各级地方政府。对于调节不成的，政府应以仲裁机构身份协调各方的利益关系。只有政府进行调节而形成的仲裁协议才具有强制执行力，冲突双方必须执行。

（3）市场监管者。一是加强对与私募股权投资相关的中介机构的管理。在私募股权投资过程中，私募股权投资基金、企业会和各类中介机构进行合作；中介机构服务质量的高低，对私募股权投资质量有重要影响。健全的中介机构体系有利于降低私募股权投资的交易成本，为企业融资提供支持。会计、审计和律师事务所及资产评估等中介机构可以帮助投资家和企业家解决私募股权投资中涉及的财务与法律难题，提供客观、公正的优质服务。倘若企业或投资家、中介机构有同流合污行为，势必会扰乱整个的市场经济秩序。因此，政府必须建立起对每一类中介机构的监控制度，规范中介机构的行为；对中介机构的虚假行为，政府应追究其责任，并依法惩处。二是加强市场建设和完善市场管理。私募股权投资，特别是 LBO 股权投资的各种交易行为都是在特定的市场环境中进行的，交易价格的公平、公正在很大程度上取决于市场的容量、规范度、透明度、活跃性等。政府应对私募股权投资可能涉及的各类市场，如产品市场、要素市场、股票市场、产权市场、债券市场、货币市场、基金市场等进行严格监督和管理，促进市场规范运作，维护市场正常程序，活跃市场交易。对私募股权投资中有损国家、股东、企业员工和债权人等利益的行为进行监督，对违法、欺诈和违规行为予以惩处。

（4）市场参与者和引导者。政府可以动用国有资本设立产业投资基金，主要投资于特定行业或地区，起到引导投资的作用，实现地区均衡或不均衡发展，实现产业政策和经济发展战略。政府或国有资本主导的股权投资基金应更多以母基金的形式投资于有实力、成长快的本土基金。国家主权财富基金也可以更多地投资于本土私募股权基金，帮助成功的企业家和投资家组建、重组私募股权投资机构，帮助有实力的大型企业发展国际业务，帮助有潜力的中小企业获得私募投资以做大、做强。

（5）"后勤"服务者。私募股权投资的过程相当复杂，涉及方方面面的人和关系；私募股权投资工作的顺利开展需要在各方面得到政府的支持。政府应为企业私募股权投资提供相应的服务工作。一是提供信息中介服务。政府应利用信息资源优势向投资机构发布企业融资信息或兼并重组信息，主办各种投融资洽谈会，为企业牵线搭桥。在政策导向上，引导企业改造传统产业和发展高新技术产业，鼓励有实力和产业优势的企业参与私募股权投资；吸引有实力的私募股权投资基金来投资。对符合产业导向的中小企业和有潜力的本土私募股权投资基金，政府应加大鼓励和扶持力度。二是完善社会保障体系。私募股权投资中可能遇到的是裁减员工。如果有一套完善的社会保障体系来接收私募股权投资介入后从企业"分流"出来的员工，人员安置难题就会迎刃而解。因此，政府应不断完善社会保障制度。对企业并购重组和国有企业混合所有制改革中的富余人员安置、债权债务纠纷等问题，政府有义务进行协调并提出具体的解决措施，包括加大社保基金筹集力度，扩大社会失业保险、医疗保险、人寿保险覆盖面，进一步完善"三条保障线"，切实保障职工生活水平等。

第二节　混合所有制改革与私募股权投资

现代市场经济具有两个明显的特征：一是法律制度在经济中的重要性，即市场行为都必须有秩序地进行；二是混合经济的特征，即政府投资、国家经济利益与市场机制的实施紧密相关。法律制度的有效性和混合经济治理的效率取决于这些制度的实施机制，即规则执行情况。这些规则中最重要的内容是市场参与主体之间的利益关系平衡的实质、方式、原则和措施。只有在各个参与主体的利益和利益对比都得到充分合理考虑的条件下，资本市场、金融企业乃至整个国家经济才能健康地发展。

在十八届三中全会提出的《决定》中，第六条的内容是"积极发展混合所有制经济"。《决定》认为，国有资本、集体资本、非公有资本等交叉持股、相互融合的混合所有制经济是基本经济制度的重要实现形式，有利于国有资本放大功能、保值增值、提高竞争力，有利于各种所有制资本取长补短、相互促进、共同发展。应该允许更多国有经济和其他所有制经济发展成为混合所有制经济，允许非国有资本参股国有资本投资项目，允许混合所有制经济实行企业员工持股，形成资本所有者和劳动者利益共同体。《决定》要求完善国有资产管理体制，加强国有资产监管，改革国有资本授权经营体制，组建若干国有资本运营公司，支持有条件的国有企业改组为国有资本投资公司。《决定》还指出，国有资本投资运营要服务于国家战略目标，更多投向关系国家安全、国民经济命脉的重要行业和关键领域，重点提供公共服务、发展重要前瞻性战略性产业、保护生态环境、支持科技进步、保障国家安全。由此可以看出，国有企业的改革已经没有所有制问题的根本阻碍，方向是由管企业转向管资本，更多国有资本投资公司将产生，国家经济安全仍然是重点关注的对象。因此，淡马锡模式又被提上议事日程。

中国私募股权投资的发展，不可避免地会遇到国有企业改革的问题。这一方面是由于国有企业的政治属性问题，另一方面则是目前我国国有企业和国有资本的规模问题。前述各章研究的私募股权投资治理机制以及与经济和金融发展关系的问题都是在假定市场参与的各方产权明晰、法律地位平等、参与目的是获取正当利润的基础上进行的，政府被当作一个外生变量在处理。而实际上，中国在经历了二十年的（宏观上的）混合所有制经济发展后，国有企业和国有资本仍然占据着特殊的地位，发挥着特殊的作用。因此，微观上的国有企业混合所有制改革与私募股权投资发展的关系十分复杂。它不仅涉及更多利益问题，而且涉及更大的观念问题。新一轮的改革对私募股权投资的发展既是机遇，也是挑战。

一、国有企业混合所有制改革的必要性

国有企业的改革，是中国经济体制改革的重要组成部分。回顾改革历程，我国国企改革先后经历放权让利与利改税、政企分开与承包制、建立现代企业制度与推行股权制、抓大放小、推进国资管理体制改革、发展混合所有制等阶段。从改革的出发点看，目的都是实现激励和约束机制以提高经济效率；从实施的效果看，几乎都是短期有效、长期动力不足。国有企业在一些大的行业，如石油、电力、电信、银行、铁路等的垄断没有被打破，《反垄断法》实施不力。

2013年11月，中国共产党十八届三中全会为"混合所有制经济"注入了新的内容，指出"国有资本、集体资本、非公有资本等交叉持股、相互融合的混合所有制经济是基本经济制度的重要实现形式"；同时强调，"鼓励发展非公有资本控股的混合所有制企业"。十八届三中全会的决议进一步明确了混合所有制经济的发展方向和路径，使之成为深化国企改革新的有效载体、新的动力。随后，上海、广东、重庆、宁夏、浙江等地陆续推出了各自区域内的国企改革方案。2014年7月，国资委启动了"四项改革"试点工作，包括国有资本投资运营公司试点、混合所有制试点、规范董事会制度试点以及纪检工作试点。但是，即使2015年9月国务院发布了《国务院关于国有企业发展混合所有制经济的意见》，明确鼓励各类资本参与国有企业混合所有制改革，此轮改革依然是雷声大，雨点小。究其原因，是本轮改革的核心是去垄断，是建立长期的效率机制。它与许多既得利益者的利益有巨大的冲突，与许多传统的观念也有巨大的冲突。

然而，形势比人强。新一轮国企改革的背景发生了深刻的变化。一是经济全球化使得国有企业必须融入到国际竞争的环境中去。最近十来年国有企业"走出去"的结果充分显示了国有企业在国际经济明显缺乏竞争力，也在效率上明显不如民营企业。在海外的发展中，国企大多亏损，民企大多盈利。二是国内经济进入"新常态"，经济增长速度进入换挡期，我国经济增长的各种红利因素都将大幅减少。国有企业即使依靠政府提供的各种保护、优惠及便利，也同样面临较大的风险。三是垄断破坏了竞争的公平性，对民营企业的发展有挤出效应，使企业家精神难以发挥，使国民的福利降低。如果民营企业难以发展，国有企业也必然衰落。四是经济发展的方式到了非依靠创新驱动不可的时期。许多传统产业都出现了产能过剩，国企的混合所有制改革的一个重要目标就是提高企业的创新能力。我国的国有企业混合所有制改革与供给侧改革具有同步性。所有这些，也是国有企业必须进行改革的原因。

二、国有企业混合所有制改革遇到的主要问题

混改后，联通集团和国有资本机构投资者在联通公司的股份占比之和达到53%，或者说，联通还是国有控股的公司。事实上，目前的混改为何进展很慢，投资者又不看好，是有很多原因的。

首先是观念上的问题。混合所有制改革必须坚持市场化改革才能成功，而市场化改革就不能人为地设定一些观念上的限制。坚持公有制为主体的问题以及做大、做强国有企业的问题，就一直困扰着改革的推进。这些问题的症结之一是，许多人一直认为国有企业是执政党的政治基础。其实，执政党真正的执政基础是民心的向背。在执政党能绝对指挥军队的条件下，任何经济力量都买不走执政党手中的权力。而中国共产党掌握政权的目的也应该是发展经济，让中国人民更加幸福。如果不把国有企业放在一个产品市场、产权市场和要素市场自由竞争的环境中去锻炼，国有企业就永远是只大不强，其结果是民企不振、外企不来、整个经济发展没有后劲。市场经济中的企业都是追求合作剩余的经济组织，市场中的资本都是逐利的。如果改革执行者坚持不适宜的意识和观念，国有企业从管资产向管资本的转变就难以真正实现；即使实现了，市场机制也难以有效发挥作用。因为在这种观念指导下，各类企业和各类资本不可能公平竞争。从联通和中金珠宝可以看到，央企层次的国企改革只有二级公司的国有股权可以低于50%。其实，中央的决定并没有硬性地对此进行规定。人们需要看到，在中国未来的经济发展中，总体经济不能做大、做强，国有企业就没有做大的可能。另一个不利于中国经济改革和发展的观念是："公有制为主体是社会主义制度的基石。"其实，如果认为集体所有制是公有制，混合所有制就不会因为国有股权的减少而成为私有制。从现实的角度看，只要贯彻好中央精准扶贫的精神，不管是哪种所有制为主体，只要经济发展、社会稳定、人民幸福，这样的制度就是理想的社会制度或社会主义制度。中央已要求所有央企在2017年内完成公司制改革。但如果不解放思想，国有企业的"老三会（党委会、职代会和工会）"和"新三会（股东会、董事会和监事会）"问题就难以处理，混合所有制改革就难以推进。

其次是市场开放问题。中国过去几十年的经济高速发展得益于市场的对外和对内开放。但市场的进一步开放却遇到了许多壁垒。其实，产品和要素市场的开放比产权市场的开放更为重要。或者说，《决定》中的第九条和第十条比第六条更为重要。一些改革后的国企因为利益集团的影响仍可维持垄断，不能过多地指望通过国企的混改来打破垄断，而应该通过打破垄断来提高国企和国有资本的效率。《决定》提出：要"改革市场监管体系，实行统一的市

场监管，清理和废除妨碍全国统一市场和公平竞争的各种规定和做法，严禁和惩处各类违法实行优惠政策行为，反对地方保护，反对垄断和不正当竞争。建立健全社会征信体系，褒扬诚信，惩戒失信。健全优胜劣汰市场化退出机制，完善企业破产制度"。《决定》第十条更为具体："完善主要由市场决定价格的机制。凡是能由市场形成价格的都交给市场，政府不进行不当干预。推进水、石油、天然气、电力、交通、电信等领域价格改革，放开竞争性环节价格。政府定价范围主要限定在重要公用事业、公益性服务、网络型自然垄断环节，提高透明度，接受社会监督。完善农产品价格形成机制，注重发挥市场形成价格作用。"《决定》的第八条规定："支持非公有制经济健康发展。非公有制经济在支撑增长、促进创新、扩大就业、增加税收等方面具有重要作用。坚持权利平等、机会平等、规则平等，废除对非公有制经济各种形式的不合理规定，消除各种隐性壁垒，制定非公有制企业进入特许经营领域具体办法。"然而，最近几年各种所有制经济的竞争仍然是不平等的，不仅在产品市场的准入上没有迈出实质性的步伐，而且在要素市场上非市场的力量依然很强大。以垄断行业的子公司小量的股权向民资开放代替市场开放，以国有企业的少数非重要高管职位采用招聘形式来代替经理人员的市场化，混改的前景难言乐观。

其三是国有资产流失问题。理论上，国有资产是全民财产，实现它的保值、增值是政府和国有资产管理部门的责任所在。从表面上看，在过去的几十年中，我国国有资产是在不断增值的。但这并不表明没有国有资产流失，也不表明国有资产的运作效率或投资回报率高。相反，在历次国有企业的改革中，国有资产的流失如影随行。相对而言，过去几十年中一些民企的资产规模增速要快得多。管理不善、投资失败、腐败、关联交易等因素都是造成国有资产流失的原因。目前，国有资产管理部门是想通过提升国有资本的证券化率来让更多国企整体上市成为公众公司，或发挥国有控股上市公司资源整合优势来提高国有资本的回报率，避免国有资产流失的风险。从政策层面和长远利益来看，这无疑是正确的，也体现了《决议》的精神。因为从历史来看，不流动的死的资产是很难保值、增值的。但从操作层面来看，却是困难重重。一方面，国有资产太庞大，定价方法和机制难以确定；另一方面，国企管理体制没有深入改革之前，要实现公开、公正、透明的国有资产市场化流动十分困难。所以，国企应该一家一家地改，而不是一批一批地改，也不要提何时证券化率要达到多高水平。尽量做到改一家就成功一家，才能避免国资的流失。在法治建设等改革没有同步跟进的前提下，快速大批地改革国企，必然带来混乱和国有资产流失。因为这样既不好监督，市场也反应不过来，社会资本更难以承受。最后的结果将是：或者改革在某一天戛然而止，或者混合所有制改革沦为权力者和外资分享国有资产的盛宴，而私募股权投资在这一过程中将沦为帮凶。

其四，同股同权的问题。这实际是国进民退的问题。这一问题使得许多战略投资者或私募股权投资基金只好对国企混改望而却步。中央在做出促进混合所有制改革的决议后，也加大了党对国有企业的领导。从表面上看，"新三会"与"老三会"的问题更加突出。但如果各级党委向国有企业派驻纪检组是为了更顺利地实现混合所有制改革、防止腐败和国有资产在改革中流失，则这一决策应该被看作利好。私募股权投资机构应该积极配合，不应该心存疑虑。如果以联通为样板，确实在几年后能改出效益来，改革就能顺利推进。否则，私募股权投资机构的积极性就会大打折扣。改革是一项系统工程，也是有风险的事业。如果改革措施不当或措施得当但执行不力，国有企业的垄断不仅难以打破，甚至会扩张到股权投资领域。国有企业混合所有制改革可能的结局有四种：一是改革透明有序地推进，相关政治和法律制度的改革也同步跟进，私募股权投资机构积极参与。最后实现多方共赢，国企华丽转身。二是快速推进，相关政治和法律制度原地不动，国有企业私有化，国有资产大部分被瓜分，甚至出现垄断的进一步强化，擅长与权力结合的市场化私募股权投资基金大赚最后一把。三是快速推进，相关政治和法律制度原地不动，成立大量的国有资本股权投资公司，国有企业让一定量的社会资本进入以实现对其的控制，总体上换汤不换药。相较已上市的国有控股公司，国企只是在管理上又多了一个层级，但国有资本股权投资公司凭借其资金实力和非经济力量实现股权投资领域的垄断，市场化的私募股权投资基金被挤出或者被国有化。四是只改几家目前效益不好的国企或国企二级子公司做做样子，然后以各种理由戛然而止。从这些可能的结果，很容易判断改革应该选择的正确方向。

三、私募股权投资在国企混改中的角色定位

国有资本只有放在制度创新和技术创新的企业中才有活力。国有企业的改革本质上是企业制度创新。微观上的目的是提高经济效率和企业竞争力，宏观上的目的是发展经济，促进就业。国有企业的混合所有制改革允许和需要私募股权投资机构参与。私募股权资本是逐利的，通常只关心收益与风险。在可以自愿选择时，在特定的环境和条件下，私募股权投资机构需要评估获取收益的机会以及收益与风险的大小。更重要的是，如果参与，私募股权投资基金需要正确找到自己的角色定位，改革的政策制定部门和实施部门也要对它们的作用和角色定位有适当的认识。

从本质上说，私募股权投资基金参与混改的角色定位应该是实现与国有

资本共赢并分享资源优化配置的成果，市场中的国有资本也应该以利益最大化为目标。私募股权资本进入国有企业、国有控股企业，或以国有资本运营/投资公司入股民营企业，理想的结果是企业总价值的大幅提升。从作用发挥的主要切入点来说，私募股权投资基金的作用主要不是提供资金，而是提供增值服务，包括改善公司治理、实现产业转移和升级、促进技术创新、整合国际国内资源、推进资产证券化，等等。而在国有资本只是入股的民营企业，私募股权投资基金一旦介入，则需要起到融资和融智的双重作用。从事并购的私募股权投资基金则应该定位于促进企业的外延式发展，提升品牌价值，改善产业结构和提升企业的市场竞争力。

混合所有制改革的顺利推进既需要解放思想，也需要坚持公平。解放思想的目的在于更好地实事求是。深化混合所有制改革必须坚持从企业的实际发展需要出发。发展混合所有制经济的目的是有利于国有资本放大功能、保值增值、提高竞争力，有利于各种所有制资本取长补短、相互促进、共同发展，而不是为了挂个混合的"招牌"，更不是要让国有资本更多地控制民营资本，或者想让民营资本来解救国有资本。只有这样，才能消除民营资本和私募股权投资机构的顾虑，才能让他们积极地参与进来。当然，民营资本或私募股权投资基金也不能把混合所有制改革看成一场瓜分国有资本的盛宴。改革必须以问题为导向，在统一原则下实行一企一策，一步步地进行，不能有条件的要上、没条件的也要"硬"上，更不能以推进速度或民营资本介入的多少来衡量改革的业绩。

为了让私募股权投资基金更好地发挥作用，在无关国家经济安全和战略性资源的企业不应设定股权比例红线，在通常的并购重组中也不应有行政干预。否则，资本市场的资源配置和优化就难以真正实现。为了更好地实现混合所有制改革的目标，管理部门应该适度提高门槛，限制没有能力促进企业效率提高的私募股权投资机构和战略投资者参与国有企业的改革。跟投式的私募股权投资基金不能对国企收益率偏低、行政色彩较浓、体制机制束缚较多、历史遗留问题多等产生大的正面影响，反而可能会造成新的矛盾，如股权过度分散、企业目标短期化、企业竞争力下降，等等。为了让市场实现公平竞争，垄断性很强又有暴利的国有企业在产品市场没有开放之前，不宜让私募股权投资基金参与股权投资，否则，私募股权资本可能异化其功能而变成巩固垄断的帮凶。

混合所有制改革必须在契约自由和法治的思想基础上进行。民营企业或私募股权投资机构进入国有企业持有股份必须基于自愿原则，绝对不能强迫命令；权利收获和风险分担必须以契约为依据，不能按潜规则行事。所谓讲法治，就是：一要去行政化。公司治理要严格按照公司化运作，形成以资本为纽带的督导体系。二要法治化。所有股东要按照签订的契约实现契约主体的公平，不存在没有法律依据的特殊股东。三要市场化。就是要探索由"三管"变为"一管"为主，由掌控国有企业变成掌控国有资本，以管资本为主加强国有资产监管——市值管理是资本管理的重要实现形式。

国务院发布的《关于进一步优化企业兼并重组市场环境的意见》已经明确，鼓励各类财务主体通过设立并购基金来参与并购重组。证监会在其发布的《上市公司重大资产重组管理办法的征求意见稿》里，对上市公司并购增加了相应的鼓励性条款，鼓励各类市场主体通过设立并购基金参与上市公司的并购重组。但相对于国外发达的并购市场，国内并购基金的发展仍然面临诸多障碍，包括难以获取企业的控制权、融资方式过于单一、垃圾债券等杠杆工具缺乏、退出渠道不畅等，无论上市或者出售股权都比较困难，亟待出台新的政策来放松相关限制。

总之，正确认识和找准私募股权投资在混合所有制改革中的定位十分重要，既不能夸大和迷信私募股权基金的作用，也不能小视其在改革中的潜力。不同规模、不同形式和不同性质的私募股权基金要与混改的标的企业相匹配。私募股权投资基金只有着眼于国家整体利益和长远利益才能抓住机会，实现盈利功能和社会功能，并做大、做强。有关管理部门既要解放思想，又要维护公平，还要善于从以往私募股权基金参与国企改革的案例中汲取营养，善于发挥市场作用、调动企业主体的积极性，善于利用经济规律来推进改革，实现理想的国企混改结局和私募股权投资的健康发展。

第三节　信息技术革命与私募股权投资

信息技术正在改变我们的生活方式，也在改变资源的组合方式。信息技术革命不仅给私募股权投资基金带来了前所未有的巨大投资机会，也在改变私募股权投资方式和方法。在本节中，我们只探讨后者。

私募股权投资涉及原则、方法、流程和风险控制等，不断出现的新的信息技术在这些方面都能提供帮助。私募股权投资机构能不能有效运用新技术，在一定程度上就能衡量他们的投资能力。而在信息技术革命的背景下，整个私募股权投资行业能不能有效地运用新技术和新方法，在很大程度上等同于它能不能继续生存和发展。

一、大数据与私募股权投资

在舍恩伯格及库克耶所著的《大数据时代》一书中，大数据是指不用随机分析法（抽样调查）这样的捷径而采用所有数据进行分析处理的海量数据。

流行的理解认为，大数据具有 5V 特点：Volume（大量）、Velocity（高速）、Variety（多样）、Value（低价值密度）和 Veracity（真实）。大数据是指无法在一定时间范围内用常规软件工具进行捕捉、管理和处理的数据集合，是需要新处理模式才能具有更强的决策力、洞察发现力和流程优化能力的海量、高增长率和多样化的信息资产。我们可以从三个方面对大数据进行更为具体的分析。

首先，大数据因为含有价值而成为资源。这种资源甚至被看作比工业化时代的土地、人力和资本更重要的资源。近几年来，各个国家都对这种资源特别重视。大数据包括结构化、半结构化和非结构化数据；非结构化数据越来越成为数据的主要部分。据 IDG 的调查报告显示：企业中 80% 的数据都是非结构化数据，每年按指数增长 60%。这些大数据主要来自互联网，特别是移动互联网。

其次，大数据是对软件处理能力的不断挑战。大数据无法用单台计算机处理，必须采用分布式架构。它的特色在于对海量数据进行分布式数据挖掘。大数据技术的战略意义不在于掌握庞大的数据信息，而在于对这些含有意义的数据进行专业化处理或加工的能力；只有通过对数据的处理和加工，才能实现数据的增值。它必须依托云计算的分布式处理、分布式数据库和云存储、虚拟技术、互联网和可拓展的存储系统。随着软件能力的不断提高，大数据的价值也将提高。

再次，对大数据的分析方法与以往的数据分析方法有显著不同。在大数据时代，由于在数据搜集手段、搜集成本、搜集速度等方面的大幅度改善，以总体而不是样本分析数据在许多情况下成为可能。由于数据产生的速度快，相关性分析成为了比因果分析更为重要的分析方法。

私募股权投资涉及的数据多种多样，既有结构化的易于处理的数据，也有难以处理的非结构化数据。它涉及政府政策与国际经济形势的数据、企业财务与非财务数据、企业所处行业和相关行业的数据、投资者和投资家的财务与非财务数据，等等。这些数据都具有大数据的特征。私募股权投资中最重要的问题是投资决策，而决策的基础是分析方法、投资理念和数据支持。在大数据时代，投资的各个相关行为主体都容易使用大数据对自己的投资方法、投资理念和投资决策找到实证支持或否决，私募股权投资的决策效率和速度会更高，金融欺诈、国有资产流失等问题更容易解决。因此，私募股权投资市场的效率整体上会有很大提高，投资风险会不断降低。平庸的私募股权投资基金很容易出局，而高水平的投资家更容易显现。大数据技术在这一行业的广泛应用将是不可逆转的趋势。这些应用也将给私募股权投资带来更大的挑战。谁能拥有更适合未来金融投资发展的理念，谁在大数据的信息处理上有更大的优势，谁的投资回报率就会越高，谁就能引领私募股权投资的未来。

二、区块链技术与私募股权投资

区块链（Block Chain）是一种基于比特币的底层技术，本质其实就是一个去中心化的对等网络和信任机制。通过在分布式节点共享来集体维护一个可持续生长的数据库，实现信息的安全性和准确性。简单地说，它就是一种基于互联网的新的开放式的记账技术。从功能上看，它具有三大优势：（1）区块链是一个放在非安全环境中的分布式数据库（系统）；（2）区块链采用密码学的方法来保证已有数据不可能被篡改；（3）区块链采用共识算法来对新增数据达成共识。或者说，具有这三个性质的系统都可以称为区块链。

通过区块链，交易双方无需借助第三方信用中介来开展经济活动，从而降低资产在全球范围内转移的成本。区块链技术之所以在近几年内受到热捧，是因为它可以解决交易中的信任和安全问题，而这一问题恰恰是互联网金融发展受阻的主要原因。用开源软件把密码学原理、时序数据和共识机制相结合，来保障分布式数据库中各节点的连贯和持续，使信息能即时验证、可追溯但难以篡改和无法屏蔽，从而创造了一套隐私、高效、安全的共享价值体系。区块链技术成为了金融业未来升级的一个可供选择的方向。

2015 年，区块链成为了美国创投中获得融资最高的板块。在国内，"区块链"一词于 2016 年年底首度写入《"十三五"国家信息化规划》；2017 年年初，央行推动的基于区块链的数字票据交易平台也测试成功，政策对于区块链给予了巨大支持。而在政策的推动下，国内以腾讯为代表的互联网巨头们和以平安集团为代表的传统金融机构都开始纷纷介入区块链。他们正在试图通过搭建区块链的基础设施开放给更多的合作伙伴，以此来构建一个更为诚信、开放的新互联网环境，打造共赢的互联网金融生态。

尽管自 2016 年年底以来基于区块链的首次代币发行（Initial Coin Offering，ICO）进行融资的活动大量涌现，投机炒作盛行，涉嫌从事非法金融活动的人数剧增，加大了金融风险，势必招致严厉的监管。但即使 ICO 项目没有价值，其背后的技术依然有价值。区块链技术对私募股权投资发展的价值也将不断体现，并带来革命性的变化。

首先，区块链从技术上拓展了私募股权投资的范围和方式。股权众筹是早几年很火热的投融资模式。它是指公司出让一定比例的股份面向普通投资者，投资者通过互联网平台出资入股公司，获得未来收益。实际上，股权众筹就是私募股权投资的互联网化。它的特点是速度快、便捷、交易成本低，还可量身定制投资。它最大的缺点是安全性问题，其次是在法律方面的合规性问题，因此争议很多，也出现了"逃票现象"。如果区块链技术能有效解决通过 P2P 或 P2B 平台的协议机制来使不同个体融资筹款的安全性问题，我国在法律上对众筹融资的规定再作适度修改（比如对投资者人数放宽和提高融资平台门槛等），私募股权投融资的互联网化就能得到很大的发展。区块链技术目前的进步，恰好在安全性问题的解决上提供了现实的可能。

其次，区块链技术简化了私募股权投资监管的流程。在金融市场，尤其是在中国的金融领域，不信任一直都是行业由来已久的痛点所在。很多用户对一些金融产品，尤其是互联网金融产品往往都是不太信任的。事实上，P2P 平台纷纷倒闭、跑路就是最为典型的现象，无形之中为金融行业增添了诸多不信任。区块链的去信任化特性基于互不信任的原则，让整个系统的运作公开透明，通过"签名"机制和利用"少数服从多数"的朴素方式从机制上保障信用。在 P2P 平台上，通过区块链技术的运用，用户可以随时查看真实的互助资金池。不必担心互助资金池造假，也不必担心平台会卷钱跑路。只要是可能出现信用风险和资金风险的地方，都可以使用区块链进行监管。这样，私募股权投资的治理机制问题也更容易解决了。

三、人工智能与私募股权投资

无论怎样老练和高明的投资家或投资家团队，面对越来越复杂的经济世界和经济现象，搜集、计算、分析、处理和反应信息的能力和速度都是有限的。无论事先制定的投资策略和投资原则怎样合乎理性，投资家们也可能因为某种外界压力、利益诱惑或情绪变化而临时改变。人工智能软件正好在这两个方面能弥补投资家们的不足。此外，人工智能机器人的学习能力也是投资家们不能比拟的。这样，借助人工智能，投资家们重复犯错的概率也将大为下降。

对于金融投资行业的监管者而言，人工智能也能提供实质性的帮助。面对日益增长的数量巨大的私募股权投资机构和私募股权投资项目，以人力监管为主的时代将转变为机器监管为主的时代。人工智能监管只要设定一些监管参数和风险控制参数，就能对投资机构和投资者实施评级、警示、处罚和解除。而且这一过程会变得客观、公正、快速和透明。人工智能监管将促进私募股权投资行业的健康发展。

人工智能在私募股权投资中的广泛应用将市场变得更为有效，价值投资理念更为深入，投机炒作和弄虚作假将寸步难行。通过与大数据技术的结合，私募股权投资的各大功能将更好地发挥作用。私募股权投资的效率将大幅度提高，平庸的投资家将被迫出局。

2017 年年初以来，人工智能的发展如火如荼。从 Alpha Go 的逆袭到国家元首的肯定，人工智能无处不存在于我们的生活当中。而由人工智能发展而来的金融科技，也正逐渐影响着金融行业。在证券投资领域，智能投顾和量化投资已经风生水起。普京说："谁能成为人工智能领头羊，就能成为世界的主宰者。"或许，在私募股权投资领域，谁能更加有效地开发和应用人工智能，谁就将成为股权投资的大赢家。

大数据、区块链和人工智能将分别解决或促进解决高效投资、透明投资和聪明投资的问题。从总体来看，在政策、行业巨头、创业者和资本的共同推动下，新的金融技术会以更快的速度向前飞跃。这些新技术将共同塑造一个全新的私募股权投资行业。

第四节　促进我国私募股权投资发展的政策建议

我国私募股权投资的发展涉及融资、投资、退出三个基本环节和有关经济、法律、科技、人才等方面的许多问题。我国国情和所处的国际环境决定了发展私募股权投资的重要性和可能遇到的特殊困难。根据以上的理论分析和案例研究，我们认为，只要尊重市场规律，加强相关制度建设并不断完善，积极发挥政府的作用，加大政策执行的力度，不断地在实践中学习和提高，就可以顺利地推进我国私募股权投资事业。为此，我们提出并简要论证以下具体的政策建议。

一、坚守法治原则，推进制度建设

我国私募股权投资基础制度的建设和完善涉及三个方面：一是基本政治与法律制度的建设与完善，目的是既能限制政府的权力，又能发挥政府的积极作用；二是促进私募股权投资发展的具体法律法规的建设与完善，目的是实现有效治理；三是保护投资者的相关法律的建设与完善，目的是实现可持续发展。

（一）法治建设

私募股权投资的发展从国家或社会层面来看，是着眼于经济发展的；从个人层面来看，是着眼于更好地获取投资收益的。"看不见的手"表明，凭借市场机制，可以实现个人目标与社会目标的统一。但这种统一或社会合作博弈剩余的实现需要有约束力的协议和可行的协议保障机制。法治被看作这样一种保障市场机制有效运行的协议和协议实施机制。从人类发展需要上看，经济发展只是手段，尊严和自由才是目标。法治也被看作一种培育自由、遏制权势、实现尊严的方法。因此，法治不仅仅意味着法律秩序和相关的操作技术，也不仅仅意味着有更多的社会关系由法律调整，法治的核心价值在于法治本身所包含的道德原则和法治所要达成的社会目标。

法治的含义就是法治原则。虽然人们对法治原则的表述有多种多样，但其要义就是限制公权力和保护国民的私权利，或者说是权力制约原则和权利保障原则。限制公权力就是要限制公权力的行使者（个人或组织）滥用公权力和行使非理性的权力。法律没有规定的权力，公权机构就不得行使，否则就是犯法。因此，任何法律都必须是良法：既体现理性又体现"公共意志"。或者说，法治不仅需要民主作奠基，而且需要理性作前提。保护国民的私权利就是尊重和保障人权和财产权，保障社会自由。因此，法律面前，人人平等，法律不禁止的行为是国民的自由行为。法治原则还包含了法律的实施机制，即宪法至上和司法相对独立。具体来说，法治原则有五个方面的内容。第一，宪法是国家的最高法律，是法律的法律，其他任何法律、法令不得与之相抵触，一切机关、组织和个人都必须以之为根本的活动原则。第二，法律面前，人人平等。这就要求国家平等对待社会组织和公民个人；同时，任何政治主体，包括国家机关一旦违反法律，必将受到法律规定的惩罚。第三，国家制定的法律必须是良法和善法，也即合理地保护公民权利的法律；未经正当法律程序，不得剥夺任何人的权利和自由。任何法律既不是游戏之外的少数特权者为大众制定游戏规则（那是专制），也不是盲目冲动的大众为自己制定规则（那可能是民主暴政），而是民众（或民众代表）在理性的指引下充分讨论、广泛协商、共同探讨真理的结果。第四，各国家机关的权力必须由宪法和法律授予；国家机关的构建、改组和解散，都必须依照有关法律的规范和程序。否则，不具有合法性。同时，权力必须依法行使，国家机关政治治理以及自身的运作均应依照明确的法律规定，而不是临时的意志来进行。第五，司法独立。要求司法机关在整个国家政权体系中保持相对独立和超然的地位，以作为对法律权威和法律效力的基本保障。

中共十八届四中全会是全面推进我国法治建设的重要会议，是一次重大的战略部署。会议阐明了我国的法治原则，提出了设立巡回法院的意见。这一法治原则突出了党的领导，虽与西方国家的法治原则有所不同，但法治的精神是基本一致的：限制政府权力，保障公民权利。会议精神不仅顺应了国家治理法治化的世界潮流，也体现了中国目前和未来一段时期内改革和发展的内在要求。

之所以强调坚守法治原则，是因为落实这一原则实属不易。2015年7月，也就是在十八届四中全会召开半年多之后，因为股市大跌，政府发布命令不允许一些机构卖出股票；在2016年，中国证监会的领导对一些机构想通过买入大量股票改变企业控制权的行为明确表示反对；多年以来，政府为了防止房价上涨过快，屡次以户口等因素限制购房，等等。所有这些都是违反法治原则和市场经济原则的表现。政府可以在法律许可的范围内动员资金救市，也可以建设廉租房，但不可以随意限制法律没有限制的公民行为。

之所以强调坚守法治原则，也是因为国有企业混合所有制改革已经被确定为国有企业改革的方向。在以后的改革实践中，法治原则要求改革的执行者既要保护国有资产以免流失，又要保护各类投资者的合法权益。混合所有制改革必须在法治轨道上运行，才能发挥市场机制的决定性作用，才能更好地发挥政府的作用。如果权力者可以恣意滥用公权力，国企改革必然会沦为一些人分享国有资产的盛宴，私募股权投资会因此名声败坏，党的领导也会因此被削弱。

坚守法治原则，是创新驱动发展的需要。随着中国经济发展进入新常态，创新成为经济发展的核心内容。改革的一个重要目的就是为了更好地创新。创新是有风险的，如果法治不力，凭借权力而不创新也可以获得高额回报，就很少有人会对创新进行投入。如果创新所取得的成果得不到有效保护，创新驱动发展就是一句空话。党的十八届四中全会提出要完善社会主义市场经济法律制度，完善激励创新的产权制度、知识产权保护制度和促进科技成果转化的体制、机制等，体现出中央和国家对改革、创新发展的高度重视。法治是创新驱动发展战略健康、可持续的根本保障。

坚持法治原则，也是保护企业家和投资家的需要。企业家和投资家对中国未来经济的发展很重要，他们所从事的都是有风险的事业，需要有开拓精神，也需要有尊严。如果因犯小错而受重罚，甚至因小错而导致企业或投资项目失败，企业家和投资家在权力面前就抬不起头，就不能冒风险往前闯。更有甚者，在不利的政治与法律环境中，投机家会横行天下，真正的人才会用脚投票，最后的结果是劣币驱逐良币。法治对发挥企业家和投资家的才能，对吸引更多的优秀人才来发展中国的经济非常重要。

坚持法治原则，必须与改善党的领导和改革人民代表大会制度相配合。中国共产党是执政党，是公权力的行使者。中国共产党党章《总纲》规定：党必须在宪法和法律的范围内活动。这表明宪法是一切组织和个人的根本行为准则；同时表明，中国共产党在宪法和法律面前没有特权。我国宪法规定，全国人民代表大会是最高权力机构，但作为最高权力行使者的人大代表却主要是由政府官员、党的领导干部、企业家和社会名流组成。这些人在行为和利益上不是独立的，甚至没有时间和精力去行使职权。为了更好地做好立法和监督、选举工作，实行人大代表专职化是不能再推迟的重要改革举措。

我国私募股权投资的发展、经济可持续发展与政治体制、司法体制的改革是相辅相成的。坚守法治原则之所以对私募股权投资的发展十分重要，是因为：（1）法治是市场机制发挥作用的前提，也是私募股权投资治理机制有效实施的保障；（2）法治是私募股权投资在国企混合所有制改革和国家创新驱动发展中发挥积极作用的保障，也是私募股权投资健康发展的保障；（3）中国现行的政治和法律制度有诸多不适应私募股权投资发展的地方。因此，我国的政治和法律体制改革需要不断深入地进行。

（二）私募股权投资制度建设

我国现有的《证券法》对私募股权融资的性质、范围、数量等都没有作出规定。这不仅给各种非法的地下融资和金融欺诈留下了空间，也使得投资者对私募股权投资心存疑虑。相对于证券公募发行的体系化原则和制度而言，私募股权融资显得松散、类型多样，从法律角度概括其共同特性非常困难。但对私募股权融资的原则性规定有助于分辨和指导实践中各种扑朔迷离的证券融资活动。英美法系国家是从证券管制豁免的角度调整私募股权融资的法律关系的，但在我国只这样做却远远不够。我们一方面要在《证券法》中明确私募股权融资的合法性，另一方面应当规定认定私募股权融资的原则。比如：对发起人资格的认定，对应募人人数和资格的认定，对投资者准入资格的认定，对信息披露的内容和范围、发行的规律以及是否涉及海外投资者等都要明确加以体现。

就法律本质来说，私募股权投资基金与现在很多金融机构都在做的金融产品，包括证券公司做的代客资产管理、代客集团理财，信托投资公司的集合理财计划，银行的代客理财，还有保险公司的投资联结产品等一样都是一种信托关系，现在只由一部《证券投资基金法》（以下简称《基金法》）统管，剩下的都由各个监管部门的法规来规范。随着金融创新和私募股权投资的发展，《基金法》的部分内容已不再完全适应当前基金业发展和市场监管的需要。比如：私募股权投资的规模已经不小了，而目前对于这一块没有一定的规范。尽管私募股权基金是在法律的豁免条款下生存的，豁免界限表述得并不是非常完整。这与《证券法》中的条款是一样的。对私募股权投资基金的监管与证券投资基金可以不一样，也应该有一个管理原则，在《基金法》中却没有体现出来。虽然《基金法》十分强调保护投资者利益，但显然不可能对私募股权投资中有限合伙人与一般合伙人的关系做出规定。《基金法》对证券投资基金可投资范围的限定比较狭窄，投资开放式基金、房地产投资信托（REITs）和并购投资基金等其他基金的份额需要国务院批准。这不利于组合基金或"基金的基金（母基金）"、房地产投资基金等产品的创新，最终限制了基金产品的多元化和基金行业规模的扩张。对关联交易的限定过于严格，严重影响了基金的正常投资，而且不利于基金公司利用股东等的优势进行业务和产品创新，其结果是限制了私募股权投资的发展。《投资基金法》不仅不能再把基金局限在"证券投资基金"上，而且证券投资基金的投资范围、组建方式、关联交易等也要修改，对投资过程中基金经理（投资家）和相关企业的企业家的利益保护也应考虑进去，使得它不仅有利于各个金融产业更好的发展，也为私募股权投资的发展创造有利的法律条件。

保护投资者的问题主要是就募资环节和退出环节而言的。前者是事关一级市场投资者的利益而后者事关二级市场的投资者的利益，保护二者的利益至关重要。虽然《证券法》对"私募"的规定很明确，但操作起来难度实在太大。即使是在熟人圈子里融资，欺诈仍能发生。对规模小的或新成立的私募股权投资基金实行募资的担保或投保制度很重要。募资者一旦跑路，投资者也不会血本无归。而实力强的担保机构或保险公司对募资者的行为更容易了解、监督和追责，同时也分散了风险。

当私募股权投资者可以顺利地退出股权时，二级市场的普通投资者的利益也需要得到保护。这不仅是社会公平问题，也是私募股权投资的可持续发展问题。就目前我国股票的发行和机构投资者退出的制度而言，存在的问题是比较严重的。目前我国实行低价发行制度，许多公司发行股票的市盈率都不高，都是几倍到 20 倍左右——与几年前中小创发行市盈率动辄六十倍以上的情况形成了鲜明的对照，但上市企业都只拿出总股本的五分之一左右来进行 IPO。他们或许是本来不需要通过 IPO 融资的企业，或许是把更多的融资放在再次融资上。这样，在爱好炒小流通盘股的二级市场上，新股上市后平均有十次以上的连续涨停，最后市盈率都要炒到平均 50 倍以上。等为期一年左右的限售期一满，一些大股东和机构投资者就开始减持，有的甚至是违规的清仓式减持。更有甚者，一些公司甚至公布虚假信息来抬高股价以便顺利减持，如山东墨龙。一些上市企业即使长期不分红，照样可以再次融资。在这些情况下，二级市场的接盘者就很容易成为牺牲品。因此，一方面，我国的股票发行、再融资和退出制度需要进一步的市场化改革；另一方面，我们需要修改《证券法》，对通过操纵股价实行退出的相关行为主体，只要证据确凿，不能只是经济处罚，而要实行更严格的刑罚。只有这样，金融业以外的企业上市的目的才能是更好地发展实体经济；私募股权投资基金也才能只取其应得之利，他们退出后的企业才能正常发展。只有这样，我国的资本市场才能形成良好的共赢生态。

二、完善市场机制，促进协调发展

（一）完善市场体系

私募股权投资是市场经济产物，它的发展需要依赖市场体系的不断完善。当前我国市场体系还不健全，市场的开放性、竞争的公平性和运行的透明度都有待提高。比如：许多市场的开放程度不高，政府对企业的行政干预过多，许多领域存在行政垄断，部分基础产业和服务业价格尚未理顺、存在严重扭曲，等等。十八届三中全会《决定》在第三部分全面部署了"加快完善市场体系"的一系列改革举措，强调"建设统一开放、竞争有序的市场体系，是使市场在资源配置中起决定性作用的基础"。这些改革措施包括：（1）建立公平、开放、透明的市场规则，实行统一的市场准入制度。在制定负面清单制度的基础上，各类市场主体可以依法平等地进入清单之外的领域。（2）完善主要由市场决定价格的机制。推进水、石油、天然气、电力、交通、电信等领域的价格改革，放开竞争性环节价格。一方面，能由市场定价的尽可能交给市场；另一方面，仍要由政府定价的范围，主要限定在重要公用设施、公益性服务和网络型自然垄断环节。（3）建立城乡统一的建设用地市场。允许农村集体经营性建设用地出让、租赁、入股，实行与国有土地平等进入非农用地市场，同权同价。（4）完善金融市场体系。扩大金融业对内对外开放，允许具备条件的民间资本依法设立中小型银行等金融机构，加快利率市场化，加快人民币资本项目可兑换。转变证监会职能，实行股票发行注册制，多渠道推动股权融资，发展并规范债券市场，提高直接融资比重。（5）深化科技体制改革。发挥市场对技术研发方向、路线选择、要素价格和各类创新要素配置的导向作用，探索建立知识产权法院，建立主要由市场决定技术创新项目和经费分配、评价成果的机制；实行院士退休和退出制度。

这些改革措施涉及产品市场、要素市场、资本市场（产权市场）等，切中要害，对我国中长期经济发展意义重大，对我国私募股权投资的发展也是实质性利好。但改革能否成功，关键在于落实。由于中国经济不平衡、不协调、不可持续的问题总是存在，这些措施的实施在短期内还将对经济增长和一些企业产生一定的负面影响，甚至会损害一部分既得利益，特别是巨大的旧体制惯性与利益集团的阻力会给改革带来很大的风险和不确定性，或者说，改革实施的难度很大。因此，还需要配套的实施举措。为此，有如下建议：（1）改革要遵从帕雷托改进和从易到难的原则。我们不可能一夜之间解决所有的矛盾，但对象、时机和次序的选择十分重要。对难以进行混改的垄断行业可以先改价格和市场准入，后改企业；先改效益差的竞争性企业，后改垄断性企业。又如：随着混合所有制改革的推进，国企的行政级别已完全不适应市场经济发展的要求，选择在政府换届时改革就比较易于安排人事。（2）一些改革措施应该法制化。比如：把负面清单制度通过立法来实施，改革就有法律依据，也将更能体现中央和国务院改革的决心。如果立法保护各市场主体在石油、电信等领域的准入，改革一些政府部门对资源的定价权力，改革的阻力就会小很多。（3）改革要有"时间表与路线图"。只有这样，才能改变人们的预期，让市场经济主体有时间和策略来调整和适应新的情况。

领导人要有魄力来推动改革，除了不可抗拒的因素外，改革必须按计划进行。否则，人们就会对改革失去信心，以后的改革更难推动。

从本质上看，完善市场体系就是完善市场机制。完善市场机制之所以对私募股权投资的发展十分重要，是因为：（1）私募股权投资的发展机制也是市场机制。没有市场和市场机制，就没有商业机会。市场机制也是社会公平的保障机制，私募股权投资的正当回报是通过市场机制来实现的；市场机制是自由竞争机制，任何长期的、合法的暴利都是不切实际的。（2）私募股权投资要在中国的改革和发展中发挥积极作用，依靠的是市场机制。（3）政府的不当行为、市场本身的缺陷、行为主体的机会主义等因素经常会导致市场机制难以有效运行。因此，我国的经济体制改革需要不断深入地进行。

（二）形成合理的私募股权投资市场结构

私募股权投资基金在实际运作过程中不仅要考虑它与被投资企业的关系，也要考虑其他私募股权投资基金的行为。在存在众多的私募股权投资参与主体的条件下，私募股权投资市场的性质将对私募股权投资的绩效和功能实现产生十分重要的影响。对此，我们可以用哈佛学派经济学家贝恩（Bain）等人建立的产业分析范式——SCP 模式，即市场结构（Structure）、市场行为（Conduct）、市场绩效（Performance）相结合的研究模式来分析私募股权投资市场中三者之间的关系。

根据 SCP 理论，市场结构就是构成市场的卖者（企业）相互之间、买者相互之间以及卖者和买者集团之间等诸关系的因素及其特征，通常是指市场竞争的性质，如完全竞争、垄断竞争、寡头竞争等；市场行为就是企业在市场上为了赢得更大利润和更高的市场占有率而采取的竞争性行动，主要内容包括企业的价格行为和非价格行为，如降价、促销、产品差异化等；市场绩效是指在一定的市场结构下，通过一定的市场行为使某一产业在经济效益、技术绩效和市场外部性等方面所达到的现实状态，通常是指市场平均利润率，反映的是产业运营的实际效果。SCP 理论进一步认为，影响市场结构的主要因素有市场集中、新企业的进入壁垒、产品的差异度、市场需求的增长率和价格弹性、短期的固定费用和可变费用的比例、规模经济、生产的多样化等。市场结构、市场行为与市场绩效间存在着因果关系，市场结构决定市场行为，而市场行为又决定市场绩效。为了获得理想的市场绩效，最重要的是要调整和改善不合理的市场结构。

实际上，市场结构与企业行为的影响关系是双向的。一方面，市场结构对企业行为有很大的影响。市场集中度越高，少数大企业占据的市场份额越高，大企业凭借其对市场的控制实现对价格的控制，从而获得高额利润。他们对提高产品质量、销售服务、技术、新产品开发的关心程度不如竞争型市场上的企业那么高。相反，市场集中度越低，由于市场上存在着足够多的竞争者，企业成为价格接受者，行业价格水平趋于下降并接近产品的边际成本。另一方面，企业行为也对市场结构产生影响，如企业的合并、兼并行为会提高产业的集中度。否则，单个企业创新和抗风险的能力都不强。

我国目前私募股权市场结构一方面表现为行业集中度不高，细分的专业投资基金不发达，竞争性太强，导致创新竞争不足，市场透明度差，不正当竞争行为严重。大量的私募股权投资基金对企业的增值服务能力差，对企业的影响力十分有限，以民营资本为主体的私募股权基金显示出散户化的特征。另一方面，随着中国宏观经济进入转型升级阶段、国有企业混合所有制改革的推进以及 PPP 项目广泛开展，各类产业国家引导基金项目和各类重组整合基金成立，各级地方政府融资平台也纷纷涌现，使私募股权募资端"国家队化"特征明显。

表7-1　截止 2016 年底目标规模百亿以上政府引导基金成立情况

序号	引导基金名称	级别	目标规模（亿元）	设立时间
1	深圳市属国资改革与战略发展基金	市级	1500	2016
2	国家集成电路产业投资基金	国家级	1387.2	2014
3	北京市政府投资引导基金	省级	1000	2016
4	江西省发展升级引导基金	省级	1000	2016
5	徐州产业发展引导基金	市级	1000	2016
6	国家中小企业发展基金	国家级	600	2015
7	广东省重大科技成果产业化母基金	省级	500	2016
8	国家新兴产业创业投资引导基金	国家级	400	2015
9	湖北长江经济带产业基金	省级	400	2015
10	成都前海产业投资基金	市级	400	2016
11	扬中市智慧长江产业引导基金	市级	300	2016
12	国家先进制造业产业投资基金	国家级	200	2016

资料来源：CV Sourse

不同行业需要有不同性质的市场结构来实现其行业功能和市场绩效。实现市场结构合理化有两条基本途径：一是靠市场竞争，二是靠国家政策。二者结合并用则更为可行。具体对策包括促进企业兼并、发展企业集团的竞争政策与产业政策。就我国私募股权投资市场而言，要改变目前的市场结构，管理部门一方面可以制定政策对私募股权基金实行某些投资领域的资质认定制度（如规定参与国企混改的私募股权投资基金规模），鼓励私募股权投资基金在资本市场上融资（如实现上市），提高国有股权投资基金（包括社保基金等）作为其母基金的私募股权投资基金的门槛，等等；另一方面可以降低私募股权投资基金设立的门槛，并对投资者实行担保或投保制度，在此基础上适度放宽投资者人数的限制。更为重要的是，国有资本为主的投资基金不宜直接与民争利，而要更多地发挥母基金的作用。只有这样，才能克服混乱竞争、欺诈事件频发的局面，让大小私募股权投资基金各有其适当的服务对象，在不同层次有差别地实现整个私募股权投资的功能和绩效。

（三）各类股权投资基金的协调发展

私募股权投资基金包括创业投资基金、收购基金、房地产投资基金、产业投资基金等许多种，政府在支持、鼓励、限制或放任这些基金时做何种选择或以何种方式介入，对私募股权投资的发展方向和进程的影响是十分巨大的。特别是对 LBO 和垃圾债券的政策，将对私募股权投资的业务产生更大的影响。

作为资源整合和价值创造工具的私募股权投资，尽管各种整合和增值的方式不一，但都有利于经济的发展。所以，政府没有理由限制哪一类私募股权投资基金模式的发展。只是不同的模式启动难度不一，风险程度不一，而这正是政府起作用的地方。比如：对创业投资的发展，政府可以采取"民办官助"的形式，税收方面可以继续给予优惠。在收购基金方面，政府一方面应放开让金融机构参与，但另一方面应加强风险控制。特别是对低等级债券的发行，不仅应该做到信息透明化，对发行额度和等级也要有限制。在房地产投资基金方面，政府可让其自然发展。而对于产业投资基金，则是政府重点专注的领域。为了有好的治理效率，此类基金也可吸收民间资本进入。总之，政府可以促进甚至投资难以启动和发展但又意义重大的私募股权投资基金，专注其实现经济发展战略所需要的产业基金，且要控制那些风险大和规模容易膨胀的基金的风险。

中国加入 WTO 以来，金融业已开始步入全方位竞争的时代。在中国本土也将不可避免地出现外资私募股权投资基金与本土私募股权投资基金的激烈竞争。事实上，这种竞争已经展开。稳妥地发展中国的私募股权投资产业，必须正视这一竞争，并维护好行业生态环境。从经济效率的角度来看，我们应放开外资在基金领域的业务，充分发挥其对中国经济发展的有利影响。从维护民族产业和国家经济安全的角度来看，我们又要给予本国私募股权基金适度的支持，使本土私募股权基金充分发展其比较优势，逐步发展壮大，成为国际投资舞台上的有生力量，并取得投资领域的主动权。在具体措施上，政府可以作为国内发展较好的私募股权投资基金的合伙人参与投资，又可在本土私募股权投资国有企业项目时给予一定的优先权，政府甚至还可以给予进入本土私募股权投资基金工作的投资专家（包括海归）以影响力上的支持和奖励。在一些敏感性的行业，如电信、电力、能源、高科技等对外资私募股权基金的进入加以限制，这样就可以克服短期内本土私募基金在资金规模和人才上的劣势，发挥其熟悉本土文化、与本土企业易于结合的优势，并在外资不想进入的低回报率项目上发挥比较优势。经过连续多年的磨练后，中国的私募基金队伍和品牌就能建立起来。

从长远的角度看，中国本土私募股权投资基金将会在全球范围内寻找投资机会，实现投资回报。但目前在很多方面都不具备这些条件，我国企业甚至连海外实业投资的经验也很有限。首先，要对自己有正确的估计。其次，要善于学习。特别是要寻求与外资私募股权投资基金合作进行海外投资，学习其各种知识和技能。再次，要稳妥、耐心等待投资机会，如新产业出现时期的到来。国有资本股权投资的运作机制，特别是风险防范机制需要认真研究，政府不宜过度干预产业的发展，不可过度鼓励私募股权投资大干快上。

总之，中国本土私募股权基金品牌和实力不是一朝一夕就可以建立起来的。先行者的长久积累，加上政府政策的积极支持，才能使其在竞争中壮大。虽然目前来看在总体上处于劣势，但像鼎晖、弘毅这样的基金成功的概率也很大。而在本土做大、做强后，以中国的经济实力和规模，中国私募股权投资基金在世界舞台上就可以有所作为了。

对待外资私募股权投资基金，我国应实行国民待遇原则。在税收、监管、价值评估、母基金的投放等问题上实现与本土私募股权投资基金同样的标准。除了少数特殊性产业有限制外，绝大多数产业应该允许外资私募股权投资基金参股、并购和控股。政府不能凭借其影响力在投资项目上区别对待国有资本与民营资本或外资为主体的股权投资机构，而要实现公平竞争。只有在公平竞争和协调发展的环境中，各类私募股权投资基金才能发挥各自的优势，更好地为我国的经济发展服务。

三、加强资本市场监管，倡导行业自律

（一）私募股权投资监管

与私募股权投资相关的资本市场的监管是一个广泛、系统的概念和过程。单就私募股权投资基金而言，监管的主体主要是指政府（虽然有时也会指行业协会）。监管的内容首先可以是基金设立的审批，业务范围和募资规模的审批与监管，对涉及国有企业和国有资产的交易或特殊行业业务的监管等。在发展迅速而投资者不成熟、不理性、缺乏风险防范意识的条件下，私募股权投资基金设立的审批是必要的。审批的内容主要应是发起人的实力与信誉要求，以及投资经理的从业资格。但对私募股权投资基金的种类和规模业务限制则是不必要的。在涉及特殊行业和国有资产时，相关行业与国资管理部门应有限制政策。对于规模而言，政府可以通过加强对相关参与投资的机构的

风险监管来防范。在行业垄断问题上，已有《反垄断法》开始实施。因此，对本土私募股权投资基金不需另外的限制条款。监管的第二个方面是基金内部的治理和退出。虽然有关这方面的研究很多，但一般合伙人侵犯有限合伙人利益的情况总是难以避免。我们虽然可以充分利用国际私募股权投资游戏规则中有关优先权条款、特殊权利要求、激励机制设计及自动执行措施等一系列制度来保障有限合伙人的利益，但同时仍然需要加强投资经理的行为监管，加强投资经理声誉机制的建设，严格制定一套立法层次较高的法则来规范投资经理的行为，加大对违规、违法行为处罚的力度。在退出过程中，监管的重点是对拟出让股权的企业的财务监督。特别是对通过 IPO 退出的公司，需要有特殊的制度复核会计师事务所审核过的财务报告。在退出过程中，证监会必须加强监管股权逐步分批流通的时间执行情况，既避免股价过度波动，又避免操纵股价行为。对私募股权投资退出的监管是保护二级市场投资者利益和实现私募股权投资行业可持续发展的重要保障。监管的第三个方面是国有资产的保护与国家经济安全。这方面涉及的内容和措施较多，我们将在下面另行讨论。

（二）行业自律与私募股权投资协会

从心理学的角度看，人在生理方面的需求得到满足后，开始寻求尊严与归属感，想依赖于某一团体获得社会安全的保证和自身价值的实现。行业协会通常是行业发展到一定规模时由企业或会员自发形成的职业组织。协会的章程及以此制定的具体规则在性质上就是行业达成的公共契约。从组织结构上看，行业协会通常设有秘书长和秘书处，主要权力机构是理事会。从协会成员方面看，协会是他们的代理人：协会代表整个行业的会员认定和考核新进入该协会的成员；制定规则，包括技术规范与行业准则；实行对会员的监督和对违规者的惩戒；与政府沟通以维护整体的利益。这种代理行为是常规性的、基础性的行业自我管理。会员对协会的工作人员和理事的工作能力和努力程度，工作中的利益偏向（比如，是否更偏重行业老大）与机会主义行为等的了解通常是不够充分的。这些方面的信息对协会来说具有优势。另一方面，协会是依靠或部分地依靠会员的会费得以维持的。因此，二者之间存在利益关系。加上资本市场和政府政策等不确定性因素的影响，二者形成了委托代理关系。

加入协会前，协会对成员执业水平和道德水准的了解往往是不充分的，存在着"逆向选择"的问题。加入协会后，他们履行业务和遵守规则的行为也是协会难以监督的，存在着"道德风险"，是一种特殊的博弈关系。会员和协会依据理性选择行动策略，而这些行为与策略又会影响到行业的声誉和效益。在这里，协会又变成了委托人，而会员则成为代理人。从不同的利益方面考察，会员与协会之间存在着方向相反的两种委托代理关系。这些关系既是维护行业发展的手段，也是通过市场机制来实现自律的障碍。

加入行业协会，不仅取得了社会对它的信誉证书和能力证明，而且有了一条与政府和社会沟通的途径。当外界发现个别会员的职业行为不当或职业水平不够时，人们首先指责的是这个行业团体，实施"团体惩罚"（张维迎，2001），因此，协会有动力去约束会员的行为并提高其执业的能力。当会员意识到整体利益的存在时，行为也会受到影响，特别是违规易被同行识破。这是市场机制的作用，这里不需要政府行为。因此，行业协会的作用是不可忽视的。但这种作用的发挥有两个条件：一是协会必须是自发形成的而不是官办的；二是协会会员可自由进出。前者保证了协会是靠信誉和能力来体现会员利益的，后者保证了协会对会员违约的选择和违规时的惩处是有效的。

由于会员与协会之间的代理关系，通过行业自律来保证常常是难以做到的，所以政府的干预在于纠正协会的不良行为和会员的不良行为。当行业协会的垄断性很强时，如果没有政府的管制，它不仅可能损害会员的利益，也可能损害投资者的利益。因协会中的利益结构和利益偏向会使得作为行业老大的会员（企业）有违规行为、协会的处罚难以进行或处罚过轻，违规者最坏的情况是退出该行业或经济上受到损失，协会的处罚不具备权威性和威慑力，甚至当法律和政府行政处罚来临时，协会还会充当保护伞的作用。

从理论上说，经济环境和经济业务越是复杂，对监管者的独立性要求就越高。从这个意义上看，政府监管作用的强化趋势是有道理的。但是政府也有失灵的现象，完全由政府来监管事实上是行不通的。协会具有对繁杂的新业务作出迅速反映并及时在会员中交流和汇总的能力，从而能较早地发现行业内部的问题，易于达成和修改行业规则，易于观察规则的执行效果，也易于接受舆论的监督。因此，协会自律的基础性作用是不容忽视的，它是政府监管有效发挥的重要条件。

政府监管和行业自律作为维护市场秩序的两个基本工具，既有替代的一面，又有互补的一面。就替代性而言，良好的自律机制可以大大减少政府监管的范围和要求，节约政府开支，还可以为克服政府权力过大的弊端创造条件。健全的市场秩序离不开监管，但并非所有的监管都需要政府机构来强制实施。就互补而言，自律与监管常常是互为加强的。一方面，如果没有自律，单靠政府监管往往是难以奏效的。只有在自律性群体中，人们才有可能遵守道德规范和职业伦理。协会功能的发挥可为市场和法治秩序提供基础。另一方面，如果没有法治和政府监管，自律的积极性就大为下降，行业协会就更倾向于"保护伞"的作用，功能不能正常发挥。尽管行业自律不是因法律而建立的，但法律作为维护行业信誉的底线作用是不可低估的。因此，严格的法律制度和严厉的政府监管将有利于行业的健康发展。

私募股权投资作为一个复杂的、不断变化和充满风险的行业，协会的作用更加突出。世界各国的经验表明，对市场化的私募股权投资基金应该采取总体上"软监管"的模式，即"政府监管、行业和企业自律与社会监督相结合，以行业自律为主"的办法。从长远来看，这也应该是我国私募股权投资行业管理发展的方向。私募股权投资发达的美国和欧洲都有影响力巨大的私募股权投资协会。它们作为协调行业与政府监管部门以及其他利益相关主体的中介，在培育优秀的管理队伍和克服信息不对称方面发挥着十分重要的作用。虽然我国各地已经出现了名目繁多的股权投资基金协会以及创业投资协会，全国性的私募股权投资协会也已经成立，但其功能的发挥还很不到位——活动开展得不多，组织性不强，影响力有限。因此，金融监管部门可以发挥其权威性作用，促进私募股权投资协会的发展，帮助建立行业的代表性。中国私募股权投资协会必须大力培育和表彰德才兼备的优秀管理机构和高级投资管理人，摒弃有不良信用记录、业绩低劣的管理机构和个人，从一开始就在社会上树立行业的良好形象。

四、防止国有资产流失，维护国家经济安全

（一）国有资产流失及其防止措施

国有资产流失已经出现了多种形式和多种渠道同时发生的现象，主要形式有：股份制改造和拍卖过程中国有资产的流失；假破产真逃债形成的国有资产流失；在产权交易过程中，评估机构恶意低估国有资产价值；假合资进行套钱；决策失误，造成巨额国有资产损失和流失；和国家工作人员乘企业关、停、并、转、包、租、合、卖等机会，利用职权进行贪污犯罪等。在混合所有制改革中，不仅这些已出现过的国有资产流失形式还可能出现，而且会出现新的国有资产流失形式。比如：国有资本进民营企业时高估股权价格引发的流失，实施员工持股时引发的流失，权力者与私募股权投资基金合谋引发的国有资产流失，等等。

2015 年 11 月，国务院办公厅印发了《关于加强和改进企业国有资产监督防止国有资产流失的意见》。这一文件作为《中共中央、国务院关于深化国有企业改革的指导意见》的配套措施，旨在从制度上进一步筑牢保护国有资产的防线，为促进国有企业混合所有制改革顺利进行和国有企业持续、健康发展提供坚强保障。措施内容包括强化企业内部监督，建立健全高效协同的外部监督机制，实施信息公开，加强社会监督，严格责任追究，充分发挥国有企业党组织的政治核心作用，等等。但道高一尺，魔高一丈，贪腐人员、投资机构、民营企业、外资企业等在抢吃"唐僧肉"的问题上特别灵活，特

别有"创新"意识和"创新"举措。以往的教训是政策往往斗不过"对策"。对于廉政建设和国有资产管理,三十多年来,中央开了很多会议,发了很多文件,作了很多决定和规定,可贪污受贿和侵吞国有资产的问题不仅没有禁绝,反而愈演愈烈。在新的形势下,用老办法更难应对。为此,我们需要有明确的原则和更具体的措施。在国企混改的过程中,政府和主管部门要力求做到:(1)在市场机制的轨道上运行。引入市场机制,使市场在国企混合所有制改革这类资源配置中起决定性作用是防止国有资产流失的主要措施。改革过程要遵守市场经济公开、公正、公平的原则,国有资产的交易要采用竞标方式,要实行市场定价。初始阶段里,国企混改的速度不宜过快,需要让社会有足够长的时间和足够广泛的范围了解和参与改革的过程。(2)在法治的轨道上运行,明确责任追究制度。明确混合所有制改革造成国有资产流失的,参与各方应负担的经济、行政和司法等方面的责任,并明确监管的主体、查处的主体和查处的程序。特别是应注重社会监管,注重对监管者的监管。(3)重视监管机制的设计。国有资产的市场价值与许多不为外部人知晓的变量相关,因此,应该明确规定回避制度。国有企业混合所有制改革如果事关非国有一方,国企高管或相当于高管(如母公司有关人员等)亲属的应回避;国企高管不得参与决策,不得参与企业混合所有制改革方案的制定;有条件的可另选交易对象;有利益关联的私募股权投资机构不得参与国企混改。中介机构的选聘要由监管部门执行,评估结果要有公示期。只有在没有利害关系的情况下才能做到"身正",保障国有资产保值、增值。

(二)国家经济安全防范

私募股权投资监管与国家经济安全防范之所以必要,首先是因为这一市场的功能缺陷,即市场失灵。由于信息不对称和机会主义行为,一般合伙人可能造成对有限合伙人的侵害,如欺骗性私募、偷懒等。不管制度怎样设计,如果没有监管,机会主义行为就难免会发生。由于同样的原因,金融机构可能会在风险很大的的情况下去投资,造成实际上的风险与收益的(对投资经理或金融机构负责人)不对称。市场势力的不对等,可能造成大资本对中小资本的侵害。比如:企业上市后,投资基金作为大股东对广大中小投资者的侵害,强大的外资私募股权基金对中国重要产业收购产生的垄断,对国家重要经济资源的控制等,都是容易发生的问题。由于国有企业产权的脆弱性,在外资或民营资本主导的私募股权投资基金的并购过程中可能造成国有资产的损失。所有这些也构成了私募股权投资监管与国家经济安全防范的主要理由。市场失灵总是存在,如果不采取有力措施纠正,最后结果将是市场萎缩,市场效率低下。

其次,这种监管和防范是实现宏观经济稳定和国家经济发展战略的保障。

私募股权的直接投资者虽然不多，但在退出过程中涉及的投资者不少，涉及众多的行业和人员。资本市场的波动或稳定对金融体系和宏观经济具有非同一般的外部效应。比如：2000 年前后由风险投资主导的互联网泡沫破灭后所产生的经济衰退，2008 年美国由次贷问题引发的金融危机，都是股权投资和金融监管失误的重大例子。上世纪 80 年代末墨西哥金融危机和上世纪 90 年代亚洲金融危机则显示了国家经济安全，特别是其中的金融安全的重要性，也显示了政府干预经济的重要性。

极端的自由主义经济学认为，我国国家经济安全的防范是小题大做。信奉它的经济学家们认为，在 WTO 规则和全球经济一体化的潮流下，外资并购中国企业不会造成中国经济安全问题。这是因为：一方面，消费市场在中国，外资控股行业或企业仍然需要依赖这些消费者才能盈利；另一方面，这些行业或企业仍然要遵守中国法律，特别是《反垄断法》，可以防止其行业集中度的过分提高。实际上这是很大的误会。发展中国家对外开放显然是十分有利的，但也可能带来一些不利因素。发展中国家要发展经济，政府的经济主导权就不可放手于他人。如果在外资强大的势力下我们把国有经济都让位给外资控股，广大的中小企业也大批地并入外资公司之中，特别是金融业受控于外资，政府调控经济的能力，特别是事关就业与收入分配、民族产业发展的控制力就会丧失殆尽。一旦发生像美国此次一样的金融危机，自己管不了，别人又不会管，经济就很有可能陷入长期衰退或萧条。同时，政府更不能实现其经济发展战略，从而使整个国家沦为给人打工的局面。事实上，全球石油战争、货币战争与企业控制权战争一样，都是国家之间财富转移的方式。即使是目前外资对我国国家经济安全尚不构成威胁，但从长远来看，这一问题也必须引起足够的重视。2006 年，因外资与三一重工争相"并购徐工案"而引发了人们对国家经济安全、产业安全、国有资产安全的广泛讨论。国务院发展研究中心发表的一份研究报告显示：在中国已开放的产业中，每个产业排名前 5 位的企业几乎都由外资控制。在中国 28 个主要产业中，外资在 21 个产业中拥有多数资产控制权。国家工商总局一份题为《在华跨国公司限制竞争行为表现及对策》的调查报告指出：近年来，跨国公司正在利用其技术、品牌和规模优势扩大垄断地位；在我国股权分置改革完成后，外资并购会更加频繁，并且会尽可能地向更多的行业扩展。指望外国的反垄断法来规范其企业在别国的行为是不切实际的。美国对本土企业反垄断是符合自己国家利益的，而且也是在微软的国际地位无人可以动摇的情况下才可以进行的。如果国际上存在一批与微软一样有实力的软件企业与其竞争，美国本土就很难有人提要反对微软垄断。2006 年 9 月，由国家发改委、商务部等六部委共同发布的《外国投资者并购境内企业的规定》正式实施；2008 年 1 月，我国

《反垄断法》正式实施。这一切都是十分必要的。

第三，从效率的角度看，监管和防范的实施主体是政府。这也进一步确立了政府在我国发展私募股权投资基金中的重要地位。著名的波斯纳定理认为，如果市场交易成本过高而抑制交易，权利应赋予那些对权利净值评价最高并且最珍视它们的人。或者说，在法律上，事故责任应归咎于能以最低成本避免事故而没有这样做的人。波斯纳定理的实质是：在权利和义务的安排上，要求体现"比较优势原理"。不同经济主体在风险偏好、信息拥有量、财产拥有规模和决策能力等方面是有差别的。这些差别作为约束条件影响着权利的运行成本。因此，按"平等竞争，能者居之"的原则分派权利和义务，是一种体现效率标准的权利安排。在美国，除了严格的法律约束外，私募股权投资几乎没有专门的政府监管。美国的国有资产和国有企业在整个经济中的占比比我们低很多，政府几乎不需要介入相关事务。但是中国的情况不同，当涉及行业自律为主还是政府监管为主的选择时，我们就需要利用波斯纳定理来选择。即使建立时间较长、有较强影响力的行业协会在目前中国也不可能低成本地监管行业内的犯科行为，一个尚需完善的中国私募股权投资协会更不可能低成本地监管私募股权投资基金侵犯本国利益、别国利益，更不能指望它能维护国家经济安全。因此，政府的特征决定了它必须成为监管与防范的主体。

在我国，监管不仅是必要的，还必须是有效的；措施应该是具体、有效的。私募股权投资监管和国家经济安全防范是一项系统工程：外部必须有良好的政治和社会环境；内部必须有合理的组织结构和功能，并且应具有对新形势的适应能力。不同国家金融监管机构的独立性不同。但不管怎样，如果机构的人员任命和财务来源不独立，监管效果就要大打折扣。有效监管的一个必要条件是尽可能保持监管的独立性和保证监管人员的水平和资源，而不管它是全国人大下属的机构或国务院下属的机构。有效监管的另一个必要条件是强化制度建设，特别是法律建设。清晰、完善、公开的市场经济法律框架是实施有效监管的必要前提。我们一方面可以移植发达国家和发展中国家的法律；另一方面，我们可以根据新情况进行立法和修改相关法律。此外，监管还要有预见性和执行力——光顾眼前不行，言而不行则更不可取。

在具体措施方面，我们的改进建议是：（1）证券法或投资基金法应对私募的范围作尽可能全面的界定，对信息披露作更为严格的要求，对募集对象、人数、募集金融、资金托管机构等作出限制，对资金的流动性作出限制。这些限制的目的在于防止欺诈性私募。（2）在私募股权的投资阶段，可以把国际私募股权投资中一些行之有效的游戏规则逐一融入中国的法律，目的是保护投资者利益和激励投资家的努力。（3）在投资退出阶段，我国还须建立退出约束机制。比如：建立退出的时序规定，强化会计信息监管和披露，强化证券投资中的民事法律责任，防止操纵价格行为发生。（4）把《规定》上升为法律，并结合国家各行业发展规划和发展规律，不断完善。（5）在《反垄断法》中区别本土企业垄断与外资企业垄断，加强对外资垄断的监控。（6）在《企业国有资产法》增加公允价值的评估方法和体系，防止国有资产流失。

我们需要建立一套可执行的规则，对国有或国有控股企业的收购既在范围内加以限制，又在秩序上加以公开化和细化，并对重点行业如资源类、高技术类行业的集中度与控制主体进行及时监控。修改《反垄断法》在涉及外资收购方面的条款，并加大执行的力度。同时，我们也要加大本土私募股权投资基金的规模与实力建设，使之能在这些领域与外资私募股权竞争，用市场竞争的方式维护国家经济安全。

五、大力培养人才，引领金融技术创新

企业理论和私募股权投资发展的模型表明，私募股权投资基金及其所投资的企业都是人的组织；投资发展的优化模型表明，最优投资规模与人才队伍建设是正向变化关系。除投资家和企业家外，发展私募股权投资还需要一批高标准的中介机构。这些机构也是以人才资本为主要资产的企业。私募股权投资周期的三个环节都是人与人之间、人与资本之间相互适应及创造价值的过程，都是不断决策的过程。普华永道近年来对国际私募股权投资的研究表明，只有著名的大型国际私募基金才能取得高于公募基金的回报，而大多数小的私募基金做不到这一点。著名的大型私募基金的重要特征是，具有著名的投资专家或非常有影响力的投资和研究团队。岗柏斯和勒纳对风险投资业绩的回归分析也表明，风险投资的回报高低与公司的组织形式基本不相关，而与投资基金是否有知名专家相关性大。因此，培养投资专家，特别是培养智能投资专家十分重要。此外，为了提供更多的投资机会，一大批优秀的创业企业家也必不可少。随着私募股权投资在中国的迅速发展，这三类人才的缺口已经凸现。

私募股权投资的本质要求一个合格的私募股权投资专家的成长通常需要十年以上的时间。他必须具备足够的财务知识和科学技术知识；具有很强的沟通能力与心理素质、很高的适应能力与学习能力、很强的责任感和很好的职业道德、敏锐的嗅觉和观察力、铁一般的纪律性和远见卓识；既有勇气又有很强的风险意识。目前，我国从事私募股权投资的人才大多是转行而来，只有极少数从海外引进。在国内人才培养上，目前还只是北大、清华和复旦等几所高校的专门短期培训班。我们认为，关于私募股权投资人才的培养，首先应对人才有一个适当的筛选机制，如开展执业资格证考试；其次，要尽

早制定人才培养的战略规划，比如在高校财经类专业的课程中增加相关的程度，投资机构或政府出资与高校合作培养，采取和外资私募股权联合投资的方式。在这些方面，近几年我国财政部推行的对我国会计领军人物的培养模式可以拿来作为私募股权投资人才培养的重要参考依据（王军，2006）。

企业家或创业企业家的培养则方式有些不同。企业家的才能主要是从实践中锻炼出来的，但提倡创业文化、创造有利的制度环境显然有利于企业家队伍的出现和壮大。只有出现一大批优秀的企业家，才有大量的好投资项目供企业家与投资家合作。此外，私募股权投资作为一项系统性工作，还需要高水平的中介机构的专门人才的共同配合。私募股权投资体系的中介服务机构包括投资银行、证券市场、咨询公司、会计师事务所、律师事务所、猎头公司等。中介组织的专业化服务既可以降低投资的内部交易成本，提高经营效率，又可以弥补私募股权投资基金的功能缺陷。因此，我国也应加大这些中介服务人员的培养力度，造就一支高水平的中介人才队伍。总之，我国私募股权投资的发展不仅依赖于目前及未来的投资机会、制度条件，更重要的是取决于培养相关人才的成效。

在基于互联网的大数据和人工智能时代，一个国家或私募股权投资机构运作股权投资的实力和水平将在很大程度上取决于他们对新的信息技术的研发能力、运用能力和适应能力。以新的信息技术为主体的新金融技术将给投资家们带来有关数据搜集、整理、分析的快速整合能力，而这种能力的运用就是价值增值的过程。在"数据就是资源，计算就是生产"的时代，传统的私募股权投资流程将会发生根本性的变化。私募股权投资的价值创造将由机器和少数高水平的专家分工合作来进行。机器分担快速处理、加工信息和智能化决策的任务，而投资家则主要从事投资理念、投资方法改进等方面可以慢速处理的任务。无论对于整个国家还是对于具体的私募股权投资机构，信息技术革命带来的既是机会也是挑战。谁能占领技术和人才的至高点，谁就能获取最大、最好的回报。因此，如今加强对新金融技术的研发显得比任何时代都重要。从国家层面来说，可以设立专项国家基金鼓励金融人工智能算法、金融信息处理芯片、金融监控系统、金融数据挖掘等方面的基础研究，从行业层面来说，可以加强与国内互联网巨头及国际 IT 巨头公司的合作交流，增强行业运行新技术的意识，通过开展培训来提高行业运用新技术的能力。从投资机构层面来说，有实力的私募股权投资机构可以自行开发技术领先的软件，建立网络平台，或与互联网巨头以及 IT 巨头共同设立技术研发能力强的私募股权投资基金。

本章小结

本章首先研究了私募股权投资中政府与市场的关系问题。我们认为，私募股权投资市场与其他许多市场一样会出现市场机制不能发挥有效作用的地方，表现为过度的垄断、过度竞争、投资泡沫、非法私募，等等。发展我国私募股权投资一方面需要进一步完善市场机制，另一方面需要政府的监管和扶持。本章从政府的特性出发，研究了在发展私募股权投资中的角色定位和政府发挥作用的方式。政府既要弥补市场因素在私募股权投资中的局限性，又要实现国家的产业政策和经济结构调整，还要协调私募股权投资中的各种利益冲突。它可以通过制度供给、市场监管、防范国家经济安全、参与和引导市场，以及创造各种有利条件来促进私募股权投资发展。但政府应注意避免介入过深，应尽量克服官僚主义与寻租行为。

其次，本章探讨了混合所有制改革中私募股权投资的定位问题和信息技术革命对私募股权投资发展的影响。特别是在混合所有制改革中，我们认为，应该摒弃不利于中国经济的进一步改革和发展也不利于私募股权投资的发展观念。所以，解放思想仍然是十分关键的。本章还认为，国有企业的混合所有制改革必须有政治体制改革和法治建设同步跟进，否则可能产生严重的后果。最后，我们提出了一些发展我国私募股权投资的政策建议。包括推进法治建设，加强基础制度的建设与完善，充分发挥全国性的私募股权投资协会的作用，促进各类私募股权投资基金的协调发展，加强证券市场监管与产业反垄断政策的实施力度，克服私募股权投资的过度国有化和散户化倾向，形成合理的私募股权投资市场结构，发挥国有资本母基金的作用，深化改革，保护投资者利益，正确处理私募股权投资的国际化与中外竞争的关系，加强对新金融技术的研发和私募股权投资人才的培养，等等。

第八章　总结与结论

第一节　本文的主要观点与结论

本文在对私募股权投资现象和发展规律进行较为深入和系统研究的基础上，从产业可持续发展的角度为我国私募股权投资的发展提供了一个制定政策的理论基础和参考依据，对我国改革相关的制度提出了一些原则性的政策建议。本文的研究结果表明，建立在市场机制基础上的私募股权投资是促进资本市场和经济健康发展必不可少的金融工具，也能为我国国有企业混合所有制改革做出积极的贡献。我国在发展私募股权投资上具有商业机会多和发展空间大的优势，但同时存在制度建设上的滞后和人才方面的短缺。政治和司法体制的改革需要同步推进，才能实现我国私募股权投资的健康发展。因此，在尊重市场规律和法治原则的基础上，政府以适当的方式和程度积极参与、引导、扶持和监管私募股权投资，并适时地根据我国的具体情况进行制度创新和金融技术创新，将有效地促进我国私募股权投资产业的可持续发展。这反过来又将促进我国国有企业混合所有制改革和供给侧经济改革的顺利推进。简而言之，本文是对市场机制、法治原则、发展政策与我国私募股权投资发展和经济发展之关系的系统性论述。本文是通过论证以下一些主要观点来深化这一主题的：

（1）从本质上说，私募股权投资是资源整合模式和企业价值运动模式的互动关系，也是以人力资本为核心的复杂的多重契约关系。私募股权投资不仅使得传统金融工具难以做到的资源整合能有效实施，私募股权投资活动本身也创造价值。因此，私募股权投资基金可以有多种形式，而私募股权投资的发展就是法治条件下市场机制起决定性作用的过程。我国应坚定发展私募股权投资的信心。

（2）资本市场的各个子市场各有其组织形式、规则、运行特点和功能，但它们只有在协调发展的基础上才能充分发挥其各自的效率以及有效发挥整个资本市场的功能。我国私募股权投资的发展必须在募资、投资和退出三个环节上考虑制定有利于其运行并与其他资本子市场协调发展的政策。

（3）私募股权投资制度涉及长期制度、中期制度安排和短期的一些合约、政策，有宏观经济体制，也有微观治理机制。不同的制度有不同的经济后果。最重要的是要有合理的长期制度。中短期制度安排的有效性与人们的行为特征及中短期的契约关系相关，也不能回避路径依赖问题。

（4）企业是在特定的环境中，人们通过集合资源为实现合作剩余而设立的经济组织。虽然企业利润来源有多种，但基于市场机制的通过价值创造转化而来的利润才是私募股权投资追求的正当目标。只有在制度制定和政府监管中坚持这一理念，私募股权投资的发展对我国经济的改革和发展才有积极的意义。只有私募股权投资行业的参与者都秉持这一理念，我国的私募股权投资才能实现可持续发展。

（5）中国特有的制度背景、经济特征和制度变迁过程决定了中国发展私募股权投资的特征、路径、挑战与前景。有效的政策制定不仅要考虑政策制定者与其他行为主体之间因双向信息不对称和决策时的信息不完全所可能引发的许多问题，更重要的是要使政策制定者、实施者和监管者之间形成有约束力的合作协议。

（6）私募股权投资对我国经济的可持续发展至关重要，我国经济体制的进一步改革也与私募股权投资的发展相辅相成。在未来可以预见的一段时期内，我国私募股权投资的发展面临着更大的发展机会，也会遇到巨大的挑战。这些挑战来自国有企业改革的困境、经济发展的转型以及新金融技术革命带来的行业洗牌。

（7）从长远的角度看，私募股权投资的健康发展需要民主自由的政治体制、独立公正的司法体制以及自由竞争的经济体制作为制度环境。否则，私募股权投资的功能就得不到发挥，负面的作用还会放大。我们需要及时转变不适宜的观念，坚定不移地推进政治、法律及经济体制的改革。

在结合上述理论分析、实证分析和案例研究的基础上，在既符合经济理论又符合中国国情的考虑下，本文提出了许多发展我国私募股权投资市场和产业的政策建议，包括坚守法治原则、完善市场机制、加强基础制度建设、充分发挥全国性私募股权投资协会的作用、促进各类私募股权投资基金协调发展、加强证券市场监管与产业反垄断政策的实施力度、克服私募股权投资的过度国有化和散户化倾向、保护投资者利益、正确处理私募股权投资的国际化与中外竞争的关系、加强对新金融技术的研发和私募股权投资人才的培养等。

第二节　本文的主要贡献与创新

本文的主要贡献在于，它提供了一种关于私募股权投资发展的市场机制、法治原则和发展政策的系统性论证，突出呈现了私募股权投资可持续发展、经济可持续发展与政治、司法体制改革相辅相成的关系。与以往的研究相比，本研究的分析更具基础性、宏观性、综合性和前瞻性。从某种意义上说，本文也是对中共十八届三中全会决议和十八届四中全会决议的经济学和金融学解读。本文的主要贡献和创新具体表现在以下几方面：

（1）在对众多的企业理论进行深入分析的基础上，提出了关于企业性质的新观点。这一观点更加符合企业的实际，也更便于对股权投资和国有企业混合所有制改革进行理论分析。

（2）对私募股权投资的本质和价值创造机制作出了新的解释，使相关政策制定者和后续的研究者能对各种形式的私募股权投资有一个统一的理解，也使私募股权投资的参与者对私募股权投资的正当获利途径和合理预期回报有一个适当的认识。

（3）突出呈现了政治和法律等根本制度对私募股权投资发展的长期影响，也突出呈现了中国经济发展与改革中的基础性、原则性问题。

（4）建立了基于合作博弈论的私募股权治理机制改进模型。通过制度比较和案例分析，提出了针对中国发展私募股权投资、处理改革与发展问题等方面的改进建议，为政策制定者提出了发展方向、措施上的参考意见。

从研究方法上看，本文也有一定的特色。本研究是结合政治、法律、经济学与投资学来进行研究的，尝试处理了理论研究与发展研究的关系，并且把理论分析、案例分析与政策分析联系起来。

第三节　研究的局限性与尚需进一步探索的问题

虽然私募股权投资存在的历史很长，在美国和欧洲有关私募股权投资的知识已经相当普及，但在国内还几乎是个新鲜事物，有关这方面的研究非常少，也非常浅，大多是一些介绍性和实务性的读物。本文尝试对私募股权投资现象和发展规律进行较为深入和系统的研究，特别强调市场机制与政府干预相结合的发展模式，以及中国发展私募股权投资中的特殊性。本文既不是有关我国私募股权投资的发展战略研究，也不是有关我国发展私募股权投资的可行性研究，而是要为我国私募股权投资的发展提供一个制定政策的理论基础和参考依据，对我国改革相关的制度提出一些原则性的政策建议。

虽然本文取得了一定的进展，但显然存在以下几方面的不足和尚需进一步研究的地方：

（1）在宏观方面，由于经济景气周期的原因，政府会采取财政政策和货币政策来调节经济。本文没有就政府宏观经济政策对发展私募股权投资的影响展开讨论。实际上，无论是财政政策还是货币政策，都会影响私募股权的投资机会和投资效率，反过来又会对宏观经济造成一定的效果影响。在我国民营资本日益增加的情况下，这一效果将更加显著。因此，研究制定宏观调控政策中怎样制定调节私募股权投资政策也是一个有意义的研究课题。

（2）在微观方面，私募股权投资的风险控制和风险监管也是十分重要的方面，而本文没有深入研究。风险有系统性风险和非系统性风险之分，适当的政策可以减轻系统性风险，而通过适当的分散组合可以消除非系统性风险。可持续的私募股权投资不是追求一时的高收益。虽然不能对大多数私募股权投资基金的投资策略制定限制措施，但如何监管政府主导的投资基金和国有资本投资中的风险是值得研究的重要问题。

（3）在制度分析方面，本研究主要探讨了直接相关的经济制度。实际上，政治制度和法律制度的改革对我国经济建设和投资发展的影响是深远的。经济改革与政治改革的关系、法律制度改革与金融制度改革的关系，都是研究投资长远发展中的应有之义。对此，本文虽有论及，但没有具体展开。因为时间的原因，本研究没有来得及对一些私募股权欺诈案进行案例分析，也没有探讨道德建设对私募股权投资发展的影响。而这些实则是十分重要的。

（4）在分析方法上，尽管我们尽力试图结合多个学科、运用多种方法、从多个视角来展开研究，但可能因为对这些学科和方法的理解深度不够而使得研究的深度有限。特别是由于我国私募股权投资发展的数据有限和获取困难，我们没法对影响我国私募股权投资的各类影响因素进行计量分析。这只能在一段时期以后，在资料更为完整的条件下才能进行定量研究。

（5）在与现实问题的结合方面，本文没有就国有资本股权投资的效率问题展开深入的分析，也没有对私募股权投资与金融和经济危机的关系展开讨论，更没有研究国际环境变化对中国经济和私募股权投资可能带来的风险。实际上，这些问题都是重要而难以回避的。

参考文献

一、中文部分

[1] 亚当·斯密：《国民财富的性质和原因的研究》，商务印书馆，1972 年版。

[2] 亚当·斯密：《道德情操论》，山西经济出版社，1997 年版。

[3] 卡尔·马克思：《资本论》，人民出版社，2004 年版。

[4] 青木昌彦：《企业的合作博弈理论》，中国人民大学出版社，2005 年版。

[5] 曼瑟尔·奥尔森：《集体行动的逻辑》，生活·读书·新知三联书店，1995 版。

[6] 埃莉诺·奥斯特罗姆：《制度激励与可持续发展》，上海三联书店，2000 年版。

[7] 道格拉斯·诺斯：《经济史中的结构与变迁》，上海三联书店，1994 年版。

[8] 道格拉斯·诺思：《制度变迁理论纲要》，改革，1995 年 3 月。

[9] 约瑟夫·S·奈：《注定领导世界：美国权力性质的变迁》，中国人民大学出版社，2012 年版。

[10] 迈克尔·詹森：《企业理论——治理、剩余索取权和组织形式》，上海财经大学出版社，2008 年版。

[11] 张五常：《经济解释》，商务印书馆，2000 年版。

[12] 约翰·希克斯：《经济史理论》，商务印书馆，1999 年版。

[13] 米什金等：《金融市场与金融机构》，北京大学出版社，2006 年版。

[14] 刘海峰等：渤海产业投资基金与中国转型期金融创新，南开经济研究，2007 年第 5 期。

[15] 张文魁：私募资本市场：作用、风险与对诈骗的防范，经济研究，2001 年第 5 期。

[16] 张东生，刘建钧：创业投资基金运作机制的制度经济学分析，经济研究，2000 年第 4 期。

[17] 周业安：《金融市场的制度与结构》，中国人民大学出版社，2005 年版。

[18] 朱一平：《风险资本治理机制研究》，中国经济出版社，2007 年版。

[19] 陈永坚：《中国风险投资与私募股权》，法律出版社，，2008 年版。

[20] 厦门大学王亚南经济研究院：《中国私募股权基金研究报告》，中国财政经济出版社，2007 年版。

[21] 哈耶克：《自由秩序原理》，三联书店出版社，1997 年版。

[22] 哈耶克：《致命的自负》，中国社会科学出版社，2000 年版。

[23] 刘汉民：《所有制、企业及制度分析》，上海三联出版社，2006 年版。

[24] 张旭娟：《中国证券私募发行法律制度研究》，法律出版社，2006 年版。

[25] 格雷厄姆：《证券分析》，中国人民大学出版社，2013 年版。

[26] 彭纳齐：《资产定价理论》，东北财经大学出版社，2009年版。

[27] 威廉姆逊：《交易成本经济学》，社会科学文献出版社，2007年版。

[28] 刘志阳：《创业资本的金融政治经济学》，经济管理出版社，2005年版

[29] 李昕旸，杨文海：《私募股权投资基金理论与操作》，中国发展出版社，2008年版。

[30] 任纪军：《私募股权资本》。中华工商联合出版社，2007年版。

[31] 李寿双：《中国式私募股权投资——基于中国法的本土化路经》，法律出版社，2008年版。

[32] 王巍，施迈克等：《杠杆收购与垃圾债券：中国机会》人民邮电出版社，2007年版。

[33] 胡海峰：《美国创业资本制度与市场研究》，人民出版社，2008年版。

[34] 单越：《风险投资治理机制研究——基于人力资本的视角》，2006年版。

[35] 陈学华：《风险投融资契约研究》，西南财经大学出版社，2007年版。

[36] 熊南京主编：《并购创富》，四川人民出版社，2003年版。

[37] 朱保华：《新经济增长理论》，上海财经大学出版社，1999年版。

[38] 周炜：《解读私募股权基金》，机械工业出版社，2008年版

[39] 保罗·克鲁格罗：《美国怎么了：一个自由主义者的良知》，中信出版社，2008年版。

[40] 范里安：《微观经济学：现代观点》，上海三联出版社，上海人民出版社，1994年版。

[41] 齐绍洲，罗威：风险投资基金与企业治理结构，证券市场导报，2006年10月19日。

[42] 保罗·A·冈帕斯，乔希·勒纳：《风险投资周期》，经济科学出版社，2002年版。

[43] 盛立军：《私募股权与资本市场》，上海交通大学出版社，2003年版。

[44] 吕厚军：私募股权基金治理中的反向代理问题研究，现代管理科学，2007年第12期。

[45] 卓越：《风险投资的治理机制研究——基于人力资本的视角》，中国社会科学出版社，2006年版。

[46] 陈钊：《信息与激励经济学》，上海三联书店，上海三联出版社，2005年版。

[47] 杨瑞龙，杨其静：《企业理论：现代观点》，中国人民大学出版社，2005年版。

[48] 蔡莉等：《我国风险投资公司宏观支撑环境与运作机制》，中国人民大学出版社，2006年版。

[49] 穆争社：《企业融资与非对称信息》，中国金融出版社，2009年版。

[50] 张春霖：《企业组织与市场体制》，上海三联书店，上海人民出版社，1994年版。

[51] 李素梅：《中国产业投资基金综合绩效与发展战略研究》，中国金融出版社，2008年版。

[52] 屠巧平：《公司控制权市场研究从——利益相关这主体行为视角》，中国经济出版社，2007版。

[53] 中国并购调查研究报告，格瑞贝斯环球财经，2006。

[54] 王红茹：跨国巨头对中国行业龙头展开廉价掠夺式并购，中国经济周刊，2006。

[55] 白津夫：跨国公司在华并购的新特点和我们的对策，中国经济周刊，2006。

[56] 郭恩才：《解密私募股权基金》：中国金融出版社，2008年版。

[57] 陈佳贵：《市场经济与企业组织结构的变革》，经济管理出版社1995年版。

[58] 黄俊峰：外资掀并购中国狂潮 跨国公司悄悄进村攻城略地，中国证券报，2006。

[59] 王钦：《跨国公司并购中国企业——动因、效应与对策研究》，中国财政经济出版社，2005版。

[60] 江晓娟：《经济转轨时期的产业政策》，上海三联书店，1996年版。

[61] 朱福惠著：《宪法至上——法治之本》，法律出版社，2000年版。

[62] 包刚升：《政治学通识》，北京大学出版社，2015年版。

[63] 唐亮：《当代中国政治——对中国特色的现代化发展模式的新解读》，复旦大学出版社，2014年版。

[64] 费雪：《利息理论》，上海人民出版社，1999年版。

[65] 林兆木：使市场在资源配置中起决定性作用，新华文摘，2014年第4期。

[66] 科斯：《企业、市场与法律》，上海三联书店，2014年版。

[67] 泰莫尔，瓦斯瓦瑞：《国际私募股权》，中国金融出版社，2015年版。

[68] 毕海德：《新企业的起源与演进》，中国人民大学出版社，2005年版。

[69] 洪振快：《亚财政》，中信出版社，2014年版。

[70] 贺武：《论私募股权投资、技术创新与战略性新兴产业的互动发展》，中国财政经济出版社2016年版。

[71] 周红：《资本市场效率：理论和经验研究》，东北财经大学出版社，2005年版。

[72] 安德瑞·史莱佛：《并非有效的市场：行为金融学导论》，中国人民大学出版社，2015年版。

[73] 辛念军：《经济增长中的金融效率—对转型期中国经济高增长与金融低效率悖论》，经济科学出版社，2006年版。

[74] 北京股权投资基金协会：《2015年度北京地区股权投资行业报告》，首都经济贸易大学出版社，2016年版。

[75] 曹凤岐：《金融改革创新论》，北京大学出版社，2015年版。

[76] 罗伯特·希勒：《非理性繁荣》，中国人民大学出版社，2008年版。

[77] 闫志鹏，赵妍，朱思维：《疯子、骗子和傻子：第三只眼看投资》，商务印书馆，2015年版。

[78] 波特：《国家竞争优势》，华夏出版社，2002年版。

[79] 斯蒂芬·马丁：《高级产业经济学》，上海财经大学出版社，2003年版。

[80] 陈东琪：《通向新增长之路——供给侧结构性改革论纲》，人民出版社，2017年版。

[81] 张维迎：《市场与政府》，西北大学出版社，2014年版。

[82] 张维迎，盛斌：《市场的逻辑》，世纪出版集团，上海人民出版社，2010年版

[83] 张维迎：《企业家——经济增长的国王》，上海人民出版社，2014年版。

[84] 波斯纳：《法律的经济分析》，中国大百科全书出版社，1997年版。

[85] 潘正彦：《中国金融产业经济学：市场结构与市场行为》，上海社会科学院出版社，2004年版。

[86] 安德瑞·史莱佛：《并非有效的市场：行为金融学导论》，中国人民大学出版社，2015年版。

[87] 中国社会科学院工业经济研究所联合课题组：《国有资本投资与运营：国有投资公司的实践探索》，经济管理出版社，2015年版

[88] 国家发展与改革委体改司：《国企混改面对面—发展混合所有制经济政策解读》，人民出版社，2015年版。

[89] 江苏省国资委：《国企改革十大难题》，江苏人民出版社，2016年版。

[90] 冉光和，王定详，熊德平：金融产业可持续发展理论的内涵，管理世界，2004年第4期。

[91] 齐晔，蔡琴：可持续发展理论的三大进展，中国人口·资源与环境，2010年第4期。

［92］洪银兴：《可持续发展经济学》，商务印书馆，2000 年版。

［93］蔡自兴，徐光佑：《人工智能及其应用》，清华大学出版社，1996 年版。

［94］舍恩伯格：《大数据时代》，浙江人民出版社，2013 年版。

［95］长铗，韩锋：《区块链：从数字货币到信任社会》，中信出版社，2016 年版。

［96］纳拉亚南等：《区块链：技术驱动金融》，中信出版社，2016 年版。

［97］李胜春：《PE 私募股权投资策略》，中国铁道出版社，2017 年版。

［98］刘彦平：《中小股权保护的制度基础》，人民出版社，2006 年版。

［99］陈志武：《金融的逻辑》，国际文化出版公司，2009 年版。

［100］本哈德，利朗：《民主进程与金融市场：资产定价政治学》，中国人民大学出版社，2012 年版。

［101］张千帆：宪政、法治与经济发展——一个初步的理论框架，同济大学学报（社会科学版），2005 年第 2 期。

［102］孙立坚：《金融经济学》，高等教育出版社，2004 年版。

［103］张维迎：《博弈论与信息经济学》，上海人民出版社，2016 年版。

［104］董宝民：《合作博弈论》，中国市场出版社，2008 年版。

［105］王广宇：《先锋：股权投资在中国》，清华大学出版社，2014 年版。

［105］李福祥等：《中国私募股权投资基金现状与发展研究》，中国社会科学出版社，2015 年版。

［106］朱奇峰：《中国私募股权基金：理论、实践与前瞻》，清华大学出版社，2010 年版。

［107］黄卫东：《中国私募股权基金：问题与发展》，中国发展出版社，2015 年版。

［108］任纪军：《中国式私募股权基金》，中国经济出版社，2008 年版。

［109］樊纲：苏联范式批判，经济研究，1995 年第 10 期。

二、英文部分

［1］A dmati, A. R., Piderer, P (1994)：Robust Financial Contracting and the Role of Venture Capitalists. The Journal of Finance 49, 371−402

［2］Aghion, p. and P. Bolton (992)：An Incomplete Contracts Approach to Financial Contracting, Review of Econimic Studies 59, 473−494

［3］Amit, R., J. Brander, and C. Zott (1998)：Why do Venture Captial Firms Exist? Theory and Canadian Evidence, The Journal of business Venturne 13, 441−446

［4］Barry, C. B., Muscarella, C. J., Peavy III, J. W., Vetsuypens, M. (1990)：The Role of Venture Captial in the Creation of Public in the Process, The Joural of Financial Economics 27, 447−471

［5］Bergemann, D. and U. Hege (1998)：Dynamic Venture Captial Financing and Learning, The Journal of Banking and Finance 22, 703−735

［6］Berglof, E. (1994)：A control Theory of Venture Captial Finance, The Journal of Law, Economics and Organizaton 10 (2), 247−267

［7］Casamatta, C. (2003)：Financing and Advising：Optimal Financial Contracts with Venture Capitalists, The Journal of Finance, Forthcoming.

［8］Chan, Y. S., Siegal, D., Thakor, A. V. (1990)：Learing, Corporate Control and Performance Requirements in Venture Captial Contracts, Intenational Economic Review 31, 365−381

［9］Cornelli, F., Yosha, O. (2003)：Stage Financing and the role of Convertible Debt,

Review of Economic Studies 70, 1–32

[10] Dewatripont, M. and J. Tirole (1994): A Theory of Debt and Equity: Diversity of Securities and Mananger-Shareholder Congruence, The Quarterly Journal of Economics, 109: 1027–1054

[11] Gompers, P. A., and J. Lerner (1998b): Venture Captial Ditribution: short-run and long-run Reactions, The Journal of finance 53, 2161–2183

[12] Gompers, P. A., lerner, J. (1990a): An Analysis of Compensstion in the US Venture Capital Partnership, The Journal of Financial Economics 51, 3–44

[13] Gomper, P. A., lerner, J. (2000): Money Chasing Deals? The Impact of Fund Inflows on Private Equity Valuations, The Journal of Financial Economics 55, 239–279

[14] Gomper, P. A., Lerner, J. (2001): The Venture Capital Revolution, The Journal of Economic Perspectives 15 (2), 145–168

[15] Hellmann, T. (1998): The Allocation of Control Rights in Venture Capital Contracts, Rand Journal of Economics 29, 57–76

[16] Hellmann, Thomas (2002): A Theory of Strategic Venture Inversting, The Journal of Financial Economics 64

[17] Hellmann, T. and M. Puri (2000): The Interaction between Product Market and Financing Strategy: The Role of Venture Capital, Review of Financial Studies 13, 959–984

[18] Hellmann, T. and M. Puri (2002): Venture Capital and the Professionalization of Start-Ups: Empirical Evidence, The Journal of Finance 57, 169–197

[19] Holmstrom, B. (1979): Moral Hazard and Observability, Bell Journal of Economics 10, 74–91

[20] Holmstrom, B. (1982): Moral Hazard in Team, Bell Journal of Economics 13, 324–340

[21] Holmstrom, B. (1999): Managerial Incentive Problems: A Dynamic Perspective, Review of Economic Studies 66, 169–182

[22] Holmstrom, B. and J. Tirole (1997): Financial Intermediation, Loanable Funds and the Real Setor, Quarerly Journal of Economics 112: 663–691

[23] Jeng, L. A. and P. C. Wells (2000): The Determinants fo Venture Capital Funding: Evdence Across Countries, The Journal of Corporate Finance 6, 241–289

[24] Neher, D. V. (1999): Staged Financing: An Agency Perspective, Review of Economic Studies 66, 255–274

[25] Sahlma, W. A. (1990): The Structure and Governance of Venture-capital Organizations, The Journal of Financial Economics 473–521

[26] Sorenson, O. and T. Stuart (1999): Synidication Neteworks and the Spatial Distribution of Venture Capital Distribution of Venture Capital Investment, American Journal of Sociology 106. 1546 –1548

[27] Tauru, J. J. (1998): Venture Capital Contracting under Asymmetric Information, The Journal of Banking and Finance 22. 675–699

[28] Trester, J., J., 1998, Venture Capital Contracting under Asymmetric Imformation, The Journal of Banking and Finance 22, 675–699

[29] Cochrane, John H., 2005, The Risk and Return of Venture Capital, The Journal of Financial Economics, 75 (1): 3–52

[30] Besley, S., Kohers, N. and Steigner, T., 2007, Private Placements of Common Equity

and the Industry Rival Response, Applied Financial Economics, 17, 559-568

［31］ Hochberg, Y. V., Jungqvist, A. L. and Lu, Y., 2007, Whom You Know Matters: Venture Capital Networks and Investment Performance, The Journal of Finance, Vol. XII, No. 1: 251 -301

［32］ White, Steven., Jian Gao and Wei Zhang, 2002, China's Venture Capital Industry: Institutional Trajectories and System Structure, INSEAD Working Paper, Fontainebleau, France.

［33］ Yang, Xiaokai and Ng, Yew-Kwang, 1995, Theory of Firm and Structure of Residual Rights, The Journal of Economic Behavior and Organization, 26, 107-128

［34］ Lerner, J., Schoar and Wan Wongsunwai, 2007, Smart Institutions, Foolish Choices: The Limited Partner Performance Puzzle, The Journal of Finance, Vol. LXII, No. 2: 731-764

［35］ Hart, Oliver and Moore, John, 1990, Property Rights and the Nature of The Firm, The Journal of Political Economy 98, 1119-1158

［36］ Hellmann, Thomas F., 1998, The Allocation of Control Rights in Venture Capital Contracts, Rand Journal of Economics 29, 57-76

［37］ Boyd, J., Prescott, E. C., Financial Intermediary Coalitions, The Journal of Economics Theory, 1986, 38

［38］ Aghion, P. and Bolton, P., An Incomplete Contracts Approach to Financial Contracting, Review of Economic Studies, 1992, 59

［39］ Compers, Paul A., 1995, Optimal Investment, Monitoring and the Staging of Venture Capital, The Journal of Finance 50, 145-168

［40］ Sahlman, W. A., 1990, The Structure and Governance of Venture-capital Organizations, The Journal of Financial Economics 473-521

［41］ Jarrell, Gregg A. (1981), The Economic Effects of Federal Regulation of the Market for New Security Lssues, The Journal of Law and Economics, 24: (December), p. 670

［42］ Charles W. Calomiris and Daniel M. Raff (1995), The Evolution of Market Structure, Information and Spreads in American Investment Banking, In Michael D. Bordo and Richard Sylla (eds), Anglo-American Financial Systems: Institution and Market in the Twentieth Century. New York: Irwin Publishing, p. 127

［43］ Mara Faccio and HUNG-CHIA HSU, Politically Conneted Private Equity and Employment, The Journal of Finance, Volume 72, No. 2, April, 2017: 539-574

［44］ Oliver Chatain, Value Creation, Competition, and Performance in Buyer-supplier Relationships, Strategic Mangment Journal, No. 15, Novermber, 2010

后　记

　　从我考进中国社会科学院研究生院到博士论文的完成，三年过去了。三年来，在我学习和撰写论文的过程中，我的老师、领导、同事、同学、朋友、学生和亲人一直给予我莫大的支持和帮助。没有他们的支持和帮助，我学业的完成将是难以想象的。

　　在此，我首先要感谢我的指导老师陈东琪教授。是他将我引入了经济学的领域，开阔了我经济科学的视野。每次聆听陈老师的讲课和报告，我都受益匪浅；每次与陈老师讨论问题，我都感受很深。特别是对论文内容和框架的确定，陈老师费了不少心血。这一切都使我终生难忘。

　　我也十分感激投资系导师组的各位导师的认真指导。他们是：张汉亚教授、王一鸣教授、曹玉书教授、肖金成教授、刘福垣教授、罗云毅教授。

　　长期以来，我在湖南大学的领导许鹏教授为我学习和工作提供了很多的帮助，感谢他的鼓励和支持。感谢湖南大学统计学院倪青山博士给我教学工作上的协助和与我常年有益的讨论。

　　在望京的三年，和我相处最多的是投资系同届的九位同学；和他们相处，愉快而使人上进；非常感谢他们在学习上给予我的帮助。他们是：龙安芳、徐策、董爱国、欧阳慧、李强、朱红根、牛健峰、褚昀、甘步红。

　　我的学生周睿、汪美娟为我收集资料做了不少工作，梁瑷女士帮助打字付出了很多休息时间。我的妻子彭桃英女士，一直是我事业的坚强后盾。我在此一并表示感谢。

　　人生有限，学海无涯。在博士学业完成后，我又将站在新的起点上。我会在今后的学习和工作中更加努力，以对经济学教学和科研的实际贡献来答谢大家对我的帮助。

刘甲求

2009 年 5 月 8 日